독도고지도에 대한
국제지도증거법 규칙의 분석적 적용효과

독도고지도에 대한
국제지도증거법 규칙의 분석적 적용효과

초판 1쇄 발행   2021년 4월 30일

지은이 ㅣ 김명기 · 김도은
발행인 ㅣ 윤관백
발행처 ㅣ 도서출판 선인

등록 ㅣ 제5-77호(1998.11.4)
주소 ㅣ 서울시 마포구 마포대로 4다길 4 곳마루 B/D 1층
전화 ㅣ 02)718-6252 / 6257   팩스 ㅣ 02)718-6253
E-mail ㅣ sunin72@chol.com

정가   41,000원
ISBN   979-11-6068-474-2   94360
ISBN   978-89-5933-602-9   (세트)

영남대학교 독도연구소
독도연구총서 25

독도고지도에 대한
국제지도증거법 규칙의 분석적 적용효과

김명기 · 김도은

도서출판 선인

한국에는 각 학문 분야의 학자와 전문가가 독도연구에 함께 하고 있으며 각 학문 분야는 독도학이라는 특수 학문분야를 형성하고 있다. 독도학회, 독도조사연구학회, 독도아카데미 등이 실존하는 것은 한국에 독도학이라는 학문분야가 형성되어 있음을 실증한다. 독도학은 여러 학문 분야가 결합한 학문이다. 이 결합 형태는 연방국가(federation)적 특성을 가진 것이 아니라, 국가연합(confederation)적 특성을 가진 것이다. 즉, 사학, 지리학, 사회학, 인류학, 국제법학 등이 결합하여 독도학을 형성하고, 이를 형성하는 각 학문분야는 각 학문분야대로 존속하는 것이고 각 학문 분야가 소멸하는 것은 아니다.

이 연구는 국제법학 분야의 연구이나 사학, 지리학 등 학문 분야의 연구를 배척하는 것이 아니라, 이를 인정하면서 국제법학의 연구이다. 즉 사학, 지리학, 사회학 등의 학문 분야를 존중하면서 국제법학이 사학, 지리학에 종속하는 것이 아니라 독자성을 유지하는 연구로 제 학문 분야의 학제연구가 요구된다는 연구이다.

독도를 한국이 영토로 표시한 한국지도, 일본지도 그리고 제3국 지도를 사학자, 지리학자가 발굴 연구해왔다. 따라서 이들 지도를 증거로 독도는 역사적, 지리적으로 한국의 영토인 것이다. 그러나 이들 지도는 국제지도증거법에 의하면 대부분 독도가 한국의 영토라는 증거로 되지 못한다. 이 연구는 독도고지도는 역사적, 지리적으로 독도는 한국의 영토라는 증거로 되지만, 국제법적으로는 독도는 한국의 영토라는 증거로 되지 못한다는 점을 지적하여 사학, 지리학, 그리고 국제법학의 학제연구를 제의하기 위한 것이며 결코 그간의 사학자, 지리학자가 독도는 한국의 영토라는 연구를 배척하려는 것이 아니라 존중하려는 것이다. 사학자, 지리학자는 국제법을 이해하기 어렵고 국제법학자는 사학, 지리학에 접근하기 어렵다는 현실을 인정하면서 지도에 관한 국제법의 규칙을 사학자, 지리학자에게 보급해 보려는 것이다.

지도에 관한 국제 증거법 규칙에 의하면 조약이나 재판과 같은 법적 문서에 부속된 지도가 아닌 한 그 지도는 전문증거 즉 간접증거로 될 뿐 직접증거로 인정될 수 없다. 그간 독도학을 구성하고 있는 국제법학의 학자와 전문가가 이에 관한 종합적 연구를 발표한 바 없으므로 즉 종합적 선행연구가 거의 부존재함으로 이 연구는 어려운 연구이다. 저자의 큰 과오가 없기를 바란다.

이 공동연구에 관해서 김명기는 주로 지도의 증거법에, 김도은은 주로 독도고지도에, 각각 연구의 중점을 두었다. 그러나 김명기가 작성한 원고는 김도은이, 김도은이 작성한 원고는 김명기가 각각 검토하였다. 그러므로 이 연구는 명실공히 공동연구이고, 이 책은 명실공히 공저이다. 따라서 이 연구는 이른바 '학제연구'이다.

이 연구에 의해 독도학을 구성하고 있는 제 학문 간의 학제연구가 실현될 수 있기를 기대해 본다. 이 연구에 도움을 준 여러분에게 감사드리며 특히 영남대학교 독도연구소 최재목 소장님께 충심으로 사의를 표하는 바이다. 그리고 시장성이 거의 없는 것으로 보이는 이 책을 오로지 독도를 지키려는 숭고한 애국심에서 출간을 해 주신 윤관백 사장님에게 또한 감사드리는 바이다.

이 작은 책이 독도를 지키는데 미호의 효과가 있기를 기대하면서 이 책을 영남대학교 독도연구소에 바친다.

2021. 4.
저자 씀

▌목 차 ▌

서론

　한국에는 각 분야의 학자가 그들의 고유영역별로 독도를 연구하고 있
다. 따라서 연구의 사각지대도 있고, 더러는 중복지대도 있기 마련이다.
그러므로 종합적 특수성을 지닌 독도연구는 부득이 학제연구가 요구된다.
그러나 그것은 각 학문마다 연구의 고유영역이 있고 또 오랫동안 고유영역
을 지켜온 학자에게 그의 연구병합이란 사실상 불가능에 가까운 것 같다.
　국제법상 조약이나 재판에 부속되어 그 조약이나 재판의 불가분의 일부
를 구성하는 지도 즉, 인증지도(authenticated map)만이 영토주권의 권원이
되고, 비인증지도는 제2차적인 증거 즉, 간접증거로 되는 것에 불과하다.
그럼에도 불구하고 독도고지도연구 학자들은 독도가 한국의 영토로 표기
되어 있는 비인증지도를 근거로 독도는 한국의 영토라고 연구 발표하고
있다. 필자는 독도에 관한 학술회의에 참가하여 고지도연구 학자에게 비
인증지도는 독도영유권의 권원이 될 수 없다는 판례를 설명해도 전혀 이
를 수용하려 하지 아니하는 것이 현실이다. 이러한 불합리한 현실을 타개
해 보려는 의도에서 이 연구가 기도되었다.
　이하 제1장에서 독도고지도의 개념, 제2장에서 선결적 국제법 과제, 제
3장에서 증거 일반, 제4장에서 문서의 증거능력과 증명력, 제5장에서 지
도의 증거능력과 증명력, 제6장에서 지도의 인증성과 정확성, 제7장에서
지도의 공식성과 공정성, 제8장에서 국제지도증거법의 규칙, 제9장에서

독도고지도에의 국제지도증거법 규칙의 분석적 적용 순으로 논하고 결론에서 사학자, 지리학자에 대한 권고 그리고 국가당국에 대해 몇 가지 정책대안을 제시하기로 한다.

이 연구의 중점은 제6장 지도의 인증성과 정확성, 제8장 국제지도증거법의 규칙, 그리고 제9장 독도고지도에의 국제지도증거법 규칙의 분석적 적용에 든다.

이 연구가 독도고지도에 관한 사학과 지리학의 연구를 배척하는 것도 아니고 사학과 지리학의 연구에 국제법학의 연구의 종속화를 의미하는 것도 물론 아니다. 사학과 지리학의 연구를 기초로 국제법학의 독자성을 견지하면서 숭고한 독도학에 참여하려는 것이다. 독도학 중 독도고지도의 연구에 참여하는 국제법 학자가 거의 없음을[1] 한해 본다.

이하 (i) 지도의 인증성과 정확성,

(ii) 지도의 공식성과 객관성,

(iii) 국제지도증거법 규칙의 정립

(iv) 독도고지도에의 국제지도 증거법 규칙의 분석적 적용 효과, 그리고

(v) 맺음말에서 독도고지도연구 학계와 정부의 정책당국에 대한 정책대안을 제의하기로 한다.

이 연구의 법사상적 기초는 법실증주의이다. 따라서 이 연구의 대상은 *lex lata*임을 여기 밝혀두기로 한다.

필자는 비인증지도는 간접적인 증거가 될 뿐 영토주권의 권원이 될 수 없다는 확립된 국제판례를 학자와 전문가에게 수용을 신중히 권고해보려는 심정으로 국제 판례의 수용을 간곡히 그리고 겸허하게 호소해 본다.

---

1) 『국제법학회논총』에는 다음 2편의 독도고지도에 관한 심도 있는 논문이 있다. 박현진, 「독도영유권과 지도·해도의 증거능력과 증명력」 제52권 제1호, 2007, 89쪽 이하; 이태규, 「국제재판상 지도의 증거력」, 제57권 제2호, 2012, 171쪽 이하.

제1장

독도고지도의 개념

제1절 독도고지도의 의의

독도고지도는 독도가 한국의 영토로 표시되어 있는 지도를 말한다. 이에는 한국지도, 일본지도 그리고 제3국의 지도를 포함한다. 시대적으로는 조선시대이전의 지도를 말한다.[1]

지리학에서 일반적으로 근대지도(modern maps)는 17세기부터 시작된 것으로 본다.[2] 따라서 지리학에서 고지도(old maps)는 16세기 이전의 지도를 뜻한다.

독도 고지도는 지도이다. 그러므로 여기서 지도의 정의를 알아보기로 한다.

Shivanand Balram는 지도를 추상적 표상이라고 다음과 같이 정의하고 있다.

> 지도는 지구표면이나 이에 관련된 형세의 선택된 세트의 추상적 표상이다. 지도는 이와 같은 선택된 표상을 크기, 형태, 가치, 구성이나 형식, 색채, 안내 형식과 같은 시각적 자원을 사용하여 점, 선, 지역으로 압축한다.
> (A map is an abstract representation of a selected set of features on or related to the surface of the Earth. Map reduces these selected Earth features to points, lines, and areas a sign a number of visual resources such as size, shape, value,

---

1) 이찬은 한국 고지도의 시대구분을 조선시대 이전, 조선전기, 조선후기로 구분하고 있으므로 한국 고지도는 조선시대 이전의 지도를 의미하고 있다(이찬, 『한국의 고지도』(서울: 범우사, 1997), 318, 320, 339쪽). 김호동은 한국고지도의 시대구분을 조선전기, 조선후기로 2분하고 있으므로, 한국의 고지도는 조선시대 이전의 지도를 의미한다(김호동, 「한국 고지도가 증명하는 독도영유권」, 『독도연구』 제15호, 2013, 7쪽).

2) Shivanand Balram, "Oldest Maps" *Encyclopedia of World Geography*, Vol.2(New York: Facts On File, 2005), p.582.

texture or pattern, color, orientation and shape.)[3]

Tesoph R.Nolan과 M.T.Connelly도 지도를 지구 표면의 추상적 표상이라고 다음과 같이 기술하고 있다.

지도는 지구 표면의 표상이거나 또는 통상적으로 평면을 표상하는 부분의 관련 지위를 보여주는 지구 표면의 약간의 부분의 표상이다.

(Map is a representation of the Earth's surface, or some of portion of it, showing the relative position of the parts represented, usually on a flot surface)[4]

Shabtai Rosenne는 지도는 문서 증거(documentary evidence)에 포함된다고[5] 기술하고 있다.

이 연구에서는 "지도는 지구 표면의 표상으로 문서증거의 하나이다."라고 정의하기로 한다.

후술하는 바와 같이 사인마다 국가기관마다 독도고지도를 열거하는 범위가 구구각각이다. 그러므로 독도고지도의 의의도 사인마다 국가기관마다 다를 수밖에 없다고 본다. 이 연구에서는 독도고지도를 "독도를 한국의 영토로 표시한 조선시대 이전의 지도로 한국지도, 일본지도 그리고 제3국 지도를 포함하고, 인증지도 · 비인증지도, 정확성지도 · 비정확성지도, 그리고 공식지도 · 비공식지도를 포함한다"라고 정의하기로 한다.

---

3) Shivanand Balram, "Maps and globes" in *Encyclopedia of World Geography*, Vol.2 (New York: Facts On File, inc., 2005), p.582.
4) Jesoph R. Nolan and M.J. Connelly (eds.), *Black's Law Dictionary*(St. Paul Minn: West Publishing, 1978), p.870.
5) Shabtai Rosenne, Law and Practice of the International Court of Justice, 1920-1996, 3rd ed., Vol.3(Hague: Martinus, 1997), p.282.

제2절 독도고지도의 열거

독도고지도의 열거는 사인마다 국가기관마다 다르다. 이는 시일이 경과함에 따라 새롭게 독도고지도가 발견되고 또한 사인마다 국가기관마다 독도고지도는 보는 관점의 차이와 연구 수준의 차이, 연구범위의 차이, 연구목적의 차이 그리고 연구 발표의 차이 등이 있기 때문인 것으로 본다. 먼저 사인의 독도고지도 열 개를 보고 다음에 국가기관의 독도고지도 열거를 보기로 한다.

Ⅰ. 사인의 독도고지도의 열거

1. 김도은 · 이태우 · 최재목 "독도관련 고지도의 현황과 특징분석"

김도은 · 이태우 · 최재목 "독도관련 고지도의 현황과 특징분석"에서의 지도 열거는 아래와 같다.

　ⅰ) 「울릉도(左) · 우산(右)」으로 표시 지도로 강원도 『여지도』(江原道 『與地圖』), 팔도전도 『팔도지도』(八道全圖 『八道地圖』), 조선전도 『각도지도』(朝鮮全圖 『各道地圖』), 대조선국전도 『동여도』(大朝鮮

國全圖 『東輿圖』), 해좌전도(海左全圖), 팔도전도 『도리도표』(八道
全圖 『道里圖表』), 대한전도(大韓全圖), 대한전도 『강원도』(大韓全
圖 『江原道』) 8매를 열거하고,

ii) 「우산(左)·울릉도(右)」 표시 지도로, 팔도총도 『동람도』(八道總圖
『東藍圖』, 크기: 26.0×34.6cm), 강원도 『동람도』(江原道 『東藍圖』),
강원도 『지도』(江原道 『地圖』), 팔도총도 『동람도』(八道總圖 『東藍
圖』, 크기: 28.0×34.7cm), 강원도 천하지도(江原道 天下地圖), 조선
총도 천하지도(朝鮮總圖 天下地圖), 여도(輿圖), 동국도 천하도(東
國圖 天下圖), 동판 수진일용방(銅版 袖珍日用方) 9매를 열거하고,

iii) 「울릉도(鬱陵島)」 표시 지도로, 강원도 고지도첩(江原道 古地圖帖),
강원도 팔도지도(江原道 八道地圖), 청구전도 팔도전도(靑丘全圖 八
道全圖), 조선전도 고지도첩(朝鮮全圖 古地圖帖), 도서관 소장 청구
전도(圖書館 所藏 靑丘全圖), 강원도 해좌승람(江原道 海左勝覽) 6매
를 열거하고,

iv) 蔚島 및 于山島 표시뿐인 지도로, 강원도 ≪팔도전도≫(江原道 ≪八
道全圖≫), 조선유람도(朝鮮遊覽圖), 한국전도『대한신지지 부 지도』
(韓國全圖 『大韓新地志 附 地圖』), 단기이후제고국 ≪연혁도칠폭≫
(團箕以後諸古國 ≪沿革圖七幅≫), 신라 ≪연혁도칠폭≫(新羅 ≪沿
革圖七幅≫), 신라 경덕왕 구주(≪연혁도칠폭≫(新羅 景德王 九州
≪沿革圖七幅≫) 6매를 열거하고 있다.

v) 일본에서 발행한 독도 관련 지도로, 조선세표 병 전도(朝鮮世表 幷 全
圖), 조선팔도지도(朝鮮八道之圖), 증보개정 조선국전도(增補改正 朝
鮮國全圖), 오기팔도 조선국세견전도(五畿八道 朝鮮國細見全圖), 조
선국세도(朝鮮國細圖), 신찬 조선전도(新纂 朝鮮全圖), 동각 조선여지
전도(銅刻 朝鮮輿地全圖), 대촌 조선전도 (大村 朝鮮全圖), 조선전안
(朝鮮全岸), Korea, 흑룡회 만한신도(黑龍會 滿韓新圖), 숭산당 한국대
지도(嵩山堂 韓國大地圖), 아세아동부여지도(亞細亞東部輿地圖), 견
원 조선팔도지도(樫原 朝鮮八道地圖), 조선국지전도(朝鮮國之全圖),

대일본전도(大日本全圖), 청수 조선여지도(淸水 朝鮮輿地圖), 참모국 조선전도(參謀局 朝鮮全圖), 동경지학협회 조선전도(東京地学協会 朝鮮全圖), 조선해륙전도(朝鮮海陸全圖) 20매를 열거하고 있다.[1]

2. 김명기

김명기는 『독도총람』에서 한국고지도로 동국지도(東國地圖), 여도(輿圖), 동국전도(東國全圖), 조선전도(朝鮮全圖), 청구도(靑丘圖), 대동여지도(大東輿地圖), 팔도총도(八道總圖), 천하대총람지도(天下大摠一覽地圖), 아국총도(我國總圖)를 그리고 일본고지도로 정전도(程全圖), 삼국접양도(三國接壤圖), 삼국총도(三国摠圖), 일본현개도(日本縣改圖), 일본부현전도(日本府県全圖), 일본국전도(日本國全圖), 조선국전도(朝鮮國全圖), 일청한삼국지도(日淸韓三國地圖), 총람도(摠覽圖), 일본국연해약도(日本國沿海略圖), 한국전도(韓國全圖) 등을 각각 열거하고 있다.[2]

3. 김병렬

김병렬은 『독도』에서 한국고지도로 팔도총도(八道總圖), 천하대총일람도(天下大摠一覽圖), 동국지도(東國地圖), 여지도(輿地圖), 동국전도(東國全圖), 해좌전도(海左全圖), 조선전도(朝鮮全圖), 아국총도(我國總圖), 조선전도(동해도)(朝鮮全圖(東海圖)), 해동여지도(海東輿地圖), 조선전도 청구도(朝鮮全圖 靑丘圖), 대동여지도(大東輿地圖)를 그리고 일본고지도로 일본여지로정전도(日本輿地路程全圖), 삼국접양지도(三國接壤地圖), 총회도

1) 김도은·이태우·최재목,「독도관련 고지도의 현황과 특징분석」,『독도연구』제29호, 2020, 273-300쪽.
2) 김명기,『독도총람』(서울: 선인, 2015), 100쪽.

(總會図), 변요분계도(邊要分界圖), 일본변계약도(日本邊界略圖), 대일본연해여지전도(大日本沿海輿地全圖), 대일본방여지전도(大日本方輿地全圖), 시간여지전도(時間輿地全圖), 대일본국연해약도(大日本国沿海略圖) 등을 각각 열거하고 있다.3)

4. 김호동

김호동은 "한국고지도 증명하는 독도영유권"에서 조선전기 고지도와 조선후기 고지도로 구분하여 조선전기 고지도로 혼일강리역대국지도(混一疆理歷代國地圖), 연혁도칠폭(沿革圖七幅), 단기이후고국(檀箕以後古國), 동람도(東覽圖), 조선팔도지도(朝鮮八道地圖), 동국지도(東國地圖) 등을 거론하고, 조선후기의 고지도로 팔도총도(八道總圖), 울릉도도형(鬱陵島圖形), 해동지도(海東地圖), 대동총도(大東摠圖), 팔도여지도(八道輿地圖), 울릉도도(鬱陵島圖), 조선지도(朝鮮地圖), 해동팔도봉화산악지도(海東八道烽火山岳地圖), 팔도도(八道圖), 관동도(關東圖), 해동여도(海東輿圖), 천하지도(天下地圖), 여도(輿圖), 관동지도(關東地圖), 동국대전도(東國大全圖), 조선전도(朝鮮全圖), 아국총도(我國摠圖), 동국전도(東國全圖), 해동여지도(海東輿地圖), 대한조선도(大韓朝鮮圖) 등을 거론하고 있다.4)

5. 박현진

박현진은 "독도영유권과 지도·해도의 증거능력과 증명록"에서 기죽도약도(磯竹島略圖), 팔도총도(八道總圖), 동국지도(東國地圖), 여지도(輿地

---

3) 김병렬, 『독도』(서울: 다나미디어, 1998), 527-541쪽.
4) 김호동, 「한국고지도가 증명하는 독도영유권」, 『독도연구』 제15호, 2013, 7-56쪽.

圖), 해좌전도(海左全圖), 대한여지도(大韓輿地圖), 대한전도(大韓全圖), 총 회도(總會圖), 일(日本邊界略圖), 일본여지로정전도(日本輿地路程全圖), 삼 국접양지도(三國接壤地圖), 시마네전도(島根全圖), 조선전도(朝鮮全圖) 등 을 열거하고 있다.[5]

6. 신용하

신용하는『독도의 민족영토사 연구』에서 한국고지도로, 조선의 독도고 지도로, 동국지도(東國地圖), 팔도총도(八道總圖), 동람도(東藍圖), 조선지 도팔도편천하지도(朝鮮地圖八道編天下地圖), 해동팔도 봉화산악전도(海 東八道 烽火山岳地圖), 천하대총일람지도(天下大摠一覽地圖), 동국지도(東 國地圖), 해동도(海東圖), 아국총도(我國總圖), 팔도전도(八道全圖), (朝鮮 全圖), 여지도(輿地圖), 해좌전도(海左全圖), 조선전도(朝鮮全圖)를 그리고, 일본고지도로 삼국접양지도(三國接壤地圖), 대일본도(大日本圖), 총회도 (總會圖), 조선제도(朝鮮諸圖), 조선국세계전도(朝鮮國世界全圖), 대한여지 도(大韓輿地圖), 대한전도(大韓全圖) 등을 각각 열거하고 있다.[6]

7. 이명희

이명희는 " 중국고지도에 증명하는 독도영유권"에서 화이도(華夷圖), 지 리도(隆理圖), 여지도(輿地圖), 광여도(廣輿圖), 황여전람도(皇輿全覽圖), 대지전구일람도(大地全球一覽圖), 내부지도(內府地圖), 대청회전도(大淸 會典圖), 만국대지전도(萬國大地全圖), 중아교계총도(中俄交界總圖)[7] 등

---

5) 박현진,「독도영유권과 지도·해도의 증거능력과 증명력」,『대한국제법학회논총』
   제52권 제1호, 2007, 110-119쪽.
6) 신용하,『독도의 민족영토사 연구』(서울: 지식산업사, 1996), 231-232쪽.

을 열거하고 있다.

8. 이상태

이상태는『사료가 증명하는 독도는 한국땅』에서 독도고지도를 한국고
지도 68, 일본고지도 27, 그리고 서양고지도 25를 열거하고 있다.[8]
 이에는 전술한 사인의 열거를 모두 포함하고 있다. 이는 독도고지도의
총망라로 본다.
 지도의 열거는 아래와 같다.

 ○ 한국 고지도 속의 독도 Dokdo as seen in Korean ancient maps

  천하여지도 모회증보본 天下輿地圖 摹繪增補本
  천하대총일람지도 天下大摠一覽地圖
  조선팔도지도 朝鮮八道地圖, 23, (1469-1481, 국사편찬위원회 소장)
  조선팔도총람지도 朝鮮八道總覽地圖
  팔도전도 八道全圖
  해동팔도 봉화산악지도 海東八道 烽火山岳地圖
  해동여도 海東輿圖
  신라고구려백제조조구역지도『지나조선고지도 支那朝鮮古地圖』
  팔도총도 八道總圖『역대지도 歷代地圖』
  해동지도 海東地圖
  동국지도 東國地圖
  팔도총도 八道總圖『관동지도 關東地圖』
  팔도총도 八道總圖
  조선전도 朝鮮全圖『조선지도 朝鮮地圖』
  대동총도 大東總圖『해동지도 海東地圖』
  아국총도 我國總圖『여지도 輿地圖』

---

7) 이명희,「중국 지도가 증명하는 독도영유권」,『독도연구』제15호, 2013, 97-122쪽.
8) 이상태,『사료가 증명하는 독도는 한국땅』(서울: 경세원, 2007), 8-10쪽.

조선총도 朝鮮總圖 『해동총도 海東總圖』
팔역총도 八域摠圖 『조선지도 朝鮮地圖』
조선전도 朝鮮全圖, 43, (작자미상, 18세기후반, 숭실대 박물관 소장)
조선팔도지도 朝鮮八道地圖, 45, (작자미상, 18세기후반, 서울대학교 규장각 소장)
조선전도 朝鮮全圖 『해동도 海東圖』
조선지도 朝鮮地圖 『여지도 輿地圖』
해좌전도 海左全圖
아동여지도 我東輿地圖
해동여지도 海東輿地圖
동국전도 東國全圖
총도 總圖 『좌해여도 左海輿圖』
조선전도 朝鮮全圖, 57, (작자미상, 19세기, 서울대학교 규장각 소장)
팔도전도 八道全圖 『도리도표 道里圖表』
조선전도 朝鮮全圖, 59,(김대건, 1846년, 한국교회사연구소 소장)
조선총도 朝鮮摠圖 『여지도 輿地圖』
조선국 朝鮮國 『지나조선지도 支那朝鮮地圖』
동국팔도대총도 東國八道大摠圖 『요도 瑤圖』
대조선국전도 大朝鮮國全圖 『접역지도 鰈域地圖』
대한전도 大韓全圖
관동도 關東圖 『팔도도 八道圖』
강원도 『조선지도 朝鮮地圖』, 66, (작자미상, 18세기, 국립중앙도서관 소장)
강원도 『천하도 天下圖』
강원도 『조선팔도지도 朝鮮八道地圖』
강원도 『팔도지도 八道地圖』 69,
강원도 『조선지도 朝鮮地圖』, 70, (작자미상, 18세기중반, 서울대학교 규장각 소장)
강원도 『동국지도 東國地圖』
강원도 『여지도 輿地圖』 72,(작자미상, 1870년, 국립중앙도서관 소장)
강원도 『여지고람도보 輿地攷覽圖譜』
강원도도 『접역지도 鰈域地圖』
강원도도 『동여지도 東輿地圖』
강원도 『동국지도 東國地圖』
강원도 『해동총도 海東總圖』

관동도 關東圖『여지도 興地圖』
강원도『지도 地圖』
강원도『동국지도 東國地圖』
강원도『여지도 興地圖』81, (작자미상, 18세기후반, 서울대학교 규장각
소장)
강원도『팔도지도 八道地圖』82,
강원도『여지도 興地圖』83,(작자미상, 19세기, 서울대학교 규장각 소장)
강원도『팔로지도 八路地圖』
관동도 關東圖『지도 地圖』
강원도지도『좌해지도 左海地圖』
관동도 關東圖『좌해여도 左海興圖』
강원도『해동전도 海東全圖』
강원지도『팔도지도 八道地圖』
강원도『해동여지도 海東興地圖』
울릉도지도『대동여지도 大東興地圖』
울릉도도형 鬱陵島圖形
울릉도『조선지도 朝鮮地圖』
울릉도『해동지도 海東地圖』
울릉도도『팔도여지도 八道興地圖』
울릉도내도 鬱陵島內圖
울릉도외도 鬱陵島外內

○ 일본에서 제작된 고지도 속의 독도 Dokdo as seen in ancient maps
   produced in Japan

조선지도 朝鮮地圖
조선경도일본대판서국해변항로지도 朝鮮京都日本大阪西國海邊航路地圖
일본여지로정전도 日本興地路程全圖
조선팔도지도 朝鮮八道地圖
청조일통도 清朝一統圖
본방서북변경수륙약도 本邦西北邊境水陸略圖
조선국세견전도 朝鮮國細見全圖
오기팔도조선국세견전도 五畿八道朝鮮國細見全圖
삼국통람여지로정전도 三國通覽興地路程全圖

대일본접양삼국지전도 大日本接壤三國之全圖
동판조선국전도 銅版朝鮮國全圖
개정신전조선전도 改訂新鐫朝鮮全圖
조선전도 朝鮮全圖, 114, (일본, 육군참모국, 1875년, 서울대학교 도서관
소장)
청십팔성여지전도 淸十八省輿地全圖
조선여지전도 朝鮮輿地全圖
장중일본전도 掌中日本全圖
조선국전도 朝鮮國全圖 『대일본해륙전도 大日本海陸全圖』
한국동해안도 韓國東海岸圖
청국여지전도 淸國輿地全圖
조선전도 朝鮮全圖, 122, (일본, 오무라 쓰네시치(大村恒七), 1882년, 개
인소장)
조선국세도 朝鮮國細圖
신찬 조선여지전도 新撰 朝鮮輿地全圖
대일본조선지나삼국전도 大日本朝鮮支那三國全圖
실측조선전도 實測朝鮮全圖
신찬 조선국전도 新撰 朝鮮國全圖
한국전도 韓國全圖
평화선 平和線

○ 서양에서 제작된 고지도 속의 독도 Dokdo as seen in ancient maps
  produced in the West

조선왕국도 *Royaume de Corée*
레지의 조선왕국도 *Farther Jean-Baptiste Royaume de Corée*
조선왕국도 *Royaume de Kau-li ou Corée*, 135
조선왕국도 *Carte du Royaume de Kau-Li ou Corée*, 136
중국과 한국 *Carte de la Tartarie Chinoise*
아시아지도 *Asia*
조선팔도지도 *Carte des Huit Provinces du Tchao Sian*
삼국총도 *Carte des Trois Royaumes*
일본도 *Reproduction der Karte vom Japanischen Reich*
한국도 *Corée*

만주 남쪽 해양지역의 지도 *Die Aufnahmen an der süd Küste der Mandschurei*

프랑스 해군 수로지에 실린 독도 *Inclusion of Dokdo in the Journal of the French Naval Hydrographic and Oceanographic Service in 1856*

한국동해안도 Map of Joseon's East Seashore

딜레 한국도 *Dallet's Corée*

한국도 *Corée*(Tyo Syen)

중국과 일본도 *China and Japan*

일본의 새로운 행정구역 *Die Neuen Departments-Hauptstädte von Japan*

일본, 한국, 만주국도 *The Islands of Japan with Corea, Manchooria and the new Russian acquisitions*

한반도지도 Carte de la *Corée*

한국과 이웃나라들의 지도 *General map of Korea and neighbouring countries*

한국과 일본도 *Japan and Korea*

스캐핀 677호 *SCAPIN 677*

연합국최고사령부행정지역 *Governmental and Administrative Separation of Certain Outlying Areas from Japan*

미국공문서관독도지도 *Map of Dokdo House in the National Archives and Records Administration*(NARA)

1953년 영국초안 지도 *British Draft Map Drawn up in 1953*

II. 국가기관의 독도고지도 열거

1. 『동해와 독도』

『동해와 독도』에는 독도를 한국의 영토로 표기된 지도를 근거로 독도는 한국의 영토라고 추정되는 주장을 한다. 그 지도를 보면 다음과 같다.

홍일강리역대국도지도, 조선일본위구국도지도, 강원도지도(여지도중), 팔
도지도, 강원도지도, 대동여지도, 죽도방각도, 기죽도약도, 조선국전도9)

2. 『우리땅 독도를 만나다』

『우리땅 독도를 만나다』에는 다음과 같은 지도를 근거로 독도는 한국의
영토라고 주장하는 것으로 추정되는 기록을 하고 있다.

팔도총도, 동국대전도, 조선전도, 아국총도, 해좌전도, 삼국접양도, 조선동
해안도, 기죽도약도, 대일본전도, 조선외국전도, 조선동해전도, 강릉10)

3. 『한국의 아름다운 섬 독도』

『한국의 아름다운 섬 독도』에는 다음과 같은 지도를 근거로 독도는 한
국의 영토라고 주장하는 것으로 추정되는 기록이 되어 있다.

개정일본여지도정정도, 기죽도약도11)

4. 『독도바로알기』

『독도바로알기』에는 다음과 같은 지도를 근거로 독도는 한국의 영토라
고 주장하는 것으로 추정되는 기록을 하고 있다.

---

9) 동북아역사재단, 『동해와 독도』(서울: 독도연구소, 2014), 54-94쪽.
10) 동북아역사재단, 『우리땅 독도를 만나다』(서울: 독도연구소, 2012), 48-76쪽.
11) 외교통상부, 『한국의 아름다운섬 독도』(서울: 외교통상부, 2012), 17, 23쪽.

팔도총도, 아국총도, 해좌전도, 일본여지도 정전도, 삼국점양도, 조선왕국
전도, 조선전도, 울릉도외고, 울릉도내도, 조선동해총도[12]

물론 위에 열거한 지도들이 '역사적 · 지리적'으로 한국의 영토인 것을
인정할 뿐 '국제법적'으로 한국의 영토인 것을 인정할 수 없다는 의미이다.
이는 "독도는 역사적 · 국제법적으로 한국의 영토이다"라는 기본적 주장을
충족하지 못한 것이다.

5. 『가고 싶은 우리땅 독도』

『가고 싶은 우리땅 독도』에는 다음과 같은 지도를 근거로 독도는 한국
의 영토라고 주장하는 것으로 추정되는 기록을 하고 있다.

독도총도, 독도총국도, 강원도, 조선팔도지리지, 동국대전도, 여도, 조선지도,
팔도전도, 조선전도, 해좌전도, 동국지도, 동국전도, 강릉도, 대조선 전도[13]

6. 『한국땅 독도』

『한국땅 독도』에는 다음과 같은 지도를 근거로 독도는 한국의 영토라고
주장하는 것으로 추정되는 기록을 하고 있다.

갑여전도, 조선전도, 강원도, 해좌전도, 조선전도, 대한전도[14]

이상에서 고찰해 본 바와 같이 사인마다, 국가기관마다 독도고지도를

---

12) 동북아역사재단, 『독도바로알기』(서울: 독도연구소, 2011), 37-41쪽.
13) 국립중앙박물관, 『가고 싶은 우리땅 독도』(서울: 국립중앙박물관, 2006), 57쪽.
14) 울릉도 · 독도박물관, 『한국땅 독도』(울릉군: 울릉도 · 독도박물관, 2015), 57-103쪽.

각각 달리 열거하고 있다.

 이 연구에서는 상술한 사인과 국가기관이 열거하고 있는 독도고지도중 각 사인과 각 국가기관이 열거하고 있는 고지도중 공통분모를 이르고 있다고 보여 지고 또 가장 일반적인 것이라고 보여 지는 고지도에 한해서 논급하기로 한다. 이는 저자가 고지도에 관한 일반적 사실을 모두 정확히 파악할 능력이 없기 때문이다.

 따라서 이 연구에서 독도고지도에의 국제지도증거법의 적용에서 독도고지도는 열거적인 것 즉 한정적인 것이 아니라 예시적(비한정적)인 것이다. 이 연구의 대상이 되는 독도고지도는 제 9장에서 논급되는 독도고지도에 한정된다.

제2장

선결적 국제법 과제

이 연구는 주로 판례에 의해 성립된 국제지도증거법 법칙에 관한 것이다. 주로 국제 판례에 의해 성립된 증거법 규칙에 관한 것이므로 국제법 비전문가인 독자에게 국제 판례의 이해를 위해 필요하다고 여겨지는 국제재판, 국제법의 연원 그리고 국제 판례의 법원성에 관해 논급하기로 한다.

제1절 국제재판

Ⅰ. 국제재판의 개념

1. 국제재판의 의의

국제재판은 분쟁당사자로부터 독립된 지위에 있는 제3자인 재판기관이 국제법에 의거 당사자를 법적으로 구속하는 판결로 국제분쟁을 해결하는 것으로 국제분쟁의 평화적 처리방법의 하나이다.

2. 재판 이외의 분쟁의 처리방법과 구별

국제재판은 첫째 국제법에 의거한 분쟁의 해결이고, 둘째 국제재판기관

에 의한 해결이며, 셋째 국제재판 기관의 재판은 법적 구속력이 있다는 점
에서 재판 이외의 분쟁의 처리방법과 다르다.

II. 국제재판의 분류

1. 중재재판과 사법재판

국제재판은 중재재판(arbitration)과 사법적 해결(judicial settlement)로 나
뉜다. 중재재판이란 중재재판소에서 행하는 재판을 총칭하며, 사법적 해
결 또는 사법재판이란 상설국제사법재판소나 국제사법재판소에서 행하는
재판을 말한다. 중재재판소에는 개별중재재판소와 상설중재재판소가 있
으며, 전자는 분쟁이 있을 때마다 개별적으로 구성되고 후자는 1899년의
'국제분쟁의 평화적 처리에 관한 조약'(The Hague Convention for Pacific
Settlement of International)에 의해 구성된다. 상설국제사법재판소는 국제
연맹에 의하여 설립되었는데 제2차 대전 후 이에 대신해서 국제사법재판
소가 국제연합의 한 기관으로 설치되었다. 상설국제사법재판과 국제사법
재판 간에는 큰 차이가 없다.

2. 중재재판과 사법적 해결의 차이

가. 재판기관의 차이

중재재판은 분쟁마다(ad hoc) 분쟁당사자 자신이 선택한 중재자인 재판
기관에 의한 재판인데 반하여, 사법재판은 직접 분쟁당사자의 의사에 의

존하지 않고 독립된 재판기관인 재판소에 의한 재판을 의미하는 점에서 근본적인 차이가 있다.[1] 이와 같이 양자의 본질적인 차이는 기능이 아니라 그 조직에 있다.[2]

나. 재판준칙의 차이

중재재판에서는 분쟁당사자가 재판준칙으로부터 자유이다. 즉 재판의 준칙이 합의에 의하여 결정되는 것을 특징으로 하는 데 반하여, 사법재판에서는 당사자 간에 특별한 합의가 없는 한, 원칙적으로 국제법을 재판의 준칙으로 한다. 중재재판에서도 일반적으로 국제법에 의하여 재판하나 당사자의 합의에 의하여 지정하는 방법인 사법재판의 경우보다 이를 덜 적용한다. 또 사법재판에서는 특별한 합의에 의하여 국제법 이외의 '공평과 선'을 재판의 준칙으로 할 수 있다.[3] 재판준칙을 표준한 양자의 차이는 정도의 차이에 불과한 것이다.[4]

다. 의무적 재판의 차이

중재재판에서는 분쟁당사자가 응소의 의무가 없으나, 사법재판에서는 선택조항을 수락한 경우에 응소의 의무가 있게 된다.

현재의 국제재판 단계에 있어서는 일방적 재판부탁의 권리, 응소의 의무는 원칙적으로 인정되지 않고 중재재판이나 사법재판이나 모두 당사자의 합의에 의하여 분쟁을 부탁한다.[5] 그러나 사법재판은 임의조항의 수락

---

1) Helmut Steinberger, "Judicial Settlement of International Disputes," *EPIL* Vol.1, p.121, 1981; Julius Stone, *Legal Controls of International Conflict*(New York: Rinehart, 1954), p.74.

2) Hans Kelsen, *Principles of International Law*, Robert W. Tucker (ed.), 2nd ed.(New York: Holt, 1967), p.527.

3) Steinberger, *supra* n.1, pp.130-31.

4) Stone, *supra* n.1, p.74.

에 의한 재판의무의 발생을 규정하고 있다. 상설성을 갖지 않은 중재재판
에서는 선택조항의 수락이란 생각할 수 없는 것이다.

라. 판결의 효력의 차이

중재재판이나 사법적 해결이나 모두 그 판결의 효력은 구속력이 있다(국
제분쟁의 평화적 처리에 관한 조약 제37조; 헌장 제94조). 이 점에 관한 한
양자의 차이는 없다. 그러나 사법적 해결에 있어서는 판결의 이행이 확보
되지 않을 때 당사자는 안보리에 제소할 수 있고, 안보리는 필요하다고 인
정할 때에는 판결의 이행을 위하여 권고 또는 기타 조치를 결정할 수 있
다(헌장 제94조 제2항·제3항). 중재재판에는 판결의 이행을 보장하기 위
한 이런 규정이 없다. 중재재판의 판결을 이행하지 않는 것이 헌장 제39조
의 요건에 해당될 때 안보리는 잠정적·비군사적·군사적 조치를 취할 수
있음은 물론이다.[6]

---

5) Steinberger, *supra* n.1, p.128; Hans-Jürgen Schlochauer, "International Court of
   Justice," *EPIL* Vol.1, 1981, p.77.
6) Hans Kelsen, *The law of the United Nations*(New York: Praeger, 1951), p.542.

제2절 국제법의 연원

국제지도 증거법은 국제법의 연원의 하나인 국제관습법과 국제조약이
므로, 국제지도 증거법을 이해하기 위해서는 '국제법의 연원'과 '국제조약'
의 개념을 이해하는 것이 요구된다. 이 절은 국제법 비전공자인 독자를
위한 단순한 안내에 불과하다.

Ⅰ. 국제법의 연원의 개념

1. 국제법 연원의 다의성

법의 연원(source of law)이란 로마법의 법의 연원(*fontes juris*)에서 유리
하는 용어로 국내법에서와 마찬가지로 국제법에서도 다음과 같이 극히 다
의적으로 사용되고 있다.[1]

---

1) P.E. Corbett, "The Consent of States and the Source of the Law of Nations," *BYIL.*,
 Vol.6, 1925, pp.21-25; GJH. van Hoof, *Rethinking the Source of International
 Law*(Deventer: Kluwer Law and Taxation, 1983), pp.7-9; Robert Jennings and
 Arthur Watts(eds.), *Oppenheim's International Law*, 9th ed., Vol.1(London:
 Longman, 1992), p.23; Hans Kelsen, *Principles of International Law*, Robert W.

가. 법의 효력의 타당근거

법의 효력의 타당근거란 법이 효력을 가졌다고 하기 위하여서는 타당성과 실효성을 가져야 하는바 법의 타당성의 궁극적인 이유, 즉 법은 어떠한 기초 위에 성립되는가를 의미한다. 신념, 이성, 민족정신, 근본규범, 법적 확신 등은 이런 의미의 법원이다.

나. 법의 인식자료

법의 인식자료란 법의 존재의 인식을 가능케 하는 유형물, 즉 법의 존재를 확증하는 자료를 의미한다. 외교문서, 조약집, 학회의 결의서, 학자의 논문과 저서 등은 이런 의미의 법원이다.

다. 법의 존재형식

법의 존재형식이란 법의 정립·변경·폐기의 양식, 즉 법의 발현형식을 의미한다. '성문법·불문법'은 이런 의미의 법원이다.

2. 일반적 의미의 국제법 연원과 국제사법재판소의 준칙

가. 일반적 의미의 국제법 연원

일반적으로 국제법의 연원이란 법의 존재형식(existence in certain forms)의 의미로,2) 즉 국제법 규칙의 창설방법(methods of creation of international

---

Tucker(ed.), 2nd ed.(New York: Holt, 1967), p.347.
2) Alf Ross, *A Textbook of International Law*(London: Longmans, 1947), p.79.

legal rules)의 의미로 사용되며3) 이를 '전통적 국제법의 법원'(traditional source of international law)이라 한다. 그런 의미의 법원에는 성문법인 국제조약과 불문법인 국제관습법이 있다.4)

나. 국제사법재판소의 준칙

국제사법재판소규정 제38조 제1항에 의하면 재판의 준칙으로 (ⅰ) 국제조약, (ⅱ) 국제 관습법, (ⅲ) 법의 일반원칙, (ⅳ) 판례와 학설을 들고 있다. 이것은 곧 국제사법재판소의 규정이라는 조약의 당사자가 국제사법재판소에서 재판을 받을 경우에 국제법의 법원을 표시한 것이다.

따라서 국제사법재판과정의 당사자 아닌 국제법의 주체에 대해서는 법의 일반원칙, 판례 등은 국제법의 법원이 될 수 없다고 보아야 할 것이다.

II. 국제법의 연원

1. 국제조약

가. 의의

조약이란 문서에 의한 국제법주체간 합의를 내용으로 하는 성문국제법이다.5)

---

3) Michael Vially, "The Sources of International Law," in Max Sørensen(ed.), *Manual of Public International Law*(New York: Macmillan, 1968), p.120.

4) Mark W. Janis, *An Introduction of International Law*(Boston: Little Brown, 1988), p.4; Ross, *supra* n.2, p.79; Jennings and Watts(eds.), *supra* n.1, p.23.

5) T.O. Elias, T*he Modern Law of Treaties*(Leyden: Sijthoff, 1974), pp.13-14; George

(i) 조약은 명시적인 합의로서 문서(written form)에 의한 합의이며 구
　　두에 의한 합의(oral agreement)는 그 자체로는 조약과 같이 법적
　　구속력이 있으나 그것을 조약으로 보지 않음이 일반적이다.6) 그리
　　고 문서는 하나의 문서에 서명하는 것이 일반적이나 교환공문, 교
　　환각서처럼 별개의 문서에 서명하는 경우도 있다. 이와 같이 문서
　　에 의한 합의의 형식은 제한이 없으며 그 형식은 조약당사자가 정
　　한다.7)

(ii) 조약은 국제법 주체간의 합의이나, 수동적 주체에 불과한 개인은
　　조약을 체결한 당사자능력이 없으며 능동적 주체인 국가 국제기구
　　교전단체 반도단체 등은 조약 당사자능력이 있다.8)

(iii) 국제연합 총회의 결의는 국가의 합의나, 조약은 아니다.9) 이는 가
　　끔 관습국제법의 근거가 되며10) 또는 국제법 발전에 영향을 준
　　다.11) 이와 같이 법적 구속력은 없으나 형성과정에 있는 법을 연성
　　법(soft law)이라 한다.12)

Schwarzenberger and E.D. Brown, *A Manual of International Law*, 6th ed.(Milton:
Professional Books, 1976), pp.121-22; Lord McNair, *The Law of Treaties*(Oxford:
Clarendon, 1961), pp.3-4.

6) Jennings and Watts(eds.), *supra* n.1, p.1201; Gerhard von Glahn, *Law Among
Nations*, 4th ed.(New York: Macmillan, 1981), p.503; McNair, *supra* n.5, pp.7-8;
Vienna Convention, Art, 2,1(a); ICJ., *Reports,* 1952, p.220; ICJ., *Reports,* 1962,
pp.474-79.

7) Jennings and Watts, *supra* n.1, p.1208; ICJ., *Reports,* 1961, p.31.

8) Schwarzenberger and Brown, *supra* n.5, p.122.

9) Janis, *supra* n.4, p.43.

10) *Ibid.*; ICJ., *Reports,* 1975, pp.12, 31-37.

11) Janis, *supra* n.4, p.44; United Nations, General Assembly Resolution 3232(xxix),
November 12, 1974, Preamble.

12) Mark E, Villiger, *Customary International Law and Treaties* (Dordrecht: Martinus,
1985), p.xxix.

나. 명칭

조약의 명칭은 여러 가지가 있으며 어느 것이나 국제법상 조약이며 체약당사자를 구속하는 효력에는 차이가 없다. 조약 · 협약 · 협정 · 약정 · 결정서 · 의정서 · 선언 · 규정 · 규약 · 합의서 · 각서 · 교환공문 · 잠정협약 · 헌장 등의 명칭을 사용하는 데 관한 국제법상 규정은 전혀 없다.[13]

다. 법원성

(ⅰ) 특수조약의 법원성

조약은 일반조약이든 특수조약이든 불문하고 법적 구속력을 갖는다.

(ⅱ) 국제법의 법원으로서의 지위

(가) 역할

국제 관습법이 조약보다 국제법의 법원으로서 더 중요한 역할을 한다.

(나) 효력순위

국제 관습법과 국제조약 간에 효력상 우열이 없다. 즉 양자는 동위의 국제법의 연원이다.

---

13) Jennings and Watts(eds.), *supra* n.1, p.1208; McNair, *supra* n.5, pp.30-31; Schwarzenberger and Brown, *supra* n.5, p.121; JG.Starke, *Introduction to International Law*, 9th ed.(London: Butterworth, 1984), p.417; Glahn, *supra* n.6, p.481; Richard N. Swift, *International Law*(New York: John Wiley & Sons, 1969), pp.442-43; Kelsen, *supra* n.1, p.455; Gerard J. Mangone, *The Elements of International Law: Casebook*(Homewood: Dorsey, 1963), p.71.

2. 국제관습법

가. 의의와 본질

국제관습법은 국제법으로서 수락된 일반적 관행을 말한다.[14] 그 본질에 관하여는 학설이 나누어져 있다.

(1) 묵시적 합의설

이 설에 의하면 국제관습법은 국제관행에 대한 국제법 주체간의 묵시적인 합의에 의한 국제불문법이라고 한다.[15]

(2) 법적 확인설

이 설에 의하면 국제관습법은 국제관행에 의하여 국제사회가 그것을 준수하는 것이 법적 의무라는 확신에 도달한 국제불문법이라고 한다.[16]

전설에 의하면 국제관습법은 묵시적인 합의에 의한 것이라고 하나, 그것은 의제에 불과하며 묵시적 합의가 있었다는 것을 증명할 수 없으며, 국제관습의 형성에 참여하지 않았던 국가, 예컨대, 신생국가에도 국제관습법은 적용되며, 또 '국제사법재판소규정'은 조약에 관하여는 '분쟁당사국이 명시적으로 일정한 규제를 정립하는 일반 또는 특수조약'이라고 표시하여 조약은 명시적 합의로 이루어진다는 것을 명백히 하고 있으나 국제관습법에 관하여는 '법으로서 수락된 일반적 관행의 증거로서의 국제관습'이라고 표현하여 분쟁당사국에 의하여 승인됨을 필요치 않는 것으로 되어 있으므로 전설은 부당하다.[17] 전설은 일반적으로 국제법의 기초에 관한

---

14) Schwarzenberger and Brown, *supra* n.5, p.22.

15) *Ibid.*

16) *Ibid.*

17) *Ibid.*; p.122; Arnold D. McNair, "The Functions and Differing Legal Character of Treaties," *BYIL*, Vol.11, 1930, p.105.

자기제한설의 입장에 입각한 것이며, 후설은 법적 확신설의 입장에 입각
한 것이다.

나. '성립요건'

(1) 관행의 존재

국제법 주체 간에 일정한 관행이 있어야 한다. 즉 일정한 사항에 대하
여 동일한 내용의 행위가 반복·계속되고 있다는 사실이 존재해야 한
다.[18] 이러한 관행은 일정기간 계속되어 형성된다. 그러나 최근에 단시일
안에 여러 국가의 관행이 광범하고 균일적으로 행하여지면 족하고 시간적
요인은 고려하지 아니하는 경향이 있다. 예컨대, 1963년의 '우주공간을 규
율하는 법원칙선언', 1970년의 '심해저를 규율하는 원칙선언'과 같은 국제
연합의 결의는 국제관습법의 선언이라는 것이다. 이렇게 성립된 관습법을
'즉석관습법' 또는 '속성관습법'(instant customary laws, hat cooked law)이라
한다.[19]

(2) 법적 확인의 존재

국제관행이 국제사회에 의하여 법으로 준수되는 법적 확인이 있어야 한
다.[20] 1950년의 *Columbian-Peruvian Asylum* Case에 관한 국제사법재판소의
판결은 이점을 명백히 하였으며, 국제사법재판소 규정도 '관습법은 법으
로서 수락될 것'을 요건으로 하고 있다. 그러나 법적 확인의 존재를 확인
하는 일은 용이하지 않다.

---

18) *Ibid.*; p.47, 56.
19) Jennings and Watts(eds.), *supra* n.1, p.30; Ross, *supra* n.2, p.27; Hoof, *supra* n.1,
    p.86; Villiger, *supra* n.18, p.27.
20) *Ibid.*; pp.25-72; Hoof, *supra* n.1, p.85, 91; Anfhony A. D'Amato, *The coneep of
    Custom in International Law*(Ithaca: Cornell University Press, 1971), p.47, 66.

다. 분류

조약의 경우와 달리 국제관습법에 있어서는 (i) 체약당사자가 없으므로 이를 표준으로 한 2 당사자간 국제관습법, 다수당사자간 국제관습법이라는 분류는 있을 수 있으며, (ii) 국제관습법에 가입이란 생각할 수 없으므로 개방국제관습법과 폐쇄국제관습법의 구분도 있을 수 없다. (iii) 국제관습법에 의해 일회적 지급이나 사건의 처리를 목적으로 하는 국제관습법은 성질상 성립될 수 없으므로 국제관습법은 모두 입법적 성질을 가진 것이다. 따라서 국제관습법은 적용범위를 표준으로 한 다음의 구별만이 가능하다.

(1) 보편국제관습법

보편국제관습법(universal international customary law)은 국제사회의 모든 국가를 규율 대상으로 하는 국제관습법이다. 즉, 보편적 국제관습에 의한 국제관습법이다. 보편국제법은 관습법의 형태로만 존재하며 사실상 조약의 형태로는 존재하기 어렵다.

(2) 일반국제관습법

일반국제관습법(general international customary law)은 국제사회의 대부분의 국가를 규율대상으로 하는 국제관습법이다. 즉, 일반적 국제관행에 의해 성립되는 국제관습법이다.

(3) 특수국제관습법

특수국제관습법(partial international customary law)은 국제사회의 몇몇 국가만을 규율대상으로 하는 국제관습법이다. 즉, 특수적 국제관행에 의하여 성립되는 국제관습법이다.[21]

---

21) Villiger, *supra* n.12, pp.33-34; D'Amato, *supra* n.20, p.246.

라. 국제관습법의 법원성

(1) 특수적 국제관습법의 법원성

보편국제관습법이든, 일반국제관습법이든, 특수국제관습법이든 모두 구별 없이 국제법의 법원이 된다.[22]

(2) 국제법의 연원으로서의 지위

(가) 역할 : 현 단계의 국제사회에서는 조약보다 국제관습법이 국제법의 연원으로서 더 중요적 역할을 담당하고 있음은 전술한 바다.[23]

(나) 적용순위 : 조약과 국제관습법간에 적용의 순위에 있어서 전혀 우열의 차가 없다.[24]

3. 법의 일반원칙

가. 의의

'법의 일반원칙'(general principles of law)이란 '문명국에 의하여 인정된 법의 일반수칙'(general principles of law recognized civilized nations)을 말한다. 이는 자연법상의 원칙이라는 견해, 국내법상의 원칙이라는 견해, 국제법과 국내법상의 원칙이라는 견해의 대립이 있다.

'법의 일반원칙'의 예로 '신의성실의 원칙', '금반언의 원칙', '기판력의 원칙' 등을 들 수 있다.

---

22) *Supra* n.17.
23) *Supra* 1.다. 〈ii〉.
24) Michael Akehurst, "The Hierarchy of the Sources of International Law," *BYIL*, Vol.47, 1974-75, pp.274-75; Mark E. Villiger, *Customary International Law and Treaties*(Dordrecht: Martinus, 1985), pp.35-36.

‘국제사법재판소 규정’ 제38조 제1항 제C호는 ‘문명국에 의하여 인정된 법의 일반원칙’을 재판의 준칙으로 규정하고 있다.

나. 법원칙

‘법의 일반원칙’이 국제사법재판의 경우 재판의 준칙, 즉 법원이 됨은 ‘국제사법재판소규정’ 제38조 제1항 제C호에 의해 명백하나, ‘국제사법재판소규정’을 떠나 일반국제법상 법원이 되느냐에 관해서는 긍정설과 부정설의 대립이 있으나 부정설이 타당하다고 본다.

다. 효력순위

‘국제사법재판소규정’상 ‘법의 일반원칙’은 국제조약, 국제관습법 다음의 순위의 효력을 갖는 데 불과하다. 일반국제법상 ‘법의 일반원칙’의 법원성을 긍정해도 그의 효력순위는 국제조약, 국제관습법에 우선할 수 없다.

4. 재판상의 판결과 학설

가. 의의

(1) 재판상의 판결

‘재판상의 판결’(judicial decisions)은 국제재판과 국내재판을 포함하며,[25] 국제재판은 국제법원사법재판과 국제중재재판을 구분하지 아니한다.[26]

---

25) Jennings and Watts(eds.), *supra* n.1, pp.41-42; Schwarzenberger and Brown, *supra* n.5, pp.29-30; Isagani A. Cruz, *International Law*(Quezon: Central Lawbook, 1985), p.24.

26) Ian Brownlie, *Principles of Public International Law*, 3rd ed.(Oxford: Clarendon,

국제사법재판은 분쟁사건에 대한 재판뿐만 아니라 권고적 의견을 포함한
다.[27]

(2) 학설

'학설'(teachings), 즉 '국의 가장 우수한 국제법학자의 학설'(the teaching
of the most highly qualified publicists of the various nations)이란 국제법의
여러 문제에 관한 학자 · 전문가 · 법관의 견해를 말한다. 우수한 국제법학
자의 학설, 국제재판에서 재판관의 반대의견(dissenting opinion)과 별도의
견(separate opinion),[28] 국제법위원회에서 공식소견과 다른 개별소견,[29]
국제법관계학회의 결의,[30] 국제사무국의 의견[31] 등이 포함된다.
'국제사법재판소규정' 제38조 제1항 제d호는 재판상의 판결과 학설을 보
조적 법원으로 규정하고 있다.

나. 법원성

(1) 국제사법재판소규정

'국제사법재판소규정'상 국제사법재판의 경우 재판상의 판결과 학설은
'국제사법재판소규정'에 따라 보조적 법원으로 인정된다. 판결과 학설이
법원으로 인정되기 위해서는 다음의 요건을 구비하여야 한다.
첫째, '국제사법재판소규정' 제59조의 규정을 따를 것을 조건으로 법원
성이 인정된다. 제59조는 "재판소의 판결은 당사국간 및 그 특정사건에 관
하여서만 구속력이 있다"고 규정하여 '선례 구속의 원칙'(doctrine of stare

1979), p.20.
27) *Ibid.*, pp.22-23.
28) *Ibid.*, p.26; PCIJ., *Series A/B*, No.70, 1937, pp.76-77; ICJ., *Reports,* 1950, p.146; ICJ.,
  Reports, 1962, p.39; ICJ., *Reports,* 1959, p.174.
29) Brownlie, *supra* n.26, p.26.
30) *Ibid.*
31) *Ibid.*

decisis)을 부인하고 있다. 따라서 판결은 '선 약속의 원칙'을 따르지 않을 조건으로 법원성이 인정된다.32)

둘째, 법칙결정의 보조적 수단(subsidiary means)으로서 법원성이 인정된다. 보조적 수단은 '법규칙의 결정'(determination of rules of law), 즉 무엇이 법인가를 결정하는 수단을 뜻한다.33) 환언하면 존재가 확실하지 아니한 국제법의 규칙을 찾기 위하여 판결과 학설을 수용할 수 있을 뿐이다. 판결과 학설은 성문조약법의 규칙보다 불문관습법의 규칙의 존재 결정에 보조적 수단이 된다.

(2) 일반국제법

'국제사법재판소규정'을 떠나 일반국제법상 판결과 학설이 국제법의 법원이 되느냐에 관해 긍정설과 부정설의 대립이 있으나 부정설이 다수설로 타당하다.34)

다. 효력순위

판결과 학설은 국제법의 규칙의 존재를 결정하는 수단으로서 법원이 되는 것이므로 그것이 국제법 자체인 조약이나 국제관습법과의 효력순위는 문제되지 아니한다. 즉, 조약과 판결, 학설 또는 국제관습법과 판결, 학설 중 어느 것이 우선하느냐는 문제되지 아니한다.

---

32) *Ibid.* p.22.
33) Hoof, *supra* n.1, p.170; C. Parry, *The Sources and Evidences of International Law* (Manchester: Manchester University Press), p.15; Jennings and Watts(eds.), *supra* n.1, p.41.
34) Hoof, supra n.1, p.167, 178; George Grafton Wilson, International Law, 9th. ed. (New York: Silver Burdett, 1935), pp.42-43.

5. 형평과 선

가. 의의

'형평과 선'(ex. deque et bono)이란 공평성(fairness), 합리성(reasonableness)을 뜻한다.[35] 또는 공평(fairness), 정의(justice), 신의성실(good faith)을 의미한다고 할 수 있다.[36] 이를 법원의 하나로 긍정하는 입장에서는 이를 자연법이라고 설명한다. 따라서 '형평과 선'은 정의 또는 '자연법'을 뜻하는 것이라 할 수 있다.

'국제사법재판소규정' 제38조 제2항은 "당사자의 합의가 있는 경우에는 재판소가 형평과 선에 의하여 재판을 행할 권한을 해하지 아니한다"라고 규정하여 형평과 선이 재판 준칙이 될 수 있음을 인정하고 있다.

나. 법원성

(1) 국제사법재판소규정

'형평과 선'은 '국제사법재판소규정'상 국제사법재판의 준칙으로 되어 법원이 될 수 있다. '형평과 선'이 법원으로 되기 위하여는 다음의 요건을 구비해야 한다.

첫째, 당사자의 합의가 있어야 한다. 이 합의는 분쟁발생 전의 조약으로 할 수도 있으며, 분쟁발생 후의 개별적 합의로 할 수도 있다. 이러한 합의를 규정한 조항을 '형평재판조항'이라 한다. 당사자의 합의가 없는 경우 법원은 '형평과 선' 그 자체를 준칙으로 재판할 수 없으나 '법의 일반원칙'을 당사자의 동의 없이 준칙으로 하여 재판할 수 있다.[37]

---

35) Brownlie, *supra* n.26, p.27.

36) Werner Levi, *Contemporary International Law*(Boulder: Westview, 1979), p.42.

37) M.W. Janis, "Equity in International Law," *EPIL*, Vol.7, 1984, p.75; PCIJ, *Series A/B*, 1937, No.70, p.73.

둘째, 재판소가 법원성을 인정해야 한다. 당사자의 합의가 있으면 '형평과 선'은 당연히 법원으로 되는 것이 아니라 재판소가 이에 의하여 재판을 행할 권한(the power of the court to decide)을 가질 뿐이다. 따라서 재판소는 당사자가 합의한 경우에도 '형평과 선'에 의해 재판하지 아니할 수도 있는 것이다.[38]

(2) 일반국제법

'국제사법재판소규정'을 떠나 일반국제법상 '형평과 선'은 국제법의 법원이 되느냐에 관해 긍정설과 부정설이 대립되어 있으나 후자가 통설이다.[39]

다. 효력순위

'형평과 선'은 당사자가 이에 의해 재판을 받을 것을 합의하고, 재판소가 이에 의해 재판하는 경우에도 '형평과 선'은 조약이나 국제관습법에 우선하는 법원이 될 수 없음은 물론이다.

6. 국제조직의 결의

가. 의의

국제조직의 결의(resolution of international organizations)는 국제조직의 성립기초에 의해 부여된 권한의 범위 내에서 만들어지는 국제조직에 의한 결정(decision made by an international organization)을 말한다.[40] 그것은 국

---

38) Brownlie, *supra* n.26, p.28.
39) *Ibid.*, p.27.
40) Henry G. Schermers, "International Organizations, Resolutions," *EPIL*, Vol.5, 1983,

제조직을 구성하는 국가의 정부의 행위가 아니라 국제조직 자체의 행위 (acts of organizations themselves)인 것이다.[41] 국제조직의 결의는 그 국제 조직을 구성하는 국가 간 합의의 형식(form of inter-state agreement)은 아 닌 것이다.[42]

'국제사법재판소규정'은 국제조직의 결의를 국제법의 준칙의 하나로 규 정하지 않고 있다.

나. 법원성

(1) 국제사법재판소규정

'국제사법재판소규정'은 국제조직의 결의를 조약, 국제관습법과 같은 직 접적인 재판준칙으로는 물론이고, 판결, 학설과 같은 법칙결정의 보조적 수단으로서 간접적 재판준칙으로도 규정하고 있지 않다. 따라서 '국제사 법재판소규정'상 국제조직의 결의는 그 자체로서 재판의 준칙, 즉 법원이 되지 못한다.[43]

(2) 일반국제법

일반국제법상 국제조직의 결의가 그 자체로 국제조약, 국제관습법과 독 립된 국제법의 법원이 아님은 물론이다.

국제연합의 결의는 다음과 같이 여러 가지 내용을 표현하게 된다. 따라 서 결의의 법원성은 다음과 같이 구분하여 보아야 한다.[44]

> (i) 내부규칙(internal rules): 결의의 내용이 내부규칙인 경우 그것은 국제
> 연합헌장에 의거하여 체결된 것일 경우, 예컨대, 제21조에 의거 체결

---

p.160.
41) *Ibid.*
42) *Ibid.*
43) *Ibid.*
44) *Ibid.*, Hoof, *supra* n.1, pp.180-81.

된 '총회의 절차규칙', 제30조에 의거 체결된 '안전보장이사회의 절차
규칙' 등은 구속력을 가진 법규칙이다.[45] 이 경우 결의의 법원성은 인
정된다.

(ⅱ) 권고(recommendations): 결의의 내용이 권고인 경우 권고는 법적 구속
력을 가지지 아니한 행위를 단순히 권하는 것을 의미한다.[46] 따라서
이에 따르느냐 아니하느냐는 전적으로 국제연합의 기관이나 가맹국의
자유이다.[47] 그러나 가맹국이 이를 공식적으로 수락한 경우는 수락
(acceptance)으로서 법적 구속력을 갖는다.[48] 이 경우도 권고는 그 자체로
서 법원이 되는 것이 아니다.

(ⅲ) 선언(declaration): 결의의 내용이 선언인 경우가 있다. 선언은 여러 가
지 의미로 사용되며 정책의 예비적 성명(preliminary statements of
policy)의 의미로 사용된다.[49] 국제연합기관 특히 총회의 선언은 특정
결정의 법적 중요성(legal importance of a particular decision)을 강조하
기 위해 행하여진다.[50]

국제연합은 선언과 권고를 임의로 선택할 수 있으며, 선언 그 자체로서
는 권고보다 강한 법적 구속력을 가진 것은 아니다.[51] 선언은 때로는 현
재 관습국제법이나 현존 법의 일반원칙의 존재를 확인하는 경우도 있다.
이 경우도 선언 그 자체로서 법원이 되는 것이 아니다.[52]

(ⅳ) 협약(conventions): 결의의 내용이 협약인 경우가 있다. 즉 국제연합 총
회의 결의를 조약문의 형식으로 표현하는 경우가 있다. 이 경우 국가
가 이에 비준함으로써 그 결의는 조약으로서 당사국에 대해 법적 구속
력을 갖게 된다.[53] 따라서 조약문을 채택하는 결의 그 자체는 법원이
되지 못한다. 다만 국제연합의 주요기관이 조약문을 결의로 채택한 경

---

45) Schermers, supra. n.40, p.160.
46) *Ibid.*
47) Hans Kelsen, *The Law of the United Nations*(New York: Praeger, 1951), p.61.
48) Schermers, *supra* n.40, p.160.
49) *Ibid.*
50) D.P.O'Connell, *International Law*, Vol.1, 2nd ed.(London: Stevens, 1970), p.198.
51) Schermers, *supra* n.40, p.160.
52) *Ibid.*
53) *Ibid.*

우 보조기관과 사무직원은 이에 반하는 행위를 할 수 없다는 효과가
인정된다.[54]

(ⅴ) 구속력 있는 결정(binding decisions): 결의의 내용이 법적 구속력 있는
결정인 경우가 있다. 예컨대, 평화에 대한 위협, 평화의 파괴, 침략행
위의 경우 안전보장이사회는 국제평화의 유지와 회복을 위해 필요한
조치를 결정할 수 있고(국제연합헌장 제41조, 제42조) 이는 국제연합
가맹국에 대해 법적 구속력을 갖는다.[55] 따라서 이 결의는 법원성을
갖는다 할 수 있다.

다. 효력순위

국제조직의 결의가 법적 구속력을 갖게 되어 그의 법원성이 인정되는
경우도 이는 그 국제조직 내부에서의 법원성이 인정되며,[56] 이는 국제조
직의 기본법인 조약에 의거한 것이므로, 그보다 하위의 효력을 가질 뿐이
다. 즉 결의의 법원성이 인정되는 경우도 그 효력은 조약보다 하위의 것
에 불과한 것이다.

재론 하거니와 이 절 '국제법의 연원'을 읽게 될 국제법 비전공자의 편
의를 제공하기 위한 것일 뿐이다.

---

54) *Ibid.*
55) *Ibid.*; Leland M. Goodrich, Edrard Hambro and Anne Patricia Simons, *Charter of the United Nations*, 3rd ed.(New York: Columbia University Press, 1969), pp.300-302.
56) G. I. Tunkin, *International Law*(Moscow: Progress, 1986), p.69.

제3절 판례의 법원성

Ⅰ. 국제사법재판소규정

"국제사법재판소규정" 제38조 제1항은 사법적 재판의 적용에 관해 다음
과 같이 규정하고 있다.

> 법칙 결정의 보조적 수단으로서의 사법적 재판 및 가장 우수한 국제법 학
> 자의 학설, 다만, 제59조의 규정에 따를 것을 조건으로 한다(subject to the
> provisions of Article 59, judicial decisions and teachings of the most highly
> qualified publishers of the various nations, as subsidiary meas for the
> determination of rules of law).

위의 규정 중 "사법적 재판"(judicial decisions)에는 국제재판과 국내재판
을 포함하며,[1] 국제재판에는 국제사법재판과 국제중재재판을 포함하며,[2]

---

1) Rovert Jennings and Arthur Watts(eds.), *Oppenheim's International Law*, 9th ed.(London:
   Longman, 1992), pp.41-42; G. Schwarzenberger and E. D. Brown, *Manual of International
   Law*, 6th ed. (Milton: Professional Books, 1976), pp.29-30.
2) Ian Brownlie, *Principles of Public International Law*, 5th ed.(Oxford: Oxford University
   Press, 1988), p.20.

국제사법재판에는 분쟁사건에 대한 재판과 권고적 의견을 포함하며,3) 재판에는 판결 이외에 명령 등 기타 재판을 포함한다.4)

"법칙결정"(determination of rules of law) 중 "법칙"은 국제조약(제1항), 국제관습법(동), 법의 일반원칙(동)의 규칙을 뜻하며5) 가장 일반적으로는 국제관습법을 뜻하게 된다.6)

"보조적 수단"(subsidiary means)이란 법칙의 존재와 사용을 지정하는 수단(means of indicating the existence and content of rules of law),7) 즉 적용하여야 할 법의 애매성을 명백히 하는 수단(means of clarifying ambiguities in the law which is to be applied)을 의미하며,8) 제2차적 수단(secondary means)을 뜻하는 것이 아니라9) 국제법의 간접적 법원(indirect source of international law)이란 의미인 것이다.10) 그러므로 사법적 재판은 그 자체 법칙, 즉 국제조약, 국제관습법, 법의 일반원칙의 규칙이 아닌 것이다. 따라서 국제법상 선례구속의 원칙(principle of precedent)은 적용되지 아니하는 것이다.

---

3) *Ibid.*, pp.22-23.

4) Shaibtai Rosenne, *The Law and practice of the International Court of Justice*, vol.4, 3rd ed. (Hauge: Martinus, 1997), pp.1920-1926.

5) Hans Kelsen, *The Law of the United Nations*(New York: Praeger, 1951) p.523; Rosenne, *supra* n.30, p.1607.

6) *Ibid.*, p.1608.

7) Mihel Virally, "The Source of International Law", in Max Sorensen (ed.), *Manual of Public International Law*(New York: Macmillan, 1968) p.150.

8) Hons-Jurge Schlochauer, "The international Court of Justice" *EPIL,* Vol.1, 1981, p.81.

9) Virally, *supra* n.7. p.152.

10) Jennings and Watts, *supra* n.1, p.41.

II. 학설

사법적 재판의 사실상 법원성은 학설에 의해 승인되고 있다.

1. Peter Malanczuk

Malanczuk는 국제법상 보통법체계에서 인정되는 선례구속의 원칙은 없으나 국제재판소는 재판의 일관성을 유지하고 편견을 피하기 위해서는 재판을 따라 재판한다고 명시적으로 선례구속의 원칙을 인정하고 있지 않으나 간접적으로 이를 인정하여 결국 판례의 법원성을 간접적으로 인정하고 있다. 그의 기술은 다음과 같다.

사법재판과 중재재판은 관습법의 증거로 될 수 있다. 그러나 보통법체계에서 알려진 바와 같은 공식적인 선례구속의 원칙은 없다. 국제법상 국제재판소는 선 재판을 따라야 할 의무가 없다. 그러나 국제재판소는 선 재판을 고려한다.
재판관 역시 새로운 법을 참조할 수 있다는 것은 아마도 진실인 것이다. 이 점에서 국제재판소는 특별한 의미를 갖는다. 동 재판소의 많은 재판이 후속적으로 일반적인 수락을 가져 온 국제법의 혁신을 유도했다…. 국제재판소가 후의 사건에 있어서 그러한 재판을 따를 높은 개연성이 있다. 왜냐하면 사법적 일관성은 편견의 비난을 피하는 아주 명백한 수단이기 때문이다.11)

11) judicial and arbitral decisions can be evidence of customary law. There is no formal stare decisis doctrine, as know in common law system. In international law international courts are not obliged to follow previous decisions, although they almost always take previous decisions into account. … It is probably true to say that judges can also create new law. The International Court of Justice is particularly important in this respect. Many of its decision introduced innovation in to international law which have subsequently won general acceptance. … There is strong probability that international court follow such decisions in later cases, since accusations of bias Peter Malanczuk(ed.), *Akehurst's Modern Introduction to International Law*, 7th ed.(London: Routledge, 1987), p.51.

2. Shobtai Rosenne

Rosenne는 상설 재판소의 재판은 판례적 가치를 갖고 재판은 재판의 일 관성과 안정성의 요구를 반영하기 위해 선례를 따르게 된다고 다음과 같 이 기술하여 간접적으로 사법적 재판의"사실상" 법원성을 인정하고 있다.

> 상설 재판정의 재판은 판례적 가치를 갖는다는 것을 승인하는 추세는 모든 재판정에 의해 자연스러운 것이다. ⋯ 더러는 재판소가 선례에 있어서 법적 문제를 취급할 경우 재판소의 사례법에 있어서 일관성과 안전성을 위한 일반 적인 욕구를 반영한다.12)

3. David H. Ott

Ott는 다음과 같이 "국제사법재판소규정"상 선례구속의 원칙은 없으나 합리적 이유로 된 재판은 법의 발전 과정에 영향을 주며 사법적 재판은 규정 제38조의 엄격한 해석보다 넓은 해석을 하게 한다고 하며 판례의 "사 실상" 법원성을 인정하고 있다.

> "국제사법재판소규정"상 선례구속 또는 판례구속의 원칙은 없다. ⋯ 합리 적 이유로 된 재판은 법의 발전 과정에 영향을 준다. 따라서 사법적 재판의 효과는 제38조가 제시하는 엄격한 읽음 보다 더 광범한 것이다.13)

---

12) the tendency to recognize that decisions of permanent tribunal have preaccidental value is a natural one for all tribunals ⋯ others reflect the general desire for consistency and stability in the courts case-law when the court is dealing with legal issues which have been it in previous case Rosenne, *supra* n.4 p.1610.

13) there is no doctrine of stare decisis or binding precedent under Statute. ⋯ A well-reasoned decisions is bound to influence the course of the law's development the effect of judicial decisions thus rather more subtle than a strict reading of Article 38 might suggest David H. Ott, *Public International Law in the Modern World*(London: Pitman, 1987), p.29.

4. Valerie Epps

Epps는 재판소는 선례구속의 규칙이 적용되지 아니하나, 흔히 재판소는 선행 사건을 인용한다고 하여 다음과 같이 사법적 재판의 "사실상" 법원성을 간접적으로 승인하고 있다.

재판소는 선례구속의 규칙을 적용하지 아니한다. 국제 사법적 재판은 흔히 미래의 재판에 영향을 주며 국제재판소는 흔히 선행 사건을 인용한다.14)

5. Mark W. Janis

Janis는 재판은 관습법 또는 법의 일반원칙의 증거로 다른 재판에 인용된다고 하여 결국 사법적 재판의 법원성을 간접적으로 인정하고 있다. 그의 서술은 다음과 같다.

재판소의 재판, 특별히 국제재판소의 재판은 관습국제법 또는 법의 일반원칙의 증거로서 흔히 다른 재판에서 인용된다.15)

---

14) the court does not apply the rule of stare decisis. Nonetheless international judicial decisions often influence future decisions and international court often cites earlier cases Valerie Epps, *International Law*, 4th ed.(Druhorn: Carolina Academic Press, 2009), p.28.

15) the decisions of court, especially those of the international court, are often employed in other forums as evidence of customary international law or of general principles of law Mark W. Janis, *An Introduction to International Law*(Boston: Little Brown, 1998), p.69.

6. Robert Jennings and Arthur Watts

Jennings와 Watts는 재판은 국제법의 보조적 간접적 법원이지만 사법적 재판의 권위와 설득력은 중요한 의미를 갖는다고 하여 "사실상" 법원임을 다음과 같이 간접적으로 인정하고 있다.

> 재판소와 재판정의 재판은 국제법의 보조적 간접적 법원이다. "국제사법재판소규정" 제38조는 제59조에 따를 것을 규정하고 있다. 재판소는 사법적 재판을 법칙결정의 보조적 수단으로 적용해야 한다. 그럼에도 불구하고 사법적 재판은 국제법의 발전에 아주 중요한 요소로 되어 왔고 사법적 재판의 권위와 설득력은 경우에 따라 그들이 향유하는 형식보다 더 중요한 의미를 부여할 수 있다.[16)

7. Ian Brownlie

Brownlie는 사법적 재판은 엄격한 의미에서 법원은 아니나 다음과 같이 법의 존재의 유권적 증거로 간주된다고 하여 사실상 법원임을 간접적으로 표시하고 있다.

> 사법적 재판은 엄격히 말해서 형식적인 법원이 아니다. 그러나 어떠한 경우에 있어서 최소한 법의 존재의 유권적 증거로 간주된다. 제38조 제1항(d)의 "보조적 수단" 표시의 실질적 의미는 과장되지 아니한다. 법학의 논리체가 법

---

16) decisions of courts and tribunals are a subsidiary and indirect source of international law. Article 38 of the State of the International Court of Justice provides that subject to Article 59, the Court shall apply judicial decisions as a subsidiary means for the determination of rules of law. Nevertheless, judicial decision has become a most important factor in the development of international law, and the authority and persuasive power of judicial decisions may sometimes give them greater significance than they enjoy formally Jennings and Watts, *supra* n.1, p.41.

을 위한 중요한 결과를 자연스럽게 갖게 된다.[17]

사법적 재판의 "사실상" 법원성은 Malcolm N.Show,[18] Hans- jurgen Sehlochauer[19] 등에 의해서도 수락되어 있다.

Ⅲ. 판례

사법적 재판의 "사실상" 법원성을 인정한 판례와 선재판을 인용하여 사법적 재판의 "사실상" 법원성을 인정하는 판례를 보기로 한다.

1. 법원성을 인정한 판례

가. *Anglo-Iranian Oil Co.* Case(1952)

Anglo-Iranian Oil Co. Case(1952)에서 국제사법재판소는 사법적 재판은 재판의 기초가 된다고 다음과 같이 판시 한 바 있다.

> 규정 제38조는 명령이며 임의가 아니다. 이는 재판소에게 법칙결정을 위한
> 보조적 수단으로서 사법적 재판을 적용할 것을 요구하고 있다. "사법적 재판"

---

17) judicial decisions are not strictly speaking a formal source, but in some instances at least they are regarded as authoritative evidence of the state of the law, and the practical significance of the label "subsidiary means" in Article 38(1)(d) is not to be exaggerated. A coherent body of jurisprudence will naturally have important consequences for the law Brownlie, *supra* n.2, p.19.

18) Malcolm N. Shaw, *International Law,* 4th ed. (Cambridge: Cambridge University Press, 1997), p.86.

19) Schlochauer, *supra* n.8, pp.80-81.

이라는 표현은 확실히 이 재판소와 상설국제사법재판소의 법리학을 포함하고
있다. 본인은 재판소의 재판의 기초로의 재판소에 의해 적용된 원칙을 포함한
다고 의심하지 아니한다.[20]

나. *Barcelona Traction* Case(Second phase)(1970)

Barcelona Traction Case(1970)에서 국제사법재판소는 전 재판을 인용하
고 있으며 이 일반화에 어떠한 문제를 제기할 수 없다고 다음과 같이 판
시했다.

  많은 경우에 있어서 재판은 재판소 또는 청구위원회의 관할권을 성립하고
  보호를 향유할 수 있는 권리를 결정하는 의존된 문서의 조항을 인용했다. 그
  들은 각 경우에 특수 사정을 낮게 보는 일반화에 문제를 제기할 수 없다.[21]

2. 선 사법적 재판을 인용한 판례

가. *Jaworzina* case(1923)

Meerauge case(1902)의[22] 판정이 인용되었다.

---

20) Article 38 of the Statutes is mandatory, and not discretionary. It requires the Court
   to apply judicial decisions as a subsidiary means for the determination of rules of
   law. The expression "judicial decisions" certainly includes the jurisprudence of this
   Court, and of Permanent Court. I have no doubt that it includes the principles
   applied by the Court as the basis of its decisions ICJ, *Reports*, 1952, p.143.
21) in the most case the decisions cited rested upon the terms of instrument,
   establishing the jurisdiction of the tribunals of claims commission and determining
   what rights might enjoy protection; they cannot therefore give rise to
   generalization going beyond the special circumstances of each case ICJ, *Reports*,
   1970, p.40.
22) PCIJ, *Series B*, No.8, 1923, pp.42-43.

나. *Polish Postal Service* Case(1925)

P*iuus Funds of the California* Case(1902)와[23] 판결이 인용되었다.

다. *The Lotus* Case(1927)

Costa Rica Pocket Case(1897)의[24] 판결이 인용되었다.

라. *The Legal Status of Eastern Greenland* Case(1933)

Palmas Island Case(1928)의[25] 판정이 인용되었다.

마. *Minguiers and Ecrehos* Case(1953)

The Legal States of Eastern Greenland Case(1933)의[26] 판결이 인용되었다.

바. *Nottebohm* Case(1953)

Alabama Arbitration(1872)의[27] 판정이 인용되었다.

사. *Certain Fronrier Land* Case(1959)

Genocide Case(1951)의[28] 판결이 인용되었다.

---

23) PCIJ, *Series B*, No.11, 1925, p.30.
24) PCIJ, *Series B*, No.10, 1927, p.26.
25) PCIJ, *Series A/B*, No.53, 1933, p.45.
26) ICJ, *Reports*, 1953, p.42.
27) ICJ, *Reports*, 1953, p.119.
28) ICJ, *Reports*, 1959, p.257.

아. *Temple of Preah Vihear* Case(1961)

Polish Postol Service in Damzig Case(1925),[29] *Anglo-Iranian Oil Co.* Case(1952),[30] *Airial Incident of July 27, 1955* Case(1955)[31] *South West Africa Voting Procedure* Case(1955)[32]의 판결이 인용되었다.

자. *Gulf of Maine* Case(1984)

Anglo-Franch Continental shelf Case(1977)의 판정이[33] 인용되었다.

차. *Lond, Island and Maritime Frontier* Case(1990)

Northern Cameroons Case(1963)[34] *Military and Paramilitary Activities* Case(1986),[35] *Gulf of Maine* Case(1984),[36] *Free Zone of Upper Savoy and District of Gex* Case(1932),[37] *Border and Transponder Armed Ailerons* Case(1988),[38] *North Sea Continental Shelf* Case(1969),[39] *Effect of Awards of Compensation made by the United Nations Administrative Tribunal*(1954),[40] *Certain Norwegian Loans* Case(1957),[41] *Continental Shelf* Case(Tunisia Libya)(1981)의 판결이[42] 인용되었다.

---

29) ICJ, *Reports*, 1961, p.38.
30) ICJ, *Reports*, 1961, p.32.
31) ICJ, *Reports*, 1961, p.37.
32) ICJ, *Reports*, 1961, p.38.
33) ICJ, *Reports*, 1984, pp.302-303.
34) ICJ, *Reports*, 1990, p.143.
35) ICJ, *Reports*, 1990, p.20.
36) ICJ, *Reports*, 1990, p.23, 50.
37) ICJ, *Reports*, 1990, p.27.
38) ICJ, *Reports*, 1990, p.27.
39) ICJ, *Reports*, 1990, p.38.
40) ICJ, *Reports*, 1990, pp.42-50.
41) ICJ, *Reports*, 1990, p.46.

카. *Maritime Delimitatian and Territory Question* Case(1994), *Factory of Charzow* Case(1927),[43] *Land, Island and Maritime Frontier Dispute* Case(1992)의 판결이[44] 인용되었다.

타. *The Territorial Dispute(Libya/Chad)* Case(1994)

Certain Frontier Land Case(1959),[45] *Acquisition of Polish Nationality, Advisory Opinion*(1923),[46] *Lighthouses Case(1934),*[47] *Aegean Sea Continental Shelf* Case(1987),[48] *Temple of Preah Vihear* Case(1962),[49] *Land, Island and, Maritime Frontier Dispute* Case(1992),[50] *Western Sahara* Case(1975),[51] *Frontier Dispute* Case(Bukind Faso/Mali)(1986),[52] *Rights of Nationals of The United States America in Morocco* Case(1952),[53] *Eastern Greenland* Case(1933),[54] *Fisheries* Case(1951)[55]의 판결이 인용되었다.

파. *Request for Interpretation or the Judgement in the Land and Maritime Boundary* Case(Cameroon/Nigeria)(1999)

United Nations Administrative Tribunal, Advisory Opinion(1973),[56] *Continental*

42) ICJ, *Reports*, 1990, p.46.
43) ICJ, *Reports*, 1994, p.18.
44) ICJ, *Reports*, 1990, p.18.
45) ICJ, *Reports*, 1994, p.22.
46) ICJ, *Reports*, 1994, p.25.
47) ICJ, *Reports*, 1994, p.25.
48) ICJ, *Reports*, 1994, p.23.
49) ICJ, *Reports*, 1994, p.35, 47, 78.
50) ICJ, *Reports*, 1994, p.49, 89.
51) ICJ, *Reports*, 1994, p.49.
52) ICJ, *Reports*, 1994, p.59.
53) ICJ, *Reports*, 1994, p.70.
54) ICJ, *Reports*, 1994, p.77.
55) ICJ, *Reports*, 1999, p.78.

Shelf Case(Tunisia/Libya)(1995),[57] *Factory of Charzow*(1927),[58] *Military and Paramilitary Activities* Case(1994)의[59] 판결이 인용되었다.

하. *Case Concerning Sovereignty Over Puiau Ligitan and Pulau Sipadon*(2001)

Continental Shelf Case Libya/Malta(1981),[60] *Land, Istand and Maritirne Frontier Dispute* Case(1990),[61] *Continental Shelf* Case(libya/malta)(1981)[62]의 판결이 인용되었다.

가. Case *Concerning the Land and Matitime Boundary*(2002), *Frontier Dispute* Case(Brukina Faso/Mali)(1986),[63] *Territorial Dispute* Case(Libya/Chad)(1994),[64] *Land, Island and Maritime Frontier Dispute* Case(1992),[65] *Minguiers and Ecrehos* Case(1953),[66] *Western Sahara, Advisory Opinion*(1975),[67] *Continental Shelf* Case(Tunisia/Libya)(1982)[68]의 판결이 인용되었다.

---

56) ICJ, *Reports*, 1999, p.13.
57) ICJ, *Reports*, 1999, p.13.
58) ICJ, *Reports*, 1999, p.21.
59) ICJ, *Reports*, 1999, p.31.
60) ICJ, *Reports*, 2001, p.32.
61) ICJ, *Reports*, 2001, p.32.
62) ICJ, *Reports*, 2001, p.32.
63) ICJ, *Reports*, 2002, p.54
64) ICJ, *Reports*, 2002, p.54.
65) ICJ, *Reports*, 2002, p.55.
66) ICJ, *Reports*, 2002, p.116.
67) ICJ, *Reports*, 2002, p.116.
68) ICJ, *Reports*, 2002, p.119.

나. *Genocide* Case(2007)

Military and Paramilitary Activities Case(1984)의[69] 판결을 인용했다.

다. Case *Concerning Pedra Branca*(2008)

Pulou Ligatan and Pulau Sipadan Case(2002),[70] *Temple of Preah Vihear* Case(2007),[71] *Genocide* Case(2007),[72] *Eastern Greenland* Case(1933),[73] *Island of Palmas* Case(1928),[74] *Genocide* Case(2007),[75] *Golf of Maine* Case(1984),[76] *Fisheries* Case(1951),[77] *North Sea Continental Shelf* Case(1969),[78] *Nuclear Test* Case(1974)[79]의 판결이 인용되었다.

---

69) ICJ, *Reports*, 2002, para.207.
70) ICJ, *Reports*, 2008, para.32.
71) ICJ, *Reports*, 2008, para.43.
72) ICJ, *Reports*, 2008, para.45.
73) ICJ, *Reports*, 2008, para.63.
74) ICJ, *Reports*, 2008, para.76.
75) ICJ, *Reports*, 2008, para.45.
76) ICJ, *Reports*, 2008, para.121.
77) ICJ, *Reports*, 2008, para.225.
78) ICJ, *Reports*, 2008, para.228.
79) ICJ, *Reports*, 2008, para.229.

제3장

증거 일반

제1절 증거의 의의와 분류

Ⅰ. 증거의 의의

법의 적용(application of law)이란 개별적·구체적 사실(fact)에 일반적·추상적 규범(norm)을 정합(整合, combine)시켜 소정의 법적 효과(legal effect)를 도출하는 작용이다. 법의 적용은 일반적·추상적 규범을 대전제(major premise)로 하고, 개별적·구체적 사실을 소전제(minor premise)로 하여, 재판(decision)이라는 결론(conclusion)을 도출하는 3단논법(syllogism)의 단계를 밟게 된다.

법의 적용을 위해 3단논법의 소전제인 개별적·구체적 사실을 명백히 인정할 필요가 있다. 규범을 적용할 사실을 명백히 인정하는 것을 사실의 확정(establishment of fact)이라 한다. 사실의 확정은 입증(proof)과 의제(legal fiction)의 방법에 의하게 되며, 의제는 추정(presumption)과 간주(regard)의 방법에 의한다. 그 중 입증은 인적, 물적 자료인 증거(evidence)에 의한 사실의 인정, 즉 증거에 의한 사실의 확정(establishment of fact by evidence)으로, 그것은 증거의 효과(effect of evidence)이다. 따라서 증거는 사실 인정의 물적, 인적 자료를 뜻하는 것으로, 전자를 물증(material evidence)이라 하고 후자를 인증(human evidence, oral evidence)이라 한다. 사람의 물리적 존재 그 자체는 물증이고 인증이 아니다. 증인이 작성한 문서도 인증이 아니라 물증이다.

II. 증거의 분류

1. 인증과 물증

인증은 사람의 진술내용이 증거로 하는 증거이고 예컨대, 증인·감정인 은 인증이고 살인현장 법인이 떨어뜨린 범인의 지감은 물증이다. 지도는 물론 물증이다.

2. 직접증거와 간접증거

증거는 입증방식(methods of proof)에 따라 직접증거(direct evidence)와 간접증거(indirect evidence)로 구분된다. 간접증거를 정황증거(circumstanial evidence)라고도 한다.

요즘사실(ultimate principal fact)을 직접 증명하는 증거는 직접증거이고 요즘사실을 추정(inference)게 하는 증거는 간접증거이다. 예컨대 A가 B를 살해하는 현장을 목격한 C의 A가 B를 살해하는 것을 직접 보았다는 C의 진술은 직접증거이고, A가 B를 살해하는 현장을 보았다는 C의 진술을 들 었다는 D의 진술은 간접증거이다. 직접증거가 없는 경우에 간접증거를 채 택할 수 있다.

지도는 후술하는 바와 같이 조약이나 재판에 부속된 지도, 즉 인증성

(authenticity)이 있는 지도만이 직접증거로 되고 그 이외의 지도는 모두 간접증거로 됨에 불과하다.

3. 증거능력과 증명력

증거능력(admissibility of evidence)이란 입증자료로서 채택될 가능성 내지 타당성을 뜻한다. 이는 증거적격을 의미한다. 이에 반해 증명력(probative effect)은 요즘사실을 입증에 기여하는 가히 또는 입증에 필요한 것을 제공하는 가치를 의미한다. 증거능력을 전제로 증명력이 요구되는 것이다.

증거능력은 법으로 정하여지나 증명력은 재판부의 자유재량에 의한다. 이를 자유심증주의라 한다. 지도는 '정확성'(accuracy)이 있는 지도만이 증명력을 갖는다.

제2절 문서 증거

Ⅰ. 문서증거의 의의

전술한 바와 같이 법의 적용(application of law)이란 개별적·구체적 사실(fact)에 일반적·추상적 규범(norm)을 정합(整合, combine)시켜 소정의 법적 효과(legal effect)를 도출하는 작용이다. 법의 적용은 일반적·추상적 규범을 대전제(major premise)로 하고, 개별적·구체적 사실을 소전제(minor premise)로 하여, 재판(decision)이라는 결론(conclusion)을 도출하는 3단논법(syllogism)의 단계를 밟게 된다.

법의 적용을 위해 3단논법의 소전제인 개별적·구체적 사실을 명백히 인정할 필요가 있다. 규범을 적용할 사실을 명백히 인정하는 것을 사실의 확정(establishment of fact)이라 한다. 사실의 확정은 입증(proof)과 의제(legal fiction)의 방법에 의하게 되며, 의제는 추정(presumption)과 간주(regard)의 방법에 의한다. 그 중 입증은 인적, 물적 자료인 증거(evidence)에 의한 사실의 인정, 즉 증거에 의한 사실의 확정(establishment of fact by evidence)으로, 그것은 증거의 효과(effect of evidence)이다. 따라서 증거는 사실 인정의 물적, 인적 자료를 뜻하는 것으로, 전자를 물증(material evidence)이라 하고 후자를 인증(human evidence, oral evidence)이라 한다.

　　물증 중에 서증(documentary evidence)은 문서의 물리적 존재가 증거로 되는 것을 말한다. 즉 성문문서(written instruments)에 의한 증거를 뜻한다.[1] 그것은 지면에 표시된 것이 일반적이나 그에 한 하지 아니한다. 따라서 석면에 조각된 것도 포함된다.[2]

　　문서 증거에는 다음과 같은 것이 포함된다.

(ⅰ) 국제적, 국내적으로 승인된 조약집에 포함되어 있는 간행된 조약 (published treaties)

(ⅱ) 국제 조직과 국내 의회의 공식적 기록(official records)

(ⅲ) 간행 및 미간행 외교통신과 커뮤니케이션(published or unpublished diplomatic correspondence and communiques)

(ⅳ) 도서, 지도, 도면, 해도, 기사, 공문자료, 사진, 필름, 법적 의견, 전문가의 의견 등을 포함하는 기타자료(other miscellaneous material including books, maps, plans, charts, accounts, archival material, photographs, films, legal opinions and opinions of experts, etc)[3]

Ⅱ. 문서증거의 구분

문서 증거는 다음과 같이 구분된다.[4]

(ⅰ) 의시기록 문서(documents recorded intention)와 사실증명 문서(documents used to prove fact)

(ⅱ) 내국문서(domestic documents)와 외국문서(foreign documents)

---

1) Henry Campbell Black, *Black's Law Dictionary*, 5th ed. (St, paul: West, 1979), p.433.
2) *Ibid*, p.432; *YILC*, 1981, vol. Ⅱ, part Ⅱ, p.35.
3) Shabtai Rosenne, *The Law and Practice of the International Court*, 3rd ed., Vol.3 (Hague: Martinus, 1997), pp.1281-82.
4) Black, *supra* n.1, p.432.

(ⅲ) 입법문서(legislative documents), 행정문서(administrative documents)
와 사법문서(judicial documents)

(ⅳ) 고문서(ancient documents)[5]와 현대문서(modern documents)

(ⅴ) 공문서(public documents)와 사문서(private documents)

1984년 "국가재산, 문서, 채무의 국가승계에 관한 비엔나 협약"(Vienna Convention on Succession of States in Respect of State property, Archives and Debts)상 문서는 국가문서(state archives)와 비국가 문서(non-state archives)로 구분된다. 국가문서는 "국가의 권한, 행사상 국가가 발행, 접수만 모든 종류의 문서"를 말하며 그 이외의 문서가 비국가문서인 것이다(제20조).

---

5) 고문서는 국내법상으로는 30년 전에 작성된 문서를 의미하나(*ibid*), 국제법상 고문서의 정의는 없다(infra n. 23, 참조).

제4장

문서의 증거능력과 증명력

제1절 문서의 증거능력

Ⅰ. 증거능력의 개념

국내소송에 있어서 증거는 "증거능력"(admissibility of evidence)과 "증명력"(weight of evidence, probative value of evidence)으로 구분하여 규정하는 것이 일반적이다. 국제소송에 있어서 증거법에 이에 관한 명백한 규정은 없으나 역시 국내 소송에 있어서와 마찬가지로 증거법상 증거능력과 증명력을 구분하여 설명되고 있다.

증거능력이란 특정 증거가 사실 인정의 증거로 사용 될 수 있는 자격을 말하는 것으로 "증거능력 있는 증거"(admissible evidence)란 재판소가 증거로 채택할 수 있는 증거, 즉 재판소나 재판관이 증거를 수리해야할 증거(court or judge is bound to receive evidence)를 말한다.[1] 이 증거능력을 전제로 그 증거가 어느 정도의 증거 가치가 있느냐의 과제인 증명력이 평가되게 된다.

요컨대 문서의 증거능력이란 특정의 문서가 재판소나 재판관에 의해 증거로 사용될 수 있는 자격 내지 능력을 말하는 것으로, 증거능력이 있는

---

1) Black's, Law Dictionary, p.44.

증거만이 증명력의 유무가 논의되게 된다. 즉, 증명력은 증거능력을 전제로 한 개념이다.

II. 증거능력의 제한

국내소송법상 모든 증거가, 그것이 인적 증거이든 물적이든, 문서 증거이든 비문서 증거이든 모두 증거능력이 있는 것은 아니다. 증거능력은 증거법의 규정에 의해 인정되게 된다. 증명력이 재판소나 재판관에 의해 정해지는 것과 구별된다.

국제소송에 있어서 증거능력을 일반적으로 인정한 명시적인 증거법상 규칙은 없다. 다만, 증거능력을 예외적으로 시간적 제한을 하는 규칙이 있을 뿐이다. '국제사법제판소규칙'은 증거를 재판소에 제출할 기한을 재판소가 명하도록 규정하고(제44조 제1항), 그 기한을 경과하면 원칙적으로 증거를 제출할 수 없다고 규정하고 있을 뿐이다(제56조).

국내소송에는 증거법이 증거에 관한 규칙을 구체적으로 명시하고 있으나 국제소송에는 증거법의 미발달로 증거에 관한 규칙이 구체적으로 명시되어 있으나 애매하다. 다만, 다음과 같은 국제 협약에 증거에 관한 규칙이 단편적으로 규정되어 있을 뿐이다.

(i) 1907년의 "국제 분쟁의 평화적 해결에 관한 협약
  (Convention for Pacific Settlement of International Disputes)
(ii) 1920년의 "상설국제사법제판소규정"
  (Statute of the Permanent Court of International Justice)
(iii) 1945년의 "국제사법재판소규정"
  (Statute of the International Court of Justice)

（ⅳ） 1972년의 "국제사법재판소규칙"

　　　（Rules of the International Court of Justice)

문서의 증거능력 제한에 관한 국제협약, 국제판례 그리고 학설을 보면 다음과 같다.

가. 국제협약

(1) 국제분쟁의 평화적 해결을 위한 협약

"국제분쟁의 평화적 해결을 위한 협약"은 당사자는 진술서·항변서·답변서를 재판소에 송부한다. 이때는 모든 문서 및 서류를 첨부한다고 규정하며(제63조) 모든 문서는 증거능력이 있음을 간접적으로 인정하면서, 동협약 제67조는 일정한 기간이 경과한 이후에 제출되는 문서는 증거능력이 없음을 다음과 같이 규정하고 있다.

> 서면예심이 종결된 후에 법정은 분쟁당사국 중 일방이 타방의 동의 없이 추가로 제출하기를 원하는 모든 새로운 문서와 서류에 대한 심문을 거부할 권리를 가진다(after the close of the pleadings, the Tribunal has the right to refuse discussion of all new papers or documents which one party may desire to submit to it without the consent of the other party).

(2) 상설국제재판소규정

"상설국제사법재판소규정"은 "서면절차는 재판관과 당사자에 대한 의사소통으로 구성되며 필요하면 모든 서면과 문서를 제출한다."라고 규정하여(제43조) 간접적으로 모든 문서가 증거능력이 있음을 인정하고 있다. 다만, 증거제출의 시간적 제한만을 두고 있다. 동 규정 제52조는 일정한 시간이 경과한 이후에 제출되는 증거는 증거능력이 없음을 다음과 같이 규정하고 있다.

재판소는 그 목적을 위하여 정하여 진 기간 내에 증거 및 증언을 수령한 후
에는, 타방 당사자가 동의하지 아니하는 한, 일방당사자가 제출하고자 하는
어떠한 추가적인 새로운 구두 또는 서면상의 증거도 그 수리를 거부할 수 있
다(after the Court has receive the proofs and evidence within the time specified
for the purpose, it may refuse to accept any farther oral or written evidence that
one party may desire to present unless the other side consents).

(3) 국제사법재판소규정

"국제사법재판소규정"은 "서면절차는 준비서면·답변서 및 필요한 경우
항변서와 원용할 수 있는 모든 문서 및 서류에(papers and documents in
support)로 이루어진다."라고 규정하여(제43조 제2항) 간접적으로 모든 문
서의 증거능력을 인정하고 있다. 그러나 증거제출의 시간적 제한을 두고
있다. 동 규정 제52조는 "상설국제사법재판소규정" 제52조와 전혀 동일한
규정을 두고 있다. 상기한 "상설국제사법재판소규정" 제52조를 그대로 인
용하기로 한다.

(4) 국제사법재판소규칙

"국제사법재판소규칙"은 "국제사법재판소규정" 제30조에 의거 재판소의
임무를 수행하기 위하여(for carrying out its functions) 재판소가 제정하는
동 규칙 제56조는 "국제사법재판소규정" 제52조를 다음과 같이 구체화한
규정을 두고 있다.

1. 여하한 당사자도 서면절차의 종료 후에는 타방당사자가 동의하는 경우
   또는 본조 제2항이 규정하는 경우를 제외하고는 추가로 재판소에 서류
   를 제출할 수 없다.(1. After the closure of the written proceedings no
   further documents may be submitted to the court by either party except
   with the consent of the other party or as provided in paragraph 2 of this
   Article.)
2. 타방 당사자의 동의가 없는 때에도 재판소는 양 당사자의 의견을 청취
   한 후 해당 서류가 필요하다고 인정하는 경우에는 그 제출을 허가할 수

있다.(2. In the absence of consent, the Court, after hearing the parties, may, if it considers the document necessary, authorize it production.)

상술한 바와 같이 국제협약은 서면절차 종료 이후에 추가적인 새로운 증거를 제출 할 수 없으며, 타방당사자의 동의와 재판소의 허가가 있는 경우는 예외라고 규정하고 있다.

나. 국제판례

(1) *Corf Channel* Case(1949)

Corf Channel Case(1949)에서 국제사법재판소는 서면절차 종료 이후에 제출된 문서에 관해 타방당사자의 동의에 근거 하에 이의 제출을 허가한다고 다음과 같이 판시한 바 있다.

> 1948년 12월 10일 새로운 일련의 문서의 제출에 관해 또 다른 결정을 했다. 이 결정은 이들 특정의 문서의 제출에 관해 당사자가 동의했다는 것과 특정의 다른 문서는 철회되고 다른 문서의 제출은 허가되었다는 것을 주목한다. 재판소의 결정은 특별한 사정을 고려하여 이의 제출에 타방 당사자의 동의에 기초한 것이다. 그러나 재판소는 이 허가는 장래의 판례를 형성 할 수 없다는 것을 명시적으로 표시한다.[2]

(2) *Nottebohm* Case(1955)

Nottebohm Case(1955)에서 국제사법재판소는 서면절차의 종료 이후에

---

[2] another decision as to the production of a series of new documents was given by the Court on December 10th, 1948. This decision noted that the parties were agreed as to the production of certain of these documents and that certain others were withdrawn; authorized the production of certain others documents… the Court's decision placed on record the consent of the other party to its production, having regard to the special circumstances, but the Court expressly stated that this permission could not form a precedent for the future ICJ, *Reports*, 1949, pp.8-9.

당사자는 서류를 제출할 수 없으나, 당사자의 의견을 청취한 후 필요한 경우 재판소는 서류의 제출을 허가 할 수 있다고 다음과 같이 판시한 바 있다.

과테말라 정부의 대리인은 서면절차의 종료 이후에 타방 당사자의 동의 없이 많은 새로운 문서를 제출했다. 재판소는 규칙 제 48조 제 2항의 규정에 따라 당사자의 의견을 청취한 후 이러한 결정을 내렸다.[3]

(3) *Land, Island and Maritime Frontier Dispute* Case(1992)

Land, Island and Maritime Frontier Dispute Case(1992)에서 국제사법재판소는 구두절차가 종료된 이후에 엘살바도르의 추가적인 문서의 제출을 허가하지 아니한다고 다음과 같이 판시한 바 있다.

심리의 종료 이후 1991년 9월에 엘살바도르의 대리인이 모든 추가적인 문서의 한 편을 재판부에 제출했다. ··· 재판부장은 구두절차의 종료 이후에 재판소에 대한 문서의 제출은 절차의 정상적 부분이 아니라고 주의하면서 규칙 제56조의 규정을 이에 적용하는 것은 적절하다는 견해를 취했다. ··· 문제를 검토한 후 재판부는 이들 문서의 제출을 허가하지 아니하기로 결정했다.[4]

서면절차가 종료된 이후에 신청되는 새로운 문서는 타방당사자의 동의

---

3) the Agent of the Government of Guatemala having filed a number of new documents, after the closure of the written proceedings without the consent of the other party, the Court, in accordance with the provisions of Article 48, paragraph 2, of this Rules, had, after hearing the parties to give its decision ICJ, *Reports*, (Second Phase) 1955, p.6.
4) In September 1991, after the close of the hearings, the Agent of El Salvador submitted to the Chamber complete sets of all the additional documents. ··· The President of the Chamber, while noting that the submission of further documents to the Court after the closure of the oral proceedings was not normal part of the procedure, took the view that it was appropriate to apply them, the provisions of Article 56 of the Rules. ··· After examining the question the Chamber decided not to authorize the submission of those documents ICJ, *Reports*, 1992, p.578.

가 없는 한 증거능력이 부정된다는 취지의 판결은 *Military and Paramilitary Activities Case(1986),*[5] *Jan Mayen* Case(1993),[6] *Territorial Dispute (Chad/Libya)* Case(1994),[7] *그리고 East Timor* Case(1995)[8] 등에서도 행하여 졌다.

상술한 바와 같이 서면철차 종료 이후에 타방당사자의 동의 없이 제출되는 추가적인 서면의 제출은 재판소가 허가하지 아니한다는 것이 국제판례이다.

다. 학설

(1) Gerald Fitzmaurice

Gerald Fitzmaurice는 서면절차 종료 이후의 추가적 문서의 제출은 예외적 경우에만 허락된다고 다음과 같이 기술하고 있다.

> 서면절차의 종료 이후에 추가적 문서의 제출은 예외적 사정의 경우에만 그리고 제48조의 절차를 엄격히 따를 경우에만 허용된다.[9]

(2) Shabtai Rosenne

Shabtai Rosenne은 서면절차의 종료 이후에 신청되는 새로운 증거는 타방당사자의 동의를 요하며 그 동의는 추정된다고 다음과 같이 기술하고 있다.

---

5) ICJ, *Reports*, 1986, p.18.
6) ICJ, *Reports*, 1993, p.41.
7) ICJ, *Reports*, 1994, p.12.
8) ICJ, *Reports*, 1995, p.93.
9) the submission of further documents after the close of the written proceedings could only be admitted in exceptional circumstances, and in strict conformity with the Article 48 procedure Geraid Fitzmaurice, "The Law and Procedure of the International Court of Justice", *BYIL*, Vol.34, 1958, p.152.

새로운 문서의 제출을 원하는 당사자는 원본 또는 인증등본을 서기국에 제시하여야 한다. … 그 문서의 제출에 반대를 하지 아니하는 경우 타방당사자의 동의는 추정된다. 반대를 하여야 할 규칙상의 시간제한이 규정되어 있지 아니하다. 이 문제는 재판장에 의해 결정되게 된다. 다른 당사자가 반대하는 경우 재판소는 양당사자를 신문하여야 한다.[10]

(3) Hans-Jurgen Schlochauer

Hans-Jurgen Schlochauer는 구두절차에 있어서는 기 제출된 문서만 검토될 수 있다고 다음과 같이 기술하고 있다.

구두절차의 과정에 있어서 … 기 제출된 문서가 토의되고 추가적인 증거는 타방당사자의 동의에 의해서만 인용될 수 있다.[11]

(4) H.W.A. Thirlway

H.W.A. Thirlway는 추가적인 문서의 제출은 타방당사자의 동의 또는 법원의 허가로 가능하고 후속적인 관행은 타방당사자의 반대가 없는 한 광의로 해석된다고 다음과 같이 기술하고 있다.

규칙은 타방 당사자의 동의와 법원의 허가에 따른 추가적 문서의 제출에 관해 규정하고 있다. … 구두절차의 기간에 있어서 어떠한 문서의 내용도 참조될 수 없다.[12]

---

10) the party desiring to produce a new document is to file the original or a certified copy in the Registry, … The concent of the other party will be presumed if it does not lodge an objection to the production of the document. No time-limit is laid down in the Rules within which the objection must be made, and the matter is determined by the President. If the other party objects, the Court is to hear both parties Rosenne, The Law and practice of the International Court of Justice, 3rd ed. Vol.3(Hague: Martinus, 1997), pp.1304-305.

11) in the course of oral proceedings, … documents previously submitted are discussed, further evidence may only be adduced with the consent of the other party Hans-Jurgen Schlochauer, "The International Court of Justice," *EPIL*, Vol.1, 1981, p.84.

(5) Edmund Fan Osmanczyk

Edmund Jan Osmanczyk는 서면절차 종료이전에 서면의 제출이 요구된다고 다음과 같이 기술하고 있다.

절차는 두 개의 부분, 즉 서면절차와 구두절차로 구성된다. 서면절차는 통상 재판소의 명령에 의해 정해진 시간제한 내에 제출된 주장의 각 당사자에 의한 발표로 이루어진다.[13]

이상과 같이 서면절차 종료 이후에는 타방당사자의 동의 없이 추가적인 문서의 제출은 원칙적으로 허용되지 아니한다는 것이 국제협약, 국제판례 그리고 학설에 의해 일반적으로 승인되어 있다. 소외(訴外)에서는 모든 문서가 증거능력이 있는 것이다.

---

12) Rules provided for submission of further documents with the consent of the other party or with the permission of the Court. ⋯ No reference may be made during the oral proceedings to the contents of any document. H.W.A. Thirlway, "Evidence before International Courts and Tribunals," *EPIL*, Vol.1, 1981, p.60.

13) the proceedings consist of two parts; written and oral. The written part usually consists of the presentation by each of the parties of pleadings which are filed within time-limits fixed by the orders. Edmund Jan Osmanczyk, *Encyclopedia of the United Nations*, 2nd ed. (New York: Taylor, 1990), p.448.

제2절 문서의 증명력

Ⅰ. 증명력의 개념

증거법상 증명력(weight of evidence, probative value of evidence)이란 증거능력 있는 증거(admissible evidence)가 입증 사실을 인정하는 가치 내지 평가를 말한다. 즉 증거능력 있는 증거가 사실인정에 주어지는 가치를 말한다.[1] 증명력은 증거능력을 전제로 한 개념이다. 그러므로 증거능력 있는 증거에 관해서만 증명력을 논할 수 있는 것이다.[2] 따라서 서면절차가 종료된 이후에 추가적으로 제출되는 서면에 관해서 타방당사자의 동의가 없는 증거에 관해서는 증명력이 논의될 수 없는 것이다.

---

1) Black's, Law Dictionary, pp.1429-1064.
2) *Ibid*,

II. 증명력의 인정

증거능력은 증거법의 규정에 의해 정하여 지는 것이 아니라 재판소의 자유판단에 의해 정해지게 된다. 이에 관해 국제증거법에 아무런 규정이 없으나, 증명력은 재판소의 자유판단에 의해 정해지게 된다. 즉, "국제분쟁의 평화적 해결에 관한 협약", "상설국제재판소규정", "국제사법재판소규정" 그리고 "국제사법재판소규칙"에 증명력은 재판소의 자유판단에 의해 결정된다는 명시적 규정은 없으나 증명력은 재판소의 자유판단에 의해 결정된다는 것이 일반적으로 승인되어 있다.[3] 이를 자유심증주의(free appreciation of value rule)라 한다.

요컨대, 증거능력 있는 문서의 증명력은 재판소의 완전한 평가(entire appreciation of the court)에 일임되어 있다.[4] 재판소의 자유평가는 재판소를 구성하는 재판관의 자유평가를 의미하게 된다. 결국 출석한 재판관의 과반수로 증명력은 결정되게 된다("국제사법재판소규정" 제55조).

다만, 지도의 증명력에 관해서는 인증지도(authentic maps) 즉, 조약의 일부분이거나 조약에 첨부된 지도 즉, 법적문서(legal instruments)인 지도만이 제 1차적 증명력(primary evidence)이 인정되고 인증지도 이외의 지도

---

3) Thirlway, *EPIL.* Vol.1, 1981, p.58; Schlochauer, *EPIL.* Vol.1, 1981, p.84; Rudolf Pazer and Chistoph Schreuer, *Principles of International Investment Law*(Oxford: Oxford University press, 2008), p.261.

4) D.V. Sandifer, *Evidence before International Tribunals,* revised ed.(Chicago: Chicago University Press, 1975), p.157; Hyde, *infra* n.26, p.316; Weisberger, *AJIL.* Vol.57, 1963, p.784; A.D.Cukwurah, *The Settlement of Boundary Disputes in International Law*(Manchester: Manchester University Press, 1967), pp.224-25, Jawerzina, Advisory Opinion(PCIJ, *Series B*, No.8, 1923, pp.32-33); *Manastery of Saint-noum, Advisory opinion* (PCIJ, *Series B*, No.9, 1924, p.21); *Palmas Island arbitration*(*AJIL*, Vol.22, 1928, p.892); *Case concerning the Frontier Dispute*(ICJ, *Reports,* 1986, pana.54_; *Case Concerning Sovereignty over Pulan Ligitan and Pulan Sipiton* (ICJ, *Reports,* 2002, para.88); *Case concerning Sovereignty over Pedra Brance*(ICJ, *Reports,* 2008, para.270).

는 모두 제 2차적 증명력(secondary evidence) 즉, 정황증거(circumstance evidence)만 인정된다는 것이 판례와 학실에 의해 일반적으로 승인되어 있다.[5]

III. 독도영유권의 권원에 관한 문서의 증거능력과 증명력

1. 독도영유권의 권원에 관한 문서의 증거능력

진술한 바와 같이 모든 문서는 국제 소송에 있어서 증거능력이 인정된다. 즉, 모든 문서는 증거능력이 있는 증거(admissible evidence)이다. 다만, 국제소송에 있어서 서면절차 종료 후에는 타방 당사자의 동의가 있고 재판소가 허락한 경우에만 증거능력을 갖는다. 물론 소외(訴外)에서도 증거능력을 갖는다.

따라서 독도영유권의 권원의 증거인 문서는 국제소송에서 서면절차가 종료되기 이전에는 모두 증거능력을 갖는다. (i) 그러므로 그것이 고문서(예컨대, 「삼국사기」)이든 현대문서(예컨대, "연합군 최고군사령관 훈련 제677호")이든 불문하고,[6] (ii) 그것이 한국문서(예컨대, 「숙종실록」)이든 외국문서(예컨대, 「조선국교제시말내탐서」)이든 불문하고, (iii) 그것이 공문서(예컨대, "대한제국칙령 제41호")이든 사문서(예컨대, 홍순칠의 「이 땅이 뉘땅인데」)이든 불문하고,[7] (iv) 그것이 한국문서(예컨대, 「만기요람」)

---

5) S. Rosenne, The Law and Practice of the International Court of Justice, 3rd ed., Vol.3 (Hague: Martinus, 1997); pp.1280-81.

6) 현대국제법은 1648년의 웨스트파리아조약 (Treaty of Westphalia) 이후에 성립된 것으로 보는 것이 일반적인 견해이므로 (Stephan Verosta, "History of Law of Nations, 1648 to 1815", EPIL, Vol.7, 1984, pp.160-62), 1648년 이전의 문서를 고문서로 보는 것이 타당할 것 같다.

7) 공식지도(official maps)가 승인·묵인·금반언의 효과가 인정되는 것처럼(Guenter

이든 제3국문서(예컨대, "대일평화조약영국초안")이든 불문하고,[8] (ⅴ) 그
것이 법령(예컨대, "일본총리부령 제24호")이든 불문하고, (ⅵ) 그것이 서
명된 문서(예컨대, "항복문서")이든 서명되지 아니한 문서(예컨대, "한국
정부 견해3 구술서")이든 불문하고,[9] (ⅶ) 그것이 처분문서(예컨대, "대일
평화조약")이든 서술문서(예컨대, "은주시청합기")이든 불문하고,[10] (ⅷ)
그것이 권원의 취득문서(예컨대, 「삼국사기」), 권원의 유지문서(예컨대,
"평화선 선언문")이든 불문하고,[11] (ⅸ) 그것이 권원의 대체 이전의 문서
(예컨대, 「증보문헌 비고」)이든 대체 이후의 문서(예컨대, "제 3차 수정 맥
아더 라인")이든 불문하고[12] 그리고, (ⅹ) 그것이 국가문서(예컨대, 「숙종실

Weissberg, "Maps as Evidence in International Boundary Disputes," *AJIL*, Vol.57,
1963, p.803) 공문서는 승인·묵인·금반언의 효과가 인정되게 된다.

8) 제3국의 문서는 공정성·중립성이 보장된다(Charles Cheney Hyde, "Maps as Evidence
International Boundary Disputes," *AJIL*, Vol.27, 1933, p.314: *Case Concerning the
Frontier Dispute* Case: ICJ, *Reports*, 1986, para.56); Case *Concerning Territorial and
Maritime Dispute*: ICJ, *Reports*, 2007, para.216.

9) 서명된 조약, 서명된 교환공문은 법적 구속력을 갖는다. 구술서(note verbale)는
서명되지 아니한 외교문서이다(Johst Wilnanns, "Note Verbale," *EPIL*, Vol.9, 1996,
p.287).

10) 일반적인 정보를 제공하는(giving general information) 서술문서는 그것이 공문서
라 할지라도 증명력이 부정된다(*Pedra Brance*, Case: ICJ, *Reports*, 2008, paras.61-
62).

11) "대한제국혁명 제41호는 독도의 역사적 권원"을 현대국제법상 권원으로 대체한
것이다(김명기, 「대한제국칙령 제41호에 의한 역사적 권원의 대체에 관한 연구」,
독도조사연구학회, 『독도논총』 제5권 제1·2통합호, 1910, p.13).

12) 역사적 권원을 현대국제법상 권원으로 대체한 이후 역사적 권원은 검토의 여자
가 없다. *Minguiers and Ecrehos* Case(1953)에서 국제사법재판소는 프랑스의 역사
적 권원의 대체를 인정하고 대체 이전의 역사적 권원은 검토의 여지가 없다고
하여 이를 검토하지 아니한다는 판결을 한 바 있다(ICJ, *Reports*, 1953, p.56). 이
러한 취지는 *Palmas Island* Case(1928), (UN, *RIAA* Vol.2, 1946, p.848), *Wester
Sahara* Case(1975)(ICJ, Reports, 1975, pp.38-39)에서도 판시되었다. *Pedra Branca*
Case(2008)에서는 말레이시아에 역사적 권원이 인정되나 그 후 실효적 지배를
한 싱가포르에 권원이 이전 되었다고 판시했다(ICJ, *Reports*, 2008, paras.117,
276). 그러므로 한국은 1900년에 독도영유권의 역사적 권원을 현대국제법상 권
원으로 대체 했으므로 1900이전의 역사적 권원은 의미를 상실하게 된 것이다.
따라서 1900년 이후의 문서에 대한 권원을 주장해야 한다. 그러나 1900년 이전

록」)이든 비국가문서(예컨대, "독도조사 연구 학회 학술 발표문")이든, 불문하고 모두 증거능력이 있는 것이다.

2. 독도 영유권의 권원에 관한 문서의 증명력

전술한 바와 같이 (Ⅳ) 서면절차 종료 전에는 모든 문서가 증거능력을 갖으나, 그의 증명력은 재판관의 자유판단에 의한다. 따라서 독도영유권의 권원에 관한 문서는 모두 증거능력을 가지나 그 문서의 증명력은 재판관의 자유판단에 의하게 된다. 다만 다음과 같은 일반적인 판단 기준을 제시해 볼 수 있다. (i) 고문서보다는 현대문서가, (ii) 한국문서 보다는 일본 문서가, (iii) 사문서 보다는 공문서가, (iv) 한국문서·일본문서 보다는 제3국 문서가, (v) 비법령문서보다는 법령문서가, (vi) 서명되지 아니한 문서보다는 서명된 문서가, (vii) 서술문서 보다는 처분 문서가 각각 증명력이 보다 높이 인정될 것이다. 즉, 비교우위적 증명력이 인정되게 된다.

그러나 이는 일반적인 기준을 제시한 것에 불과하고 실제로 개별적인 경우 재판소는 이외 다른 기준에 의거 증거 가치를 재량으로 부여할 수 있을 것이다.13)

의 문서가 증거능력이 없다는 것이 아니라 그에 의한 권원의 증명이 필요 없게 되었다는 것이다. 사학자의 독도영유권의 권원 연구는 과감히 1900 이후로 전환되어야 한다.

13) Rudolf Dolzer and Christoph Schreuer, Principles of International Investment Law New York: Oxford University press, 2008. p.261.

Ⅳ. 결론

첫째로 진술한 바를 다음과 같이 요약하기로 한다.

(ⅰ) 모든 문서는 증거로 채택될 수 있는 자격, 즉 "증거능력"을 갖는다. 다만 국제소송에 있어서 서면절차 종료 이후는 타방당사자의 동의와 재판소의 허가를 요한다.

(ⅱ) 따라서 독도 영유권의 권원에 관한 모든 문서는 증거능력을 가진다. 다만 국제소송에 있어서 서면절차 종료 이후에는 일본의 동의와 재판소의 허가를 요한다.

(ⅲ) 모든 문서는 증거능력이 인정되어 그 증거의 실질적 가치 평가는 재판소의 자유판단에 의한다(다만, 인증지도는 제1하적 증명력이 인정된다).

(ⅳ) 따라서 독도영유권의 권원에 관한 모든 문서는 증거능력이 있으나 그의 증거로서의 가치, 즉 "증명력"은 재판소의 자유판단에 의한다.

둘째로, 독도의 영유권에 관한 정책당국에 대해 다음과 같은 정책대안을 제의하기로 한다.

(ⅰ) 문서의 증명력에 관한 일반적인 판단기준에 따라 독도영유권의 권원에 관한 모든 문서를 구분하여 비교 우위적 가치문서(better relative value document) (예컨대, 사문서보다 공문서, 한국문서보다 외국(국제연합)문서, 서술문서보다 처분문서, 권원의 대체 이전문서보다 이후문서 등)의 심층적 연구를 적극 주도한다.

(ⅱ) 독도영유권의 권원에 관한 각 개의 문서마다 재판이 신뢰성을 갖도록 하는 해설을 작성한다.

(ⅲ) 상기 (ⅰ) 및 (ⅱ)의 결과를 기초로 하여 독도영유권문제가 국제재판소에 제소되게 될 경우에 대비 준비서면(memorial)·답변서(counter-memorial)의 초안을 사전에 체계적 조직적으로 작성 준비한다.

제5장

지도의 증거능력과 증명력

제1절 지도의 증거형태와 증거능력

　증거에는 두 가지 형태(two types of evidence)가 있다. 그 하나는 "직접적 증거"(direct evidence), 즉 "제1차적 증거"(primary evidence)이고 다른 하나는 "간접적 증거"(indirect evidence), 즉 "제2차적 증거"(secondary evidence)이며, 이를 "정황증거"(circumstance evidence)라고도 한다.[1] "직접적 증거"는 증명의 대상인 사실을 직접적으로 증명하는 증거이며 사실을 추리(inference) 또는 추정(presumption)없이 결정적으로 인정(conclusively establish)하는 증거이다.[2] "간접적 증거"는 증명의 대상인 사실을 간접적으로 증명하는 증거이다. 이는 특정사실의 존재 또는 무 존재를 지적하는 정황의 연쇄를 증명하는 증거(proof of a chain of circumstances pointing to the existence or non-existence of certain facts)라 할 수 있다.[3] 전문증거(hearsay evidence)는 물론 제2차적 증거이다.[4] 제2차적 증거는 국내소송에 있어서만 인정되는 것이 아니라 국제소송에 있어서도 국제재판소의 판결에 의해 승인되어 있다. 즉, 국제소송에 있어서도 증거의 형태는 제1차적 증거와 제2차적 증거로 구분된다.[5]

　국제소송에 있어서 "제1차적 증거"와 "제2차적 증거"의 구분은 광의의

---

1) Black's, Law Dictionary, pp.498-99.
2) Ibid., p.414.
3) Ibid., p.499.
4) Ibid., p.649; S. Rosenne, The Law and Practice of the International Court, 3rd ed., Vol.3 (Hague: Martinus, 1997), pp.1281-82, p.1090.
5) Rosenne, supra n.4, p.1086; D.V. Sandifer, Evidence before International Tribunals, revised ed.,(Chicago: Chicago University Press, 1975), p.203.

증거능력의 구분이다. 전술한 바와 같이 국제소송에 있어서 모든 증거는 재판소에 제출할 "시한적 제한" 이외에는 증거능력이 있고 또 국제소송에 있어서는 최상 증거의 규칙(the best evidence rule)[6]은 적용되지 아니하기 때문이다.[7] 요컨대, 국제소송에 있어서 "제1차적 증거"와 "제2차적 증거"의 구분은 증거능력, 즉 증거의 채택(admissibility)을 기준으로 한 구분이, 즉 증거의 채택을 기준으로 한 구분인 것이다.

따라서 "제2차적 증거"도 "제1차적 증거"와 같이 증거능력이 있는 것이다. 환언하면 정황증거는 그 자체 채택 불가능한 것이 아니다(circumstance evidence is not itself inadmissible).[8] *Corfu Channel* Case(1949)에서 국제사법재판소는 "간접적 증거는 모든 법제도에서 수락되어 있고 그의 사용은 국제 판결에 의해 승인되어 있다(indirect evidence is admitted in all system of law, and its use is recognized by international decision)"라고 판시한 바 있다.[9]

그러므로 지도는 문서증거의 하나이며, 문서증거인 지도가 "제1차적 증거"이냐 "제2차적 증거"이냐의 문제는 "제2차적 증거"인 지도가 증거로 채택될 수 있느냐의 문제, 즉 증거능력의 유무의 문제이다. 증거로서 어느 정도의 가치가 있느냐의 문제, 즉 광의의 증거능력의 문제인 것이다.[10] "제2차적 증거"인 지도는 증거로 채택될 수 없는 것이다.

---

6) "최상증거의 원칙"은 제2차적 증거의 채용을 금지하는 원칙을 말한다(Black, *supra* n.1, p.146).
7) Sandifer, *supra* n.5, p.203.
8) Rosenne, *supra* n.4, p.1086.
9) ICJ, *Reports*, 1949, p.18.
10) Sandifer, *supra* n.5, p.203; Rosenne, *supra* n.8, pp.1086-87.

제2절 지도의 증명력

전술한 바와 같이 지도는 문서증거의 하나이고 모든 문서증거는 국제재판소에 제출되었을 때 "증거능력"이 있는 것이며, 그의 "증명력"의 평가는 재판소의 자유판단에 의하게 된다. 국제소송법상 재판소의 증명력 판단에 관한 구체적인 명시적 규칙이 규정으로 성문화되어 있지 아니하다.[1]

재판소에 의한 증거에 대한 증명력의 판단은 결국 직접적 증거이냐 간접적 증거이냐의 판단으로 되고, 이 판단의 기준으로 학설과 판례에 의해 일반적으로 "인증성"(authenticity)과 "정확성"(accuracy)이 제시되고 있다.[2] 엄격하게는 인증성은 증거의 차용성에 관한 것이고 정확성은 지도의 증명력에 관한 것이다.

이하 재판소의 증거에 대한 증거로서 차용성에 관한 인증성과 증거로서 가치에 관한 정확성에 관해 논하기로 한다.

지도의 정확성은 고지도뿐만 아니라 현재 지도에서도 요구된다고 판시했다. 그러나 인증지도가 될 수 있는 법적문서의 범위에 관해 논급이 없다.

---

1) J.F.W., "Rules of Evidence in International Proceedings," *BYIL*, Vol. Ⅳ, pp.220-21.
2) 증명력 판단의 기준으로 "정확성"(accuracy) 이외에 "원본성"(originality)이 논의되고(Sandifer, *supra* n.23, p.236), "공정성"(impartiality)이 논의된다(Charles Cheney Hyde, "Maps as Evidence in International Boundary Disputes," *A.J.IL*, Vol.27, 1933, p.314).

제6장

지도의 인증성과 정확성

지도는 문서증거의 하나이고 모든 문서증거는 국제재판소에 제출되었을 때 시기가 늦지 아니한 한 "증거능력"이 있는 것이며, 다만 국제사법재판소 규칙은 재판소가 증거를 제출할 기한을 명하도록 규정해(제44조 제1항) 그 기한을 도과하면 원칙적으로 증거를 제출할 수 없다고 규정하고 있을 뿐이다(국제사법재판소 규정 제56조). 그의 '증명력'의 평가는 재판소의 자유판단에 의하게 된다. 국제소송법상 재판소의 증명력 판단에 관한 구체적인 명시적 규칙이 규정으로 성문화되어 있지 아니하다.[1]

재판소에 의한 증거에 대한 판단은 결국 직접적 증거이냐 간접적 증거이냐의 판단으로 되고, 이 판단의 기준으로 학설과 판례에 의해 일반적으로 '인증성'(authenticity)이 제시되고 증명력의 판단기준으로 '정확성'(accuracy)이 제시되고 있다.[2]

이하 재판소의 증거에 대한 판단의 기준으로 이 양 자에 관해 논하기로 한다.

---

1) J.F.W., 1929, "Rules of Evidence in International Proceedings," BYIL, Vol. Ⅳ, pp. 220-21.
2) 증명력 판단의 기준으로 "인증성"(authenticity), "정확성"(accuracy) 이외에 "원본성"(originality)이 논의되고(D.V. Sandifer, 1975, Evidence before International Tribunals, revised ed.(Chicago University Press, p. 236), "공정성"(impartiality)이 논의된다(Charles Cheney Hyde, "Maps as Evidence in International Boundary Disputes," A.J.IL, Vol. 27, 1933, p. 314).

제1절 지도의 인증성

조약(treaties)과 재판(decisions)과 같은 법적 문서(legal instruments)에 부속되어 그 법적 문서의 불가분의 일부를 구성하는 지도는 직접적 증거로 인정되고 그 이외의 지도는 간접적 증거로만 인정되는데 불과하다. 이와 같이 법적 문서에 부속된 지도를 '인증지도'(authenticated maps)라 하고,[1] 이러한 지도의 특성을 '인증성'(authenticity, authentic character)이라 한다.[2] 이 '인증지도'에는 법적 문서의 불가분의 일부를 구성하는 지도뿐만 아니라 서명된 지도와 같이 지도 그 자체가 법적 문서인 지도도 포함된다.[3]

'인증지도'는 국가기관이 발행한 지도인 '공식지도'(official maps)와 구별된다. '공식지도'는 '국가기관'이 발행한 지도 이외에 국가의 찬조(auspice)

---

1) *Opinion and Award of Guatemala-Honduras Special Boundary Tribunal*, January 23, 9.8; Hyde, It is true that maps and their tables of explanatory signs cannot be regarded as conclusive proof, independently of the text of the treaties and decisions. Hyde, *AJIL*, Vol.33, p.313; Guenter Weissberg, "Maps as Evidence in International Boundary Disputes: A Reappraisal," *AJIL*, Vol.57, 1963, p.782.
2) *Monastery of Sant-Naum Advisory Opinion*, PCIJ, *Series B*, No.9, 1924, p.21; A. O. Cukwurah, *The Settlement of Boundary Disputes in International Law*(Mancester: Manchester University Press,), 1967, p.219.
3) PCIJ, *Series B*, No.9, 1924, p.21; Weissberg, *AJIL*, Vol.57, 1963, p.784.

또는 취지(purporting)로 발행한 지도를 의미한다.[4] '인증지도'는 직접적 증거로 인정되나 '공식지도'는 간접적 증거로 인정되는데 불과하다. 물론 공식지도가 인증성을 구비한 경우는 인증지도로 인정된다. 그러나 '공식지도'는 승인, 묵인, 금반언의 효과가 인정되는 점에 특색이 있다.[5] 일본의 '태정관 지령'에 첨부된 '기죽도약도'는 일본의 공식지도이지 인증지도가 아니다. 이를 인증지도로 보는 제 견해는 지금까지의 국제 판례에 반하는 논자의 희망사항일 뿐이다. 이 견해에 의하면 모든 공식지도는 인증지도로 인정되게 된다. 심히 유감이다.

공식지도는 국가가 생각하는 영역의 한계를 표시하는 것으로 인정되기 (represented what that state deemed the limits of its domain) 때문이다.[6]

Ⅰ. 학설

1. Durward Sandifer

Sandifer는 지도는 대분의 경우 전문증거로서 제2차적 증거라고 하여, 그와 반대로 대부분의 경우가 아닌 특수한 경우, 즉 조약과 재판인 법적 문서에 부속된 경우에만 제1차적 증거로 될 수 있다고 다음과 같이 암시적 기술을 하고 있다.

> 대부분의 경우에 있어서 지도는 기껏해야 제2차적 증거이고, 흔히 성격상 전문증거이다. … 지도는 경계의 위치에 관해 야기될 수 있는 분쟁의 결정에 있어서 분쟁의 결정적 증거로 거의 채택되지 아니한다.[7]

---

4) *AJIL*, Vol.27, 1933, p.315.
5) Weissberg, *AJIL*, Vol.57, 1963, p.803.
6) Hyde, *supra* n.4, p.315.
7) D.V.Sandifer, 1975, Evidence before International Tribunals, reed. Chicago University

maps are in most instances, at best, secondary evidence, and frequently hearsay in character. ··· maps can seldom be taken as conclusive evidence in the determination of disputes which may arise concerning the location of boundary.

이와 같이 Sandifer는 지도는 "대부분의 경우에 제2차적 증거"라고만 기술하고 있다. 그러나 대부분의 경우가 아닌 경우, 즉 특수한 경우는 제1차적 증거로 인정된다는 의미로 반대 해석되며, 또 대부분의 경우가 아닌 경우가 어떤 경우인지 명시하고 있지 아니하나 지도가 결정적 증거로 인정되는 경우는 "인증지도"의 경우이므로 이는 인증지도의 경우로 해석된다.

2. Charles Cheney Hyde

Hyde는 상설국제재판소의 *Advisory Opinion, Polish-Czechoslovakia Frontier*를 다음과 같이 인용하여 조약과 재판의 문본의 일부인 인증지도만이 제1차적 증거로 될 수 있다고 논하고 있다

지도와 지도의 범례표는 조약이나 재판의 문본과 독립하여 결정적 증거로 인정될 수 없다는 것은 진실이다.[8]
It is true that maps and their tables of explanatory signs cannot be regarded as conclusive proof, independently of the text of the treaties and decisions.

이와 같이 Hyde가 *Advisory Opinion, Polish-Czechoslovakia Frontier*를 인용한 것은 그가 조약이나 재판의 문본에 부속된 지도는 인증지도로서 이는 결정적 증거, 즉 직접적 증거로 인정되나, 그 이외의 지도는 간접적 증거, 즉 제2차적 증거로 됨에 불과하다고 논하는 것이다. 인증지도를 '조약

Press, p.236; supra n.2, p.157.
8) Hyde, "Maps as Evidence in International Boundary Disputes," *A.JIL*, Vol.27, 1933, p.316.

이나 재판의 문본'에 부속된 것에 한정하고 있다.

3. Guenter Weisberger

Weisberger는 지도는 조약과 재판의 문본에서 독립하여 증거로 될 수 없다고 하여, 인증지도만이 직접적 증거로 될 수 있다고 다음과 같이 기술하고 있다.

> 상설국제사법재판소는 "지도와 지도의 범례표는 조약과 재판의 문본으로부터 독립하여 결정적 증거로 인정될 수 없다"는 것을 덧붙임으로서 재판소의 지도의 상대적 가치의 인식을 표시한 바 있다. … 여러 사건과 성명은 Sandifer박사가 표시해 온 바와 같이 지도는 제1차적 증거가 아니라 흔히 전문증거의 성격을 지닌 제2차적 증거로 기술하고 있다.[9]
>
> The Permanent Court expressed of their relative value by adding that "maps and their tables of explanatory signs cannot be regarded as conclusive proof, independently of the treaties and decisions". … case and statements, such as these have led Dr. Durward Sandifer to describe maps not as primary, but as secondary evidence.

이와 같이 Weisberger는 지도는 조약과 재판의 일부분을 구성하는 지도, 즉 인증지도만이 결정적 증거, 즉 직접적 증거라고 논하고 있다. 법적 문서를 '조약이나 재판'의 문본에 한정하고 있다.

4. A. O. Cukwurah

Cukwurah는 *The Palmas Island* Case에서 지도는 법적 문서에 부속된 경우를 제외하고 권리의 승인 또는 포기의 증거로 될 수 없다는 판정을 인

---

9) Weissberg, *AJIL*, Vol.57, 1963, pp.784-85.

용하여, 인증지도만을 제1차적 증거로 보는 의견을 다음과 같이 표시하고
있다.

> 지도의 고유한 한계로부터 야기되는 일반적인 접근은 지도 그 자체에 관해
> 서 지도를 결정적인 가치로서가 아니라 상대적인 가치로서 취급된다. 따라
> 서 *The Palmas Island Caes*에서 중재관은 지도는 하나의 표시만을 제공할 뿐
> 이다. -그리고 바로 간접적 표시- 그리고 법적 문서에 부속된 경우를 제외
> 하고 권리의 승인 또는 포기를 의미하는 문서로서의 가치를 가지지 아니한
> 다.10)

이와 같이 Cukwurah는 법적 문서에 부속된 지도, 즉 인증지도만이 결정
적 증거, 즉 직접적 증거라고 논하고 있다. 인증지도가 될 수 있는 법적
문서를 조약이나 재판에 한정한다는 것은 아니하고 권리의 승인 또는 표
기를 하는 문서로 보고 있다. 이는 지금까지의 국제판례에 반하는 것이다.

II. 판례

1. *The Misiones Boundary Arbitration(Argentines / Brazil)(1895)*

The Misiones Boundary Arbitration (Argentines and Brazil)(1895)에서 아르
헨티나가 제출한 지도에 대해 브라질은 그러한 지도의 존재자체는 부인하
지는 아니했으나 그러한 지도의 인증성(authenticity)과 정확성(accuracy)에

---

10) With regard to maps as such, the popular approach, arising from their inherent
limitations, is not to treat them as conclusive but relative value, Thus, the arbitrator
in the Palmas Island case, observed that "a map affords only an indication-and that
a very indirect one-and, except when annexed to a legal instrument, has not the
value of such an instrument, involving recognition or abandonment of rights".
Cukwurah, *supra* n.2, 196, pp.224-25.

관해 의문을 표시했다.[11] 1895년 5월 중재관은 동 사건의 판정에서 아르
헨티나가 제출한 지도의 인증성과 정확성에 관해 어떠한 판단도 표시한
바 없었다.[12] 물론 이 판단을 인증성과 정확성을 소극적으로 긍정한 판단
이라고 해석할 수도 있을 것이다.

동 사건의 판정에서 비록 중재관은 지도의 인증성에 관해 어떠한 판단
도 표시한 바 없었으나 당사자에 의해 지도의 인증성이 주장되었다. 동
사건에서 최초로 국제재판에서 국제법상 지도의 "인증성"이 논의되었다는
점에서 의의가 있다.

2. *Timor Island Arbitration(Netherlands / Portugal)(1914)*

Timor Island Arbitration(1914)에서 네덜란드는 1904년 10월 1일의 포르투
갈과 네덜란드 간의 경계조약에 부속된 지도에 표시된 경계가 양국의 경
계라고 주장했고, 포르투갈은 조약에 표시된 실제의 이름의 강의 탈베그
(Thalweg)가 양국의 경계라고 주장했다.[13] 포르투갈은 그의 주장을 보충
하기 위하여 네덜란드 동인도 바타비아(Batavia)에서 제작한 사적 지도를
상설중재재판소에 제출했다. 이에 대해 동 재판소는 이 지도는 1904년에
혼합국경획정위원회에 의해 작성되고 서명된 공식지도와 증명력을 비교
할 수 없다고 판시했다.[14] 동 판정은 혼합경계획정위원회가 작성 서명되
고 조약에 부속된 지도를 법적 문서(legal instrument)로 보아 동 지도를 인
증지도로 본 것이라 할 수 있다.

11) *The Misiones Boundary Arbitration*, John Bassett Moore, *International Arbitration*, Vol.2(U.S. Government Printing Office, 1898,), pp.1997-99.
12) *Ibid.*, pp.2021-22.
13) Joseph H. Kaiser, 1981, "Timor Island Arbitration," *EPIL*, Vol.2, p.275.
14) Arbitral Award Rendered in Execution of the Compromise Signed at Hague, April 3, 1913, between the Netherlands and Portugal Concerning the Subject of Boundary of a Part of their Possessions in the Island of Timor, *AJIL*, Vol.9, 1915, p.275.

3. *Jaworzina, Polish-Czechoslovakian Frontier Advosory Opinion(1923)*

*Jaworzina, Polish-Czechoslovakian Frontier Advosory Opinion(1923)*에서 상설국제사법재판소는 지도는 조약 및 재판의 문본과 독립하여 직접적 증거가 될 수 없다고 다음과 같은 권고적 의견을 표시했다.

> 지도 및 지도상의 해설기호는 조약 및 재판의 문본과 독립하여 결정적 증거로 인정될 수 없다.15)
>
> Maps and their tables of explanatory signs cannot be regarded as conclusive proof, independently of the text of treaties and decisions.

위의 권고적 의견 중 (ⅰ) "조약 및 재판의 문본과 독립하여"란 "조약 및 재판의 문본과 별도로" 즉 "그 자체만으로"의 의미이므로 "조약 및 재판 문본의 일부를 이루고 있지 아니하는 경우에는 그 자체만으로"라는 뜻이며, (ⅱ) "결정적 증거로 인정될 수 없다"에서 "결정적 증거"란 "제1차적 증거", 즉 "직접적 증거"를 뜻하는 것이다.

따라서 위의 견해는 "인증지도"만이 "직접적 증거"로 인정된다는 의미인 것이다. 인증지도가 될 수 있는 법적 문서를 조약과 재판에 한정하고 있다.

4. *Monastery of Saint-Naoum, Advisory Opinion(1924)*

*Monastery of Saint-Naoum, Advisory Opinion(1924)*에서 상설국제사법재판소는 그의 권고적 의견에서 동 재판소에 제출된 지도에 대해 다음과 같이 '인증성'이 없는 지도의 증명력을 부인하는 권고적 의견을 표시했다.

그 지도가 런던의 재판을 표시한다고 주장된다. 그러나 이 지도에 표시된

---

15) *Advisory Opinion:* PCIJ, 1923, *Series B*, No.8, pp.32-33.

경계선이 1913년 8월 11일의 재판의 제1항 말미에 관한 것이라는 것을 수락
한다 할지라도 … 더 나아가 문제의 지도는 서명되지 아니하여 이의 인증
성이 성립되지 아니하였다.16)

It is alleged that the map represents the decision of London, Even admitting,
however, that the line marked on this map is that refereed to at the end of
the first paragraph of the decision of August 11th 1913, … Moreover the map
in question is unsigned and its authentic character is not established.

위의 권고적 의견이 '공식성'(official character)이란 표현을 사용하지 아
니하고 '인증성'(authentic character)이란 표현을 사용하여 문제의 지도가
인증지도가 아니므로 직접증거로 될 수 없다는 것이다. 특히 이 의견은
지도가 조약이나 재판에 부속되어 그 일부를 구성하는 경우만이 아니라
지도 자체에 서명이 있으면 그 지도는 인증지도로 된다는 것을 인정하고
있다는 점에 특색이 있다. 인증지도가 될 수 있는 '법적 문서'는 조약과 재
판에 한정한 것으로 보여진다.

5. *Palmas Island Arbitration(1928)*

*Palmas Island Arbitration(1928)*에서 미국은 1,000여 매의 지도를 팔마스
도의 영유권의 증거로 제출했으나 중재관 Max Hurber는 지도는 법적 문서
에 부속된 경우 이외에는 영유권의 증거로 인정될 수 없다고 다음과 같이
판시한 바 있다.

지도는 오직 하나의 방증-즉 바로 간접적 방증-을 제공할 뿐이며, 법적 문
서에 부속된 경우 이외에는 권리의 승인 또는 포기로 인정하는 문서로서
가치를 가지지 아니한다.17)

A map affords only an indication-and that a very indirect one-and, except
when annexed to a legal instrument, has not value of such an instrument,

---

16) *Monastery of Saint-Naum, Advisory Opinion:* PCIJ, 1924, *Series B*, No.9, p.21.
17) *Palmas Island Arbitration, AJIL*, Vol.22, 1928, p.892.

involving recognition or abandonment of rights.

위의 판정은 지도는 법적 문서에 부속되지 아니한 지도, 즉 인증지도 이외의 지도는 제2차적 증거에 불과하며, 인증지도만이 권원의 제1차적 증거, 즉 직접적 증거로 됨을 인정한 것이다. 법적 문서를 조약과 재판에 한정하는 것인지 불명확하다.

6. *Guatemala-Hondras Boundary Arbitration(1933)*

Guatemala-Hondras Boundary Arbitration(1933)에서 특별경계재판소(Special Boundary Tribunal)는 다음과 같이 인증지도의 증명력을 인정하는 판결을 했다.

> 인증지도는 고려되어야 한다. 그러나 그러한 기술적인 자료일지라도 알려지지도 아니하고 행정력도 실질적으로 행사되지 아니하는 영토에 관계되었을 경우에는 거의 가치가 없다.18)

위의 판결에는 "인증지도는 고려되어야 한다"라고 간결히 표시되어 있고 "고려되어야 한다"는 의미가 무엇을 뜻하는지 명백하지 아니하나 "인증지도"라는 용어를 사용하고 있는 것으로 보아 직접증거로 인정하여야 한다는 의미로 해석된다. 인증지도가 될 수 있는 법적 문서에 관해 논급이 없다.

---

18) Authenticated maps are also to be considered, although such descriptive material is of slight value when it relates to territory of which little or nothing was known and in which it does not appear that any administrative control was actually exercised. *Guatemala-Hondras Boundary Arbitration, Opinion and Award of Guatemala- Hondras Special Boundary Tribunal*, January 23, 1933, p.9.

7. *Minguiers and Ecrehos* Case(1953)

Minguiers and Ecrehos Case(1953)에서 국제사법재판소 Basdevant 판사는 재판의 근거로 지도는 사용되기 충분한 중요성을 구성하지 아니한다고 다음과 같이 판시한 바 있다.

> 지도는 영토주권에 대한 문제의 해결에 있어서, 결정적인 것은 아니다. 지도는 판결의 근거가 될 수 있을 만큼의 중요성을 구성하지 못한다. 본인은 지도의 중요성을 고려하지 아니할 것이다.[19]

위의 판시 내용은 지도는 재판의 근거로 할 만큼 중요성을 가지지 아니한다는 것으로 이는 지도는 재판의 근거 이외에서 즉 지리학적 또는 역사학적 의미까지 없는 것은 아니라는 의미를 함축하고 있다.

8. Case *Concerning the Frontier Dispute(Burkina Faso/ Republic of Mali)(1986)*

Case *Concerning the Frontier Dispute(Burkina Faso/ Republic of Mali) (1986)*에서 국제사법재판소는 지도는 공적 문본에 부속되어 그 일부를 구성하는 경우 이 외에는 부수적 증거(extrinsic evidence)로 이용될 수 있음에 불과하다고 다음과 같이 판시했다.

> 지도는 단순한 정보일 뿐이다.··· 지도는 영토권원일 수 없다.··· 지도가 공적 문본에 부속되어 그 문본의 불가분의 일부를 형성하는 경우를 제외하고 지도는 단순한 부수적 증거일 뿐이다.[20]

---

19) Maps are not always decisive in the settlement of legal questions relating to territorial sovereignty. ···Sufficiently important contribution. ICJ, *Reports*, 1953, p.105.

위의 판결은 공식문본에 부속되어 그 문본의 불가분의 일부를 구성하는
지도, 즉 인증지도 이외의 지도는 간접적 증거일 뿐이라고 표시하여 인증
지도 만이 직접적 증거로 인정된다는 점을 명시한 것이다. 인증지도로 될
수 있는 법적 문서에 관해 명백한 규정이 없다.

9. Case *Concerning Kasikili/Sedudu Island(Bostwana/Namibia)* *(1999)*

Case *Concerning Kasikili/Sedudu Island(Bostwana/Namibia)(1999)* 에서 국제
사법재판소는 *Frontier Dispute(Burkina Faso and Republic of mali)* 에서 지도
의 증거가치에 관해 다음과 같이 언급한 바를 그대로 인용하고 있다.

> 지도는 단순한 정보일 뿐이다. … 지도는 영토권원일 수 없다. … 지도가
> 공적 문본에 부속되어 그 문의 불가분의 일부를 형성하는 경우를 제외하
> 고 지도는 단순한 부수적 증거일 뿐이다.[21]

이는 인증지도 이외의 지도는 정황증거로 단순한 정보에 불과하다고 판
시한 것이다. 공식적인 문본이 조약과 재판이외의 공식적 문본이 포함되
는 지에 관해 논급이 없다.

---

20) Maps merely constitute information, … they cannot constitute a territorial title, …
when maps are annexed to an official text of which they form on integral part.
Except in this clearly defined case, maps are only extrinsic evidence. Case
Concerning the Frontier Dispute-Burkina Faso/Republic Mali: ICJ, *Reports*, 1986,
para.54.
21) Maps merely constitute information, … they cannot constitute a territorial title, …
when maps are annexed to an official text of which they form on integral part.
except in this clearly defined case, maps are only extrinsic evidence. ICJ, *Reports*,
1999, para.84.

10. Case *Concerning Sovereignty(Pulau Ligitan/Pulau Sipitan)* (2002)

Case *Concerning Sovereignty(Pulau Ligitan/Pulau Sipitan)(2002)*에서 국제사법재판소는 1986년 *Frontier Dispute(Burkina Faso/Republic of Mali)*에서 국제사법재판소가 판시한 "지도는 공적 문본(official text)에 부속된 경우를 제외하고는 부수적 증거(extrinsic evidence)로 이용될 수 있음에 불과하다"는 내용을 인용하고[22] 다음과 같이 판시했다.

> 요컨대, 1915년의 협정에 부속된 지도를 제외하고 당사자에 의해 제출된 지도 자료는 결정적인 것이 아니다.[23]

위의 판결 중 "협정에 부속된 지도"란 인증지도를 의미하는 것이며 "결정적"이란 "직접적", "제1차적" 증거를 뜻하는 것이므로 결국 "인증지도"만이 직접적 증거, 제1차적 증거로 된다는 의미를 표시한 것이다. 인증지도가 될 수 있는 법적 문서의 한계에 관해 명시적 규정이 없으나 1915년의 협정을 두고 있는 것은 법의 조약과 재판과 같은 법적 문서에 한정하는 것으로 보여진다.

11. Case *Concerning the Frontier Dispute(Benin/Niger)*(2005)

Case *Concerning the Frontier Dispute(Benin/Niger)*(2005)에서 국제사법재판소는 1986년의 Case *Concerning the Frontier Dispute)(Burkina Faso/Republic*

---

22) Case *Concerning Sovereignty over Pulau Ligitan and Pulau Sipitan*: ICJ, 2002, *Reports*, para.88.

23) In sum, with the exception of the map annexed to the 1915 Agreement, the cartographic material submitted by the parties is inconclusive. ICJ, 2002, para.272.

Mail)(1986)에 대한 국제사법재판소의 판결을 인용하여 지도는 단순한 정보를 구성하고 영토권원을 구성하지 아니한다고 다음과 같이 판시한 바 있다.

> 지도는 경우마다 정확한 형태를 변경하고 정보를 구성한다. 지도는 영토권 원을 구성할 수 없다. 지도는 부수적 증거일 뿐이다. 지도는 실제적인 사실 을 구성하기에 재수립하는 제한적인 증거이다.[24]

이 판결은 지도는 정보를 구성할 뿐이고 영토권원이 될 수 없다고 판시 한 것이고 이는 지도는 사실을 구성하거나 재구성하는 제한적인 증거일 뿐이라는 것이다. 즉 전문 증거라는 것이다. 인증지도를 구성하는 법적문 서의 한계에 한해 아무런 논급이 없다.

12. Case *Concerning Territorial and Maritime Dispute in the Caribean Sea*(2007)

Concerning Territorial and Maritime Dispute in the Caribean Sea(2007)에서 국제사법재판소는 Case *Concerning the Frontier Dispute (Burkim Faso/ Republic of Mail)*(1986)에 대한 국제사법재판소의 피드백을 인용하여 지도 는 영토권원을 구성하지 아니한다고 다음과 같이 판시한 바 있다.

> 지도는 영토권원을 구성하지 아니한다. 지도는 영토권 수립을 목적으로 국 제법에 의해 부수적 법적 효력률이 부여된 문서이다. 증거로써 가치를 결 정하는 다른 고려는 문제 분쟁에 대한 중립성이다.[25]

---

24) Maps merely constitute information which varies in accuracy form case to case… they cannot constitute a territorial title… maps are only intrinsic evidence to establish or reconstitute the real facts. ICJ, *Reports*, 2005, paras.44.

25) Map cannot constitute a territorial title, that's document endowed by international law with intrinsic legal force for the purpose and establishing territorial rights. Other consideration which determine the weight by map as evidence relate to the

이 판결은 지도는 국제법에 의해 제한적이고 법적 효력을 가지며 지도의 증거자료에 결정에 있어서 고려요소는 지도의 중립성이라고 판시한 것에 특색이 있다. 인증지도가 될 수 있는 법적 문서의 한계에 관해 아무런 논급이 없다.

13. Case *Concerning Sovereignty over Pedra Branca(Malaysia/ Singapore)(2008)*

Case *Concerning Sovereignty over Pedra Branca(Malaysia/ Singapore)(2008)* 에서 당사자에 의해 근 100매의 지도가 제출되었다. 말레이시아는 지도는 권원을 창출할 수 없으며(maps do not create title), 지도가 조약 내에 구체화되거나 국가 간 교섭에 사용된 경우(when incorporated in treaty or used in inter-state negotiation)를 제외하고는 인정될 수 있는 것이 아니라고 주장했다.26) 이에 대해 국제사법재판소는 이를 부정하는 어떠한 판단도 표시한 바 없고, 말레이시아 측량단장(Surveyer-General)이 제작한 지도와 싱가포르 정부(Government)가 제작한 지도는 "도서가 싱가포르의 관할 하에 있음을 확인하는데 도움이 된다(tend to confirm)"라고 결론지었다.27) "확인하는데 도움이 된다"라고 표현하고 "확인된다"라고 표현하지 아니한 것은 이들 정부기관이 제작한 지도를 "인증지도"로 보지 아니하고 따라서 제2차적 증거로 인정한 것으로 보인다. 이는 말레이시아가 "지도가 조약 내에 구체화되거나 국가 간 교섭에 사용된 경우를 제외하고는 권원을 창출할 수 없다"고 주장한 데 대해 재판소가 반대의 판단을 표시한 바 없는 것으로

---

neutrality of their sources towards the dispute in question. ICJ, *Reports*, 2007, paras.215~216.

26) Case *Concerning Sovereignty over Pedra Branca*: ICJ, *Judgement*, 23 May 2008, para.270.

27) *Ibid.*, para.272.

보아 명백하다.

　요컨대, 동 사건에서 국제사법재판소는 인증지도 이외의 지도는 제2차적 증거에 불과하다는 종래의 판례를 재확인하는 뜻을 판시한 것이다. 인증지도가 될 수 있는 법적 문서의 한계에 관해 지도가 조약 내에 규정되어 국가간 교섭에 사용된 것이라고 논급하고 있다.

14. *South China Sea Arbitration(2016)*

　*South China Sea Arbitration(2016)*에서 상설중재재판소는 중재판정에 4개의 자료를 포함시켰다(pp.9, 123, 125, 269). 이 지도에 관한 어떠한 판시도 항목(paragraph)에 포함하지 아니하고 지도표(Table of Maps)의 상단에 동판정에 포함되어 있는 지도는 해설적인 것에 불과한 것이라고 다음과 같이 기술하고 있다.

　　　이 판정 내의 지도는 해설적인 것에 불과하다. 재판소에 의한 이들의 사용
　　　은 영토주권이나 해양경계에 관한 어떤 국가의 입장을 보증하여 의도된 것
　　　이 아니다.[28]

　이 기술은 재판소의 재판에 포함되어 있는 지도는 인증지도로서 영토주권의 권원을 구성하거나 제1차적 증거가 된다는 것을 배제하기 위한 것이므로 이는 묵시적으로 인증지도는 위와 같은 효력이 인정됨을 승인한 것이라고 볼 수 있으므로 이는 또한 인증지도 이외의 지도는 간접적 증거에 불과한 것이라는 규칙을 간접적으로 또는 묵시적으로 승인한 것이라고 해석되므로 동판정은 인증지도만이 영토주권의 권원을 구성하고 그 이외의

---

28) The maps in this Award are illustrative only. Their use by the Tribunal is not intended to endorse any state's position with respective boundaries. PCJ, *Award*, 2016, 7.12, p.ix.

지도는 간접증거에 불과하다는 규칙을 간접적으로 판정한 것이라고 볼 수 있다.

  인증지도가 될 수 있는 법적 문서는 조약이나 재판으로 보는 것이 일반적이다.

제2절 지도의 정확성

지도가 증거의 역할을 하기 위해 요구되는 첫째의 요건은 지리적 정확성(geographical accuracy)이다. 지도가 인증지도이던 아니던, 공식지도이던 아니던 불문하고 그것이 권원 인정의 증명력을 갖기 위해서는 '지리적 정확성'을 가져야 한다.[1] 이 '지리적 정확성'을 '정확성'(accuracy)이라 한다.[2] 특정 장소의 이름의 철자의 차이(difference of spelling of place names), 그리고 이름의 차이(difference of place name)는 언어감정인의 진술로 설명될 수 있으므로 이들은 지리적 정확성이 없는 것이 아니다.[3]

지도의 증명력을 판단하는 기준의 하나로 지도의 정확성을 제시한 학설과 판례를 살펴보면 다음과 같다.

---

1) Charles Cheney Hyde, "Maps as Evidence in International Boundary Disputes," A.J.IL, Vol.27, 1933, p.314.

2) Ibid,; A.D.Cukwurah, *The Settlement of Boundary Disputes in International Law*(Manchester; Manchester University Press, 1967), pp.224-225,

3) *Ibid.*, p.220.

Ⅰ. 학설

1. Charles Cheney Hyde

Hyde는 *Palmas Island Arbitration*에서 Huber중재관의 판정내용을 다음과 같이 인용하여 지도가 증거로 이용되기 위한 첫째의 요건은 지리적 정확성이라고 논하고 있다.

> 미국과 네덜란드 간의 *Palmas Island Arbitration*에서 단독 중재관 Huber는 1928년 4월 4일 그의 판정에서 다음과 같이 판정했다.
> 「영토의 정치적 세분을 자세히 지시하지 아니한 어떠한 지도도 즉시 배척되지 않으면 아니된다.… 법의 관점에서 증거로 이용되기 위한 지도에 요구되는 첫째의 요건은 지리적 정확성이다」[4]

이와 같이 Hyde는 지도의 증거로 되기 위한 요건으로 지리적 정확성을 강조하여 지도의 증명력 판단의 기준으로 "정확성"을 제시하고 있다.

2. Guenter Weissberg

Weissberg는 *Palmas Island Arbitration*에서 Huber중재관이 지도가 증거로 되기 위한 첫째의 조건은 지리적 정확성이라는 중재판정의 내용을 다음과 같이 인용하여 정확성이 지도의 증명력 결정의 요소라고 논하고 있다.

---

[4] declared Huber, sole Arbitrator, in his award of April 4, 1928, in the Palmas Island Arbitration between the United States and the Netherlands; "Any maps which do not precisely indicate the political subdivisions of territories.… the first condition required of maps that are to serve as evidence on point of law is their geographical accuracy", *Hyde, supra* n.1, p.314.

1928년 4월 4일 Huber박사가 판시한 중재판정에서: 법의 관점에서 지도가 증거로 이용되기 위해 요구되는 첫째의 요건은 지도의 지리적 정확성이다. 여기서 고대지도 뿐만 아니라 현대지도도 공식지도이건 반공식지도일지라도 정확성을 결여한 것으로 보여 진다는 점을 지적하지 않을 수 없다.[5]

이와 같이 Weissberg는 지도의 증명력 판단의 기준의 하나로 "정확성"을 제시하고 있다.

3. A. O. Cukwurah

Cukwurah는 *Palmas Island Arbitration*에서의 지도가 증거로 이용되기 위한 첫째의 요건은 지리적 정확성이라고 다음과 같이 기술하고 있다.

*Palmas Island Arbitration*에서 중재자에 의해 지적된 바와 같이 법의 관점에서 증거로서의 역을 하기 위한 지도에 요구되는 첫째의 요건은 지도의 지리적 정확성이다. 어떤 지도에서 부정확성의 존재는 지도가 경계조약에 부속된 것이던 아니던 불문하고 그것이 다른 목적을 위한 그의 증거능력(수용)에 영향을 미치지 아니한다 할지라도 그의 증거가치를 명확히 감소시킨다.[6]

이와 같이 Cukwurah는 지도의 증명력 판단의 기준의 하나로 지도의 '정

---

5) In the arbitral award, which Dr. Max Huber rendered on April 4,1928; the first condition required of maps that are to serve as evidence on points of law is their geographical accuracy, it must here be pointed out that not only maps of ancient date, but also of modern, even official or semi-official maps seem wanting in accuracy. Weissberg, *AJIL*, Vol.57, 1963, pp.781-82.

6) As was pointed out by the arbitrator in the Island Palmas Case, the first condition required of maps that are to serve as evidence on points of law is their geographical accuracy. The existence of inaccuracies in any map, whether annexed to a boundary treaty or not, will definitely diminish its probative value, although this may well not affect its admissibility for other purposes. Cukwurah, *supra* n.2, p.217.

확성'을 제시하고 있다.

II. 판례

1. *The Misiones Boundary Arbitration(Argentina and Brazil) (1895)*

1895년의 *The Misiones Boundary Arbitration(Argentina and Brazil)(1895)* 에서 중재관은 1889년 9월 7일의 조약의 전 조약인 1751년 1월 17일의 포르투갈과 스페인 간의 조약을 고려해야 했다. 동 조약은 남미에 있어서 이들 간의 영역의 경계를 정한 것으로 동 일자에 체결된 의정서에는 조약에 부속된 지도의 부정확가능성(possible inaccuracies)을 위원(commissioners)에게 경고하는 규정(제7조, 제9조, 제11조)이 있었다.[7] 중재관은 동 지도의 부정확성을 이유로 동 지도에 근거한 아르헨티나의 주장을 기각했다.[8]

이와 같이 동 중재사건에서 중재판정은 지도의 증명력 판단의 기준의 하나로 지도의 '정확성'을 제시한 것이다.

2. *Walfisch Bay Arbitration(Great Britain and Germany)(1911)*

*Walfisch Bay Arbitration(Great Britain and Germany)(1911)*에서 중재관 Frida는 병합조치 당시 영국해군지도에 Walfisch만 지역의 대략적 국경선 (approximate boundary line)이라는 단서가 첨가되어 있으므로 동 지도가

---

7) *Misiones Boundary Arbitration*: Moore, para.1, *supra* n.205, pp.1998-99.
8) *Ibid.*, p.2023.

'대략적 국경선'으로 인해 정확성이 없다는 것을 이유로 동 지도의 증명력
을 부정했다.[9]

이와 같이 동 중재사건에서 중재판정은 지도의 증명력 판단의 기준의
하나로 지도의 '정확성'을 제시했다.

3. *Palmas Island Arbitration(1928)*

*Palmas Island Arbitration(1928)*에서 Huber 중재관은 지도가 증거로 되기
위한 첫째의 요건은 정확성(accuracy)이라고 다음과 같이 판시한 바 있다.

> 영토의 정치적 세분을 자세히 지시하지 아니한 어떠한 지도도 즉시 배척되
> 지 않으면 아니 된다. … 법의 관점에서 증거로 이용되기 위한 지도에 요구
> 되는 첫째의 요건은 지리적 정확성이다.[10]

이와 같이 동 중재사건에서 중재판정은 지도의 증명력 판단의 기준으로
지도의 '정확성'을 제시했다.

4. *Guatemala-Hondras Boundary Arbitration(1933)*

*Guatemala-Hondras Boundary Arbitration(1933)*에서 특별경계재판소(Special
Boundary Tribunal)는 다음과 같이 정확성이 없는 지도의 증명력을 부정하
는 중재판정을 한 바 있음은 전술한 바와 같다.

---

9) UN, *RIAA*, Vol.11, 1961, p.299.
10) Any maps which do not precisely indicate the political subdivisions of territories
    must be rejected forth with… the first condition required of maps that are to
    serve as evidence on point of law is their geographical accuracy.
    Palmas Island Arbitration, AJIL, Vol.22, 1928, p.891.

인증지도는 고려되어야 한다. 그러나 그러한 기술적인 자료일지라도 알려
지지도 아니하고 행정력도 실질적으로 행사되지 아니하는 영토에 관계되
어 있는 경우에는 거의 가치가 없다.[11]

동 판정에서 "행정력도 실질적으로 행사되고 있지 아니한 영토에 관계
된 지도"란 정확성이 없는 지도라는 의미이다. 이와 같이 동 중재사건에서
중재판정은 지도의 증명력 판단의 기준의 하나로 지도의 "정확성"을 제시
했다.

5. Case *Concerning Sovereignty over Pulau Ligitan and Pulau Sipitan(2002)*

Case *Concerning Sovereignty over Pulau Ligitan and Pulau Sipitan(2002)*에
서 인도네시아는 1891년의 협약 제4조의 해석에 관해 동 협약의 해설 각
서(Explanatory Memorandum)에 첨부된 지도를 재판소에 제출했다.

동 지도에는 청색, 황색, 녹색 그리고 적색으로 된 4개의 경계선이 포함
되어 있는 바, 청색선과 황색 선은 해안에서 끝나고 녹색선과 적색 선은
바다로 계속되어 있다. 동 각서와 지도에는 이 4개의 경계선에 관한 특별
한 주석(special comment)이 없다.

국제사법재판소 판시는 다음과 같다.

> 해설 각서에 첨부된 지도의 법적 가치에 관한 인도네시아의 주장을 수용할
> 수 없다.[12]

---

11) Authenticated maps are also to be considered, although such descriptive material is of slight value when it relates to territory of which little or nothing was known and in which it does not appear that any administrative control was actually exercised *Guatemala-Hondras Arbitration, Opinion and Award of Guatemala-Hondras Special Boundary Tribunal*, January 23, 1933, p.8.

이와 같이 동 사건에서 국제사법재판소의 판결은 지도의 경계선에 관해 특별한 규칙이 없으므로 이 경계선은 정확성이 없으므로 이 지도는 없다고 하여 지도의 증명력 판단의 기준의 하나로 지도의 '정확성'을 제시한 것이다.

6. Case *concerning Territorial and Maritime Dispute (Nicaragua and Honduras) in the Caribbean Sea(2007)*

Case *concerning Territorial and Maritime Dispute(Nicaragua and Honduras) in the Caribbean Sea(2007)*에서 국제사법재판소는 다음과 같이 *Palmas Island Arbitration*에서의 중재판정을 인용하여 지도의 정확성의 요건을 강조했다.

> 법의 관점에서 지도가 증거로서 이용되기 위해 요구되는 첫째 조건은 지도의 지리적 정확성이다.[13]

그리고 "재판소는 서면절차 외 구두절차에서 당사자에 의해 제출된 지리적 자료는 섬의 주권에 대한 당사자 각기의 주장을 지지할 수 없다고 결론 지웠다"라고 판시했다.[14]

이와 같이 동 사건에서 국제사법재판소의 판결은 지도의 증명력 판단의 기준의 하나로 지도의 "정확성"을 제시했다.

---

12) Nor can the Court accept Indonesia's argument regarding the legal value of the map appended to the Explanatory Memorandum. Case *Concerning Sovereignty over Pulau Ligitan and Pulau Sipitan*: ICJ, *Reports*, 2002, para.48.
13) The first condition required of maps that are to serve as evidence on points of law is their geographical accuracy. Case *Concerning Territorial and Maritime Dispute between Nicaragua and Honduras in the Caribbean Sea*: ICJ, *Reports,* 2007, para.214.
14) *Ibid.*, para.219.

7. Case *Concerning Territorial ad Meritine Dispute(Nicorague/ Hondrus)*(2007)

Case *Concerning Territorial ad Meritine Dispute(Nicorague/Hondrus)*(2007) 는 *Palmas Island* case(1929) and Huber 중재관의 판정을 그대로 인용한다. 지도의 과거와 현재의 요건은 지리적 정확성이라고 다음과 같이 논하고 있다.

> 지도가 법의 관점에서 증거로써 봉사하기 위해 요구하는 첫째 요건은 지리적 정확성이다. 이는 고지도에서 뿐만 아니라 현재의 지도에 있어서도 요구된다.[15]

지도의 정확성은 고지도뿐만 아니라 현재 지도에서도 요구된다고 판시했다. 그러나 인증지도가 될 수 있는 법적문서의 범위에 관해 논급이 없다.

---

15) The first condition required of maps that are to serve as evidence on points of law is their geographical accuracy. it must here be pointed out that not only it maps of ancient date, but also modern···UN, *RIAA*, Vol.2, 1949, pp.852-853.

제7장

지도의 공식성과 공정성

제1절 지도의 공식성

공식지도(official maps)는 국가가 발행한 지도 이외에 국가기관의 찬조 (auspice) 또는 취지(purporting)로 발행한 지도를 말한다.[1] 그리고 국가기관의 찬조 또는 취지뿐만 아니라 승인(approve)에 의해 발행한 지도도 공식지도이다.[2]

공식지도에 대한 개념은 사적지도(private maps)이다.[3] 공식지도와 사적지도는 동일한 법적 지위(sane legal status)에 있는 것이 아니다.[4]

가. *Timor Island Arbitration Case*

1914년의 티모르도 중재사건(*Timor Island Arbitration*)에서 포르투갈은 사적 지도를 인용했다. 이에 대해 중재관은 '그러한 지도는 공식지도와 가치에 있어서 동일한 비중일 수 없다(could not be weighed in value with official maps)'라고 판시했다.[5]

> 그러한 지도는 1899년과 1904년 두 국가의 판무관 또는 대표가 서명한 공식지도는 가치에 있어서 동일한 비중일수 없다.[6]
> Maps published by private persons must, of course, be received with caution. Such persons depend to a large extent upon information obtainde from general

---

1) Hyde, chap.6, para.1, *supra* n.2, p.315.
2) Weissberg, chap.6, para.1, *supra* n.3, 29, p.781.
3) Cukwurah, chap.6, para.1, *supra* n.1, p.222.
4) *Ibid*.
5) *Timor Island Arbitration*, *AJIL*, Vol.9, 1915, p.259.
6) *Labrador Boundary Case: Dominion Law Reports*, 1927, Vol.2, p.425; Cukwurah, *supra* n.3, p.222.

authoritative sources: but from p map issued or accepted by a public authority, and especially by an authority commented with one of the Governments concerned. an inference may not improperly be down.

나. *Labrador Boundary Case*

이와 동일한 취지의 판결이 1927년의 라브라도르 경계사건(*Labrador Boundary Case*)에서도 재확인 반복되었다.

공식지도는 당사국을 구속한다.[7] 공식지도는 그것이 발행된 때에 "국가가 생각하는 영역의 한계를 표시하는 것으로(represented what that state deemed the Limits of its domain)" 인정되기[8] 때문이다. 공식지도는 그것을 발행한 당사자의 내심의 상태를 잘 표시하는 것(well indicate the state of mind of party publishing it)이라 할 수 있다.[9]

"보르비아와 페루 간의 국경에 관한 중재조약"은 공식지도에 한해 증거로 인정한다는 규정을 두고 있었다(제3조).[10] 이런 경우 공식지도 이외의 사적 지도는 증거로 인정될 수 없는 것임은 물론이다.

공식지도는 그 지도의 발행국의 영유의 한계를 표시하는 것이므로 사적 지도와 달리 다음과 같은 두 가지 영토의 권원에 영향을 준다.

첫째로, 묵인 또는 승인의 효과이다. 공식지도의 발행국이 그 지도상에 특정 영토를 자국의 영토로 표시할 경우 그 특정 영토의 이해관계국이 이에 관해 아무런 항의를 하지 아니하면 그 후 그 특정영토는 그 지도의 발행국의 영토로 인정되게 된다. 이는 공식지도 발행국의 행위에 대한 이해관계국의 묵인(acquiescence) 또는 승인(recognition)의 효과이다.

1962년 프리히 비히르 사원 사건(*Temple of Preah Vihear Case*)에서 국제사법재판소는 동 사원을 캄보디아의 영토로 표시한 1907년의 지도에 대해

---

7) Hyde, chap.6, para1, *supra* n.2, p.315; Cukwurah, *supra* n.3, p.223.
8) Hyde, chap.6, para1, *supra* n.2, p.315
9) Cukwurah, chap.6, para1, *supra* n.4, p.224.
10) *RIAA*, Vol.11, 1961, p.128.

태국이 1925년 및 1937년의 프랑스·시암 조약 협상 당시 침묵을 지켰고,[11] 또한 1958년까지 이 지도에 대해 문제를 제기하지 아니하였다고 하여[12] 동 사원은 캄보디아의 영토에 속한다고 판시하였다.[13] 이는 1907년의 지도에 대한 태국의 묵인 또는 승인의 효과라 할 수 있다.

둘째로, 금반언의 효과이다. 공식지도의 발행국이 그 지도상에 특정영토를 자국의 영토가 아닌 것으로 표시할 경우, 즉 특정 영토를 자국의 영토로 표시하지 아니한 경우 이 특정 영토의 이해관계국이 이를 신뢰한 때에 그 공식지도의 발행국은 차후 그 특정 지역을 자국의 영토라고 주장할 수 없게 된다. 이는 공식지도의 발행국의 행위에 대한 금반언(estoppel)의 효과인 것이다.

1962년의 프리히 비히르 사원 사건에서 태국은 1937년에 동 사원을 캄보디아 영토 내에 표시한 지도를 발행한 바 있다.[14] 이 점에 착안해 보면 동 사원이 캄보디아의 영토에 속한다는 국제사법재판소의 판결은[15] 태국의 행위에 대한 금반언의 효과라 할 수 있다.

묵인·승인·금반언의 원칙은 상호 연계되어 있으며, 이들을 엄격히 구별하는 것은 용이하지 아니하다.[16] 동 사건에서 국제사법재판소는 묵인과 금반언의 원칙을 적용한 것이다.[17]

---

11) *Temple of Preah Vihear* Case, ICJ, Reports, 1962, pp.27-28.

12) *Ibid.*, p.29.

13) *Ibid.*, p.36.

14) *Ibid.*, p.28.

15) *Ibid.*, p.36.

16) D. W. Bowett, "Estoppel before International Tribunals and its Relations to Acquiescence," *BYIL*, Vol.33, 1954, p.176; I. C. Mac Gibbin, "The Scope of Acquiescence in International Law," *BYIL*, Vol.31, p.148; Jorg Paul Muller and Thomas Cottier, "Estoppel," *EPIL*, Vol.7, 1984, p.79; Anne M. Trebilcok, "Waiver," *EPIL*, Vol.7, 1984, pp.533-36; Malcolm N. Shaw, *International Law*, 4th ed.(Cambridge: Cambridge University Press, 1997), p.352; Peter Malanczuk(ed.), *Akehurst's Modern Introduction to International Law*, 7th ed.(London: Routedge, 1987), p.155.

17) Rustemeyer, "Temple of Preah Vihear Case," *EPIL*, Vol.2, 1981, p.274; 그러나 Shaw는 동 사건에서 "묵인"을 적용한 것인지 "금반언의 원칙"을 적용한 것인지 불확실하고(uncertainity) 또 애매하다고(ambiguity)고 논하고 있다(Shaw, supra n.16, p.352).

제2절 지도의 공정성

제3국의 공식지도는 지도의 증명력 평가기준의 하나인 '객관성', '중립성', '공정성'의 요건을 구비했다고 볼 수 있다. Hyde는 지도의 '공정성'은 지도 제작자가 두 국가 간의 분쟁으로부터 중립적 지위에서 지도를 제작했을 경우, 즉 제3국이 제작할 경우 보장된다고 다음과 같이 기술하고 있다.

> 공정성은 지도 제작자가 두 국가 간의 분쟁 하에 있는 지역을 지도에 기록함에 있어서 논쟁으로부터 자신을 격리하여 중립자로서 그 자신의 국가의 주장을 방호하고 싶은 유혹을 배제할 경우에 제고될 수 있다(impartiality is bound to be enhanced when, in portraying an area under dispute between two states, he himself alien to the controversy, and as neutral, escape the temptation to accentuate the pretension of his own country).[1]

지도의 공정성은 중립성에 의해 보장된다고 하여 제3국이 제작한 지도가 공정성이 있다는 취지는 1986년의 국경분쟁사건(*Case Concerning the Frontier Dispute-Barkina Faso/Republic of Mali*)에서 국제사법재판소의 다음과 같은 판결에서도 확인된다.

> 증거로서 지도의 증명력을 결정하는 또 다른 고려는 문제의 분쟁과 분쟁 당사자에 대한 그들의 구인의 중립성과 관계되어 있다(other considerations which determine the weight of maps as evidence relate to the neutrality of their sources towards the dispute in question and the parties to that dispute).[2]

---

1) Hyde, chap.6, para.1, *supra* n.2, p.314.
2) *Case Concerning the Frontier Dispute*, ICJ, *Reports*, 1986, para.56.

위의 국제사법재판소의 판결 취지는 2007년의 카르비아해에 있어서 니카라그와와 온드라스 간의 영토 및 영해 분쟁 사건(*Case Concerning Territorial and Maritime Dispute between Nicaragua and Hondras in the Carbean Sea*)에서 국제사법재판소의 판결에 의해서도 재확인되었다.[3]

그러나 제3국의 공식지도가 지도의 증명력의 "공정성"이 보장된다 할지라도 그것만으로 제3국의 공식지도가 영토권원의 직접적 증거, 즉 제1차적 증명력이 인정되는 것은 아니다.

1953년의 망끼에 사건(*The Minquiers and Ecrehos Case*)에서 영국 측은 문제의 도서를 영국의 영토로 표시한 두 권의 유명한 독일 지도를 제출했고, 프랑스 측은 이태리·스웨덴·헝가리·독일 지도를 제출하면서 이들 지도 중 영국의 주장을 입증할 만한 것이 하나도 없다고 주장했다.[4] 그러나 국제사법재판소와 개별의견을 표시한 Basderant 판사는 이에 관해 어떠한 평가도 하지 아니했다.[5] 프랑스가 패소한 것은 프랑스가 제출한 3국의 지도의 증명력을 인정하지 아니한 것으로 볼 수 있다.

1998년의 에리트레아/예멘 중재 사건(*The Eritrea/Yemen Arbitration, Phase I*)에서 각 당사국은 각기 제3국 공식지도를 제출했다.[6] 그러나 상설 국제재판소는 당사국의 제출한 이들 지도에 대한 입장의 차이로 이들 지도의 증명력을 용인하지 아니했다.[7]

인증지도 이외의 지도는 간접증거, 제2차적 증거에 불과하다는 국제사법재판소의 주장은 변함이 없다. 제2차적 증거는 증거로 채택하는 문제와 인증지도 이외의 증거를 제2차적 증거로 보는 문제는 엄격히 구별되는 별개의 문제이다. 그럼에도 불구하고 최근에 국제사법재판소의 주장이 변화되고 있다는 등 조약이나 재판에 부속되어 있는 지도 즉 인증지도의 범위

3) *Case Concerning Territorial and Maritime Dispute*, ICJ, *Reports*, 2007, para.216.
4) Weissberg, chap.6, para.1, *supra* n.4, p.786.
5) *Ibid.*, p.787.
6) *The Eritrea/Yemen Arbitration, phase I*, PCA, *Territorial Sovereignty and Scope of the Dispute Award*, 1998, paras.364, 369~70
7) *Ibid.*, para.364, p.8, pp.367~68.

를 '공식 문서에 첨부된 지도'라고 하여 독도관계 고지도의 직접증거, 제1차 증거로 인정하는 주장도 국제 판례를 오도하는 주장도 있음은 유감이 아닐 수 없다.

제8장

국제지도증거법의 규칙

전술한 국제사법재판소 규정(Statute of the International Court of Justice), 국제사법재판소 규칙(Rules of the International Court of Justice), 지도의 증거에 관한 학설과 판례에 규정된 국제지도증거법으로부터 다음과 같은 법칙을 추출할 수 있다.

제1규칙 : 지도는 문서 증거의 하나이므로 지도에는 문서증거에 관한 규칙에 의해 규율된다.[1]

제2규칙 : 모든 지도의 증거능력은 인정된다. 다만, 재판소가 증거제출의 기한을 정한 경우에는 그 기한을 초과하면 지도는 증거능력이 없다.[2]

제3규칙 : 지도의 증명력은 다른 증거의 그것과 마찬가지로 재판소의 자유재량으로 정한다.[3]

제4규칙 : 인증성이 없는 지도는 간접증거에 불과하다.[4]

제5규칙 : 지도의 인증성은 조약이나 재판과 같은 법적 문서에 부속된 증거에 한한다.[5]

제6규칙 : 정확성이 있는 지도만이 증명력을 갖는다.[6]

---

1) 제1규칙은 Shabtai Rosenne, *The Law and Practice of the International Court of Justice*, 3rd ed., Vol.3(Hagre: Martines, 1997), pp.281-282.

2) 제2규칙은 국제사법재판소 규칙 제44조 제1항, 제56조.

3) 제3규칙은 H.W.A. Thirl way, "Evidence before Tribunals" *EPIL*, Vol.1, 1981, p.58. Joseph R.Nolan and M.J.Connolly(eds.), *Black's Law Dictionary*, 5th ed. St.Paul Minn: West Publishing, 1977), pp.498-500, 146, 414; Rosenne, supra n.1, pp.1280; J.E.W., "Rules of Evidence in International Proceedings" *BYIL*, Vol.4, 1929, pp.220-221.

4) 제4규칙은 D.V.Sandifer, *Evidence before International Tribunals*, 3rd de, revised ed. (Chicago: Chicago University Press, 1975), p.157, palmas Island Arbitration, *AJIL*, Vol.22, 1928. p.892.

5) 제5규칙은 *Jawerzina Advisory Opinion* : PCIJ, *Series B*, No.8, 1923, pp.32-33. Genter Weissberg,: Maps as Evidence in International Baendary Disputes "*AJIL*, Vol.57, 1963, p.784.

6) 제6규칙은 *Palmas Island Arbitvation, AJIL*, Vol.22, 1928, p.891.

제7규칙 : 지도의 공식성은 국가기관이 제작하거나 국가기관의 요청 또
는 지원에 의해 발행된 지도에 한정된다.[7]

제8규칙 : 공식성이 있는 지도는 제약국가의 승인·묵인·확인의 효력
이 있으며 그에 따라 금반언의 효력이 있다.[8]

제9규칙 : 제3국이 제작한 지도는 '공정성'이 인정된다. 따라서 지도의
객관성이 인정되며 지도의 증명력을 제고한다.[9]

제10규칙 : 지도는 전문증거이다.[10]

---

7) 제7규칙은 Weisberg, *supra* n.5, p.781.
8) 제8규칙은 Chorles Cheny Hyde, "Maps as Evidence in International Baundary Disputes, *AJIL*, Vol.27, 1933, p.315; Weisberg, *supra* n.5, p.803.
9) 제9규칙은 *Case Concerning Frontier Dicpute: ICJ, Reports*, 1986, p.56.
10) 제10규칙은 Sandifer, *supra* n.4, p.175; Weissberg, *supra* n.5, pp.784-785.

제9장

독도고지도에의 국제지도증거법
규칙의 분석적 적용

제1절 서설

지도는 영토의 영유권 귀속의 권원의 유력한 증거로 인정된다는 국제법외적 인식이 일반적으로 인정되어 있다고 볼 수 있다. 그러나 그것은 국제법외적 인식이며 결코 국제법적 인식이 아니다. 영토의 영유권문제는 권리의 문제이며 권리의 문제는 국제법상 문제이고 국제법외적 문제가 아니다. 그러므로 영토의 영유권문제를 논하면서 지도에 관해 국제법외적 인식을 갖는 것은 배제되어야 함은 논의의 여지가 없다.

그러나 지도의 증거능력(admissibility of evidence)과 증명력(weight of evidence)에 관한 규칙을 규정한 "일반국제협약"은 존재하지 아니한다. 물론 이에 관한 "일반국제관습법"도 "법의 일반원칙"도 존재하지 아니한다. 그러므로 지도의 증거능력과 증명력에 관한 국제법상 규칙은 그것이 실체법상 규칙이든 절차법상 규칙이든 불문하고 "학설"과 "국제 판례"로부터 찾을 수밖에 없다. 이는 "국제사법재판소규정" 제 38조 제 1항 d의 규정은 기판력(*res judicata*)의 범위를 규정한 것이며 선례구속의 원칙(principle of precedent)을 배제한 것이 아니라는 입장 또는 동 조항의 규정에 불구하고 판결의 권위적 증거(authoritative evidence)를 위해 사실상 선례구속의 원칙이 적용된다는 통설과 관행의 입장에서이다.

이하 (i) 지도와 국제소송, (ii) 지도의 증명력, (iii) 공식지도와 제3국 지도로 구분하여 주로 국제재판소의 판례를 중심으로 기술하고, (iv) 결론에서 독도 관련 지도에 관해 사학자에게 몇 가지 제의를 하기로 한다.

제2절 독도고지도의 분석적 적용

Ⅰ. 한국지도

1. 팔도지도 중 강원도지도(八道地圖 江原島地圖)

가. 지도의 개요

팔도지도(八道地圖)중 강원도지도(江原島地圖)는 팔도지도라는 목판지
도 중에 포함된 강원도지도이다. 작자미상으로 18세기에 제작된 것으로
추정된다. 서울대 규장각에 소장중이다.

각 고을의 이름은 원내에, 원 좌측에 한자(府, 宋)는 고을의 규모를 표시
했다. 지도의 하단에 지도의 정보가 빽빽이 기록되어 있다. 동해에 울릉도
남쪽에 우산도가 위치하고 있다.[1]

─────────────

1) 오상학, 「강원도지도, 팔도지도」, 한국해양수산개발원, 『독도사전』(서울: 한국해
   양수산개발원, 2011), 20쪽.

나. 국제지도증거법의 적용

첫째로, 강원도지도의 인증성에 관해 보건대, 강원도지도가 조약이나 재판과 같은 법적 문제에 첨부된 것이 아니므로 이의 인증성은 부정된다. 따라서 이는 독도는 한국의 영토라는 간접증거로 될 뿐이다.

둘째로, 강원도지도의 '정확성'에 관해서 보건대, 각 고을의 지리적 정보를 지도의 하단에 빽빽이 기술하고 동해에 울릉도의 동남쪽에 우산도가 위치하고 있는 점으로 봐서 강원도지도의 '정확성'은 인정된다. 그러나 강원도지도의 '인증성'이 부정되어 결국 강원도지도는 제2차적 증거, 즉 간접증거로 될 뿐 제1차적 증거, 즉 직접증거로 인정되지 못한다. 그러므로 이 정확성은 간접증거의 증명력을 인정한 것이다.

셋째로, 강원도지도의 "공식성"에 관해서 보건대, 강원도지도는 국가기관이 제작한 지도가 아니라 제작자 미상의 것이므로 이 지도의 '공식성'은 부정된다. 따라서 한국은 조선이 독도를 조선의 영토로 확인 · 승인하고 있다는 주장을 할 수 없는 것이다.

넷째로, 강원도지도의 '공정성'에 관해 보건대, 이는 한국지도이고 제3국 지도가 아니므로 이의 공정성은 인정되지 아니한다.

2. 조선전도(朝鮮全圖)

가. 지도의 개요

조선전도(朝鮮全圖)는 1845년 조선의 최초 신부인 김대건(金大建, 1822~1846)이 제작한 지도이다. 이는 파리 국립도서관 지리부에 소장되어 있다. 이 예는 울릉도를 Uulengto로, 독도를 Uusan으로 각각 표기되어 있고, 울릉도 동쪽에 우산이 위치하고 있다. 이에 의해 서양에서 제작된 지도에 독도를 Uusan으로 표기하여 울릉도 동편에 위치시키게 되었다.[2]

나. 국제지도 증거법의 적용

첫째로, 조선전도의 '인증성'에 관해서 보건대, 동 지도가 조약이나 재판과 같은 법적 문서에 부속된 것이 아니므로 이의 '인증성'이 부정됨은 검토의 여지가 없다. 따라서 이 지도는 독도가 한국의 영토라는 간접적 증거로 됨에 불과하다.

둘째로, 조선전도의 '정확성'에 관해 보건대, 이 지도가 울릉도와 우산을 정확히 표기하고 이의 '정확성'이 동해의 울릉도 서쪽에 있는 독도가 한국의 영토라는 증명력이 인정된다 할 것이다. 표치로 보아 이 지도의 '정확성'은 일응 인정된다 할 것이다. 따라서 이 지도는 독도가 한국의 영토라는 간접증거의 증명력이 인정된다 할 것이다.

셋째로, 조선전도의 '공식성'에 관해 보건대, 이 지도의 제작자인 김대건 신부가 조선의 국가기관이 아니고 또 김대건 신부가 국가의 명령이나 지시에 의해 이 지도를 제작한 것이 아니므로 이의 '공식성'은 부정된다. 따라서 이 지도는 조선이 독도는 조선의 영토라고 승인·확인한 효력은 발생하지 아니한다.

넷째로, 조선전도의 '공정성'에 관해 보건대, 이 지도는 한국지도이고, 제3국지도가 아니므로 이 지도의 '공정성'은 부정된다.

---

2) 김명기, 『독도총람』(서울: 선인, 2015), 58-59쪽.

3. 동국지도(東國地圖)

가. 지도의 개요

동국지도(東國地圖)는 18세기 중반에 정상기(鄭尙驥)가 제작한 한국지도이다. 백두산에서 지리산까지 뻗어진 백두대간의 산줄기가 강조되어 있다. 관문, 산성과 같은 군사시설 그리고 육로의 해로와 같은 교통망이 자세히 그려져 있다. 지도제작에 백리척의 축척법을 사용하여 우리나라 지도제작에 과학적으로 크게 공헌했다. 이 지도에는 한반도뿐만 아니라 만주, 중국동해연안, 일본 등이 그려져 있다. 동해에는 울릉도와 우산도가 그려져 있는데 울릉도의 동쪽에 우산도를 위치시켜 "팔도총도" 류의 도식을 바로 잡았다. 그 이후의 지도들은 우산도를 울릉도의 동쪽에 위치시키고 있다.[3]

나. 국제지도 증거법의 적용

첫째로, 동국지도의 '인증성'에 관해 보건대, 동국지도는 조약이나 재판과 같은 법적문서에 첨부되어 있는 지도가 아니므로 그의 '인증성'은 부정됨은 검토의 여지가 없다. 그러므로 이는 독도가 한국의 영토라는 간접증거로 될 뿐이다.

둘째로, 동국지도의 '정확성'에 관해서 보건대, 독도를 울릉도의 동쪽에 위치시키고 독도의 크기로 울릉도의 크기보다 작게 표시한 것 등으로 보아 동국지도의 '정확성'은 인정된다.

그러나 동국지도의 '인증성'이 부정되어 결국 동국지도는 독도가 한국의 영토라는 제1차적 증거, 즉 직접적 증거로 되지 못하고 제2차적 증거, 즉 간접적 증거로 됨에 불과하다. 이의 정확

---

3) 김명기, 『독도총람』(서울: 선인, 2015), 58-59쪽.

성은 인정되므로 간접증거와 증명력은 인정된다.

셋째로, 동국지도의 '공식성'에 관해서 보건대, 정상기는 당대의 실학자이었으나 그가 관직에 있으면서 또는 정부의 지시에 따라 동국지도를 제작한 것이 아니므로 동국지도의 '공식성'은 부인된다. 따라서 한국은 동국지도에 독도가 한국의 영토로 표기되어 있으므로, 이를 직접적 증거로 이는 조선이 독도는 한국의 영토라고 확인·승인한 것으로 되지 아니한다.

넷째로, 동국지도의 '공정성'에 관해 보건대, 동국지도는 한국지도이고 제3국지도가 아니므로 이의 '공정성'은 인정되지 아니한다.

4. 천하대총 일람지도(天下隊摠一覽之圖)

가. 지도의 개요

작자미상, 18세기, 128.5×155cm, 국립중앙도서관 소장.

중국 중심의 세계 지도로 조선과 중국, 류큐국 정도만 그려져 있다. 일본은 그리지 않고 별도의 주기문(注記文)을 수록하였는데, 지리적 위치가 중국의 흑룡강 북쪽에서 제주의 남쪽까지 걸쳐 있다고 하여 진전된 인식을 보여 주고 있다. 1652년 설치된 황해도 금천(金川)이 있고, 1767년 경상도의 안음(安陰)과 산음(山陰)이 각각 안의(安義), 산청(山淸)으로 바뀌는데 지도에는 바뀌기 전 지명으로 되어 있어 1700년대 전후 제작된 것으로 추정된다. 울릉도와 우산도가 그려져 있는데, 우산도는 울릉도의 서쪽에 위치해 있다.[4]

---

4) 오상학, 「천하대총 일람지도」, 한국해양수산개발원, 『독도사전』(서울: 한국해양수산개발원, 2011), 316쪽; 이상태, 『사료가 증명하는 독도는 한국땅』(경세원, 2007); 이찬, 『한국의 고지도』(범우사, 1991).

나. 국제지도 증거법의 적용

첫째로, 이 지도의 '인증성'에 관해 보건대, 이 지도는 조약이나 재판과
　　　　같은 법적문서에 부속된 것이 아니므로 이의 '인증성'도 부정된
　　　　다. 따라서 이 지도가 독도는 한국의 영토이다는 사실은 간접
　　　　증거로 인정될 뿐 직접증거로 인정되지 아니한다.
둘째로, 이 지도의 '정확성'에 관해 보건대, 이 지도 우산도가 울릉도의
　　　　서쪽에 그려져 있으므로 이 지도의 '정확성'은 인정될 수 없다.
　　　　따라서 이 지도의 증명력은 인정되지 아니한다.
셋째로, 이 지도의 '공식성'에 관해 보건대, 이 지도는 작자미상으로 이
　　　　지도의 '공식성'은 인정될 수 없다. 따라서 한국이 이 지도를 근
　　　　거로 독도를 한국의 영토이다라고 확인·승인한 효력은 발생하
　　　　지 아니한다.
넷째로, 이 지도의 '공정성'에 관해 보건대, 이 지도는 한국지도이고 제3국
　　　　의 지도가 아니므로 이 지도의 '공정성'은 인정될 수 없다.

5. 여도(輿圖)

가. 지도의 개요

작자미상, 18세기 전반, 153.7×95cm, 영남대 박물관 소장.
　　18세기 전반에 제작된 조선 전도로서, 한반도의 윤곽을 사실에 가깝게
그려냈던 정상기(鄭尙驥)의 『동국지도』가 나오기 전 단계에 속하는 지도
이다. 북부 지방이 남부 지방보다 상대적으로 작게 표현되어 있고 우산도
가 울릉도의 왼쪽에 표시된 점 등으로 보아 조선 전기 정척(鄭陟)·양성지
(梁誠之)의 『동국지도』 계열과 유사하다. 그러나 백두산이 전체 한반도 산

맥의 조종(祖宗)으로 강조되어 표현되고 연맥을 강조하는 산맥의 표현, 중
국 접경 지역의 진보(鎭堡), 압록강·두만강 이북 중국 지역의 지명이 상
세히 기재된 점이 눈에 띈다. 산천의 명칭이 비교적 소상하게 표기되어
있으나 도서 지방은 상대적으로 소략하고 위치 및 면적에서도 왜곡이 심
한 점으로 미루어 볼 때, 연해·도서에 대한 관심이 지도에 반영되지 않았
다. <u>동해에는 울릉도와 우산도가 비슷한 크기로 그려져 있고, 우산도는 울
릉도의 서쪽에 위치해 있다.</u>[5]

나. 국제지도 증거법의 적용

첫째로, 여도의 '인증성'에 관해 보건대, 여도는 조약이나 재판과 같은
　　　　법적 문서에 부속된 것이 아니므로 이 지도의 '인증성'은 부정
　　　　된다. 따라서 이 지도는 독도가 한국의 영토라는 사실의 간접
　　　　증거로 될 뿐 직접증거로 인정될 수 없다.

둘째로, 여도의 '정확성'에 관해 보건대, 독도(우산도)의 크기와 울릉도
　　　　의 크기가 거의 비슷하게 그려져 있고, 우산도가 울릉도의 서
　　　　쪽에 위치하고 있으므로 이의 '정확성'은 부정된다. 따라서 제2차
　　　　증거인 이 지도의 증명력은 없는 것으로 된다.

셋째로, 여도의 '공식성'에 관해 보건대, 이 지도는 작자미상이므로 이
　　　　지도의 '공식성'은 논할 수 없다.

넷째로, 여도의 '공정성'에 관해 보건대, 이 지도는 작자미상이지만 한국
　　　　의 지도이고 제3국의 지도가 아니므로 이의 '공정성'은 부정된다.

---

5) 오상학, 「여도」, 한국해양수산개발원, 『독도사전』(서울: 한국해양수산개발원, 2011),
　　214쪽; 이상태, 『사료가 증명하는 독도는 한국땅』(경세원, 2007); 이찬, 『한국의 고지
　　도』(범우사, 1991).

6. 조선동해안도(朝鮮東海岸圖)

가. 지도의 개요

러시아, 러시아 해군, 1857년, 1882년 개정, 63×94cm, 한국 국회도서관외 소장.

1854년 러시아 푸쨔친(Путятин, Putyatin) 함대가 측정한 자료를 토대로 러시아 해군이 1857년에 발간한『조선동해안도』에는 울릉도와 독도가 포함되어 있으며 1882년에 수정, 보완되어 재판되었다. 동 함대는 독도를 발견하고 동도에 메넬라이(Менелай,Menelai), 서도에 올리부차(Оливуца, Olivutsa)라는 이름을 붙여 러시아어로 표기했다. 해도에는 당시 그린 독도 그림 3점이 있는데, 이는 3.5마일(6.5km), 5마일(9.3km), 14마일(25.9km) 거리에서 실측해 그린 것이다. 이 해도 역시 시볼트의 지도 및 프랑스 해군의 1851년「태평양전도」1264번과 마찬가지로 울릉도가 '마쓰시마(Matsu-shima)'로 표기되어 있고, 한국의 여러 항구와 만의 부분도들도 나타나 있다.

러시아 해군이 제작한 이 해도는 울릉도와 독도가 한국 영토임을 가장 명시적으로 나타낸 최초의 서양 지도이다. 1857년에 발표된 러시아 팔라다함의 독도 그림은 프랑스 해군성이 발간한『항해지침, 수로 정보, 대만, 류큐, 한국, 일본해[동해], 일본 열도-하코다테, 나가사키, 시모다 및 에도』1861년판에도 실려 있다.

일본 해군은 러시아 해군의『조선동해안도』를 수정 없이 그대로 일본어로 번역하여 1876년에 발간했다. 이는 일본 해군도 독도를 한국령으로 인식하고 있었다는 사실을 말해준다.[6]

---

6) 이진명, 「조선동해안도」, 한국해양수산개발원, 『독도사전』(서울: 한국해양수산 개발원, 2011, 292-293쪽.

나. 국제지도 증거법의 적용

첫째로, 조선동해안도의 '인증성'에 관해 보건대, 이 지도가 조약이나 재
　　　　판과 같은 법적 문서에 부속된 것이 아니므로 이의 '인정성'은
　　　　부정된다. 따라서 이 지도는 간접적 증거에 불과하고 직접적 증
　　　　거로 될 수 없다.
둘째로, 이 지도의 '정확성'에 관해 보건대, 동해안에 울릉도와 독도가
　　　　그려져 있다. 독도를 실측한 거리를 m로 표시한 점으로 보아
　　　　이 지도의 '정확성' 인정된다. 그러나 이 지도가 '인증성'이 없으
　　　　므로 이 정확성은 간접증거의 증명력이 인정된다는 의미이다.
셋째로, 이 지도의 '공식성'에 관해 보건대, 일본해군이 1876년에 이 지
　　　　도를 수정 없이 번역하여 발행했으므로 이 지도의 '공식성'은
　　　　인정된다. 따라서 일본은 이 지도를 통해 독도를 한국의 영토
　　　　로 확인·승인한 것이고 따라서 이 지도에 대해 금반언(禁反言,
　　　　estoppel)의 효과가 미친다.
넷째로, 이 지도의 '공정성'에 관해 보건대, 이 지도는 한국지도도 일본
　　　　지도도 아닌 제3국의 지도이므로 이의 '공정성'은 긍정된다. 따
　　　　라서 이 지도의 증명력은 제고된다.

7. 조선팔도 총람지도(朝鮮八道 總覽之圖)

가. 지도의 개요

작자미상, 17세기, 69.9×105.8cm, 서울대 규장각 한국학연구원 소장.
　목판본으로 제작된 전도로, 김수홍(金壽弘)이 1673년에 제작한『조선팔
도 고금총람도』와 유사해 지도를 제작할 때 저본으로 활용한 것으로 보인

다. 한반도의 윤곽은 북부 지방의 왜곡이 심하고 해안선의 모습도 실제와
큰 차이를 보인다. 동해에는 여러 섬들이 그려져 있고 <u>울릉도와 우산도가
그려져 있는데, 우산도는 울릉도의 북쪽에 그려져 있다.</u> 남쪽에는 일본국
과 쓰시마가 그려져 있고, 그 사이에는 상상의 섬인 여인국이 표시되어 있
다.7)

나. 국제지도 증거법의 적용

첫째로, 이 지도의 '인증성'에 관해 보건대, 이 지도가 조약이나 재판과
　　　　같은 법적 문서에 부속된 것이 아니므로 이의 '인정성'은 부정
　　　　된다. 따라서 이 지도에 의한 독도는 한국의 영토이다는 사실
　　　　은 간접 증거에 불과하고 직접증거로 되지 아니한다.

둘째로, 이 지도의 '정확성'에 관해 보건대, 독도(우산도)를 울릉도의 북
　　　　쪽에 위치한 것으로 되어 있으므로 이의 '정확성'이 인정될 수
　　　　없다.

셋째로, 이 지도의 '공식성'에 관해 보건대, 이 지도의 제작자는 미상이
　　　　므로 이 지도의 '공식성'은 논할 수 없다. 따라서 조선이 독도를
　　　　한국의 영토로 확인한 효력은 발생하지 아니한다.

넷째로, 이 지도의 '공정성'에 관해 보건대, 이 지도는 한국지도이고 제
　　　　3국지도가 아니므로 이의 '공정성'은 즉 '객관성'은 인정되지
　　　　아니한다.

---

7) 오상학, 「조선팔도총람지도」, 한국해양수산개발원, 『독도사전』(서울: 한국해양
　　수산개발원, 2011), 302쪽; 이상태, 『사료가 증명하는 독도는 한국땅』(경세원,
　　2007); 이찬, 『한국의 고지도』(범우사, 1991).

8. 아국총도(我國總圖)

가. 지도의 개요

아국총도(我國總圖)는 18세기 말 작자미상의 한국지도이다. 이는 정조
대의 지도첩인 "여지도"에 수록된 지도이다. 남해에는 쓰시마도가 남북으
로 길게 그려져 있고, 동해에 울릉도와 우산도(독도)가 그려져 있으며 울
릉도 동쪽에 우산도(독도)가 그려져 있으며 우산도를 울릉도보다 작게 그
려 우산도가 울릉도의 속도임을 나타내고 있다.[8]

나. 국제지도 증거법의 적용

첫째로, 아국총도의 '인증성'에 관해 보건대, 이 지도가 조약이나 재판과
　　　같은 법적문서에 첨부된 것이 아니므로 동 지도의 '인증성'은 부
　　　정된다. 따라서 동 지도의 울릉도와 독도가 조선의 영토라는 간
　　　접증거에 불과하다.

둘째로, 아국총도의 '정확성'에 관해서 보건대, 울릉도의 동쪽에 우산도
　　　가 그려져 있고 또 우산도가 울릉도보다 작게 그려져 있는 점
　　　으로 보아 동 지도의 '정확성'은 일응 인정된다. 따라서 '인증성'
　　　이 없는 동 지도의 증명력이 인정된다 할 것이다.

셋째로, 동 지도의 '공식성'에 관해서 보건대, 동 지도가 조선의 국가기
　　　관이 제작하거나 또는 국가 기관의 지시 · 지원에 의해 제작되
　　　었다는 증거가 없으므로 이의 '공식성'은 부인된다. 따라서 조
　　　선이 독도가 조선의 영토이다라고 확인 · 승인한 효력은 인정되
　　　지 아니한다.

넷째로, 아국총도의 '공정성'에 관해 보건대, 아국총도는 한국지도이고

---

8) 김명기, 전주2, 58쪽.

제3국의 지도가 아니므로 이의 '공정성'은 인정되지 아니한다.

9. 천하대총일람도(天下大摠一覽圖)

가. 지도의 개요

천하대총일람도(天下大摠一覽圖)는 18세기에 제작된 작자미상의 지도이다. 청나라시대에 제작된 청나라 지도에 조선과 유구(琉球)를 추가 보완한 지도이다. 일본은 그려져 있지 않다. 중국 중심의 세계지도이다. 북으로는 중국의 흑룡강 북쪽에서 남으로는 제주도까지 그려져 있다. 울릉도와 우산도(독도)가 그려져 있으며 팔도총도와 같이 우산도가 울릉도의 서쪽에 그려져 있다.[9]

나. 국제지도 증거법의 적용

첫째로, 천하대총일람도의 '인증성'에 관해 보건대, 동 지도가 조약이나 재판과 같은 법적 문서에 부속되어 있는 지도가 아니므로 이의 동 지도의 '인증성'은 부인된다. 그러므로 동 지도는 제2차적 증거, 즉 간접적 증거가 될 뿐 직접적 증거, 즉 제1차적 증거로 될 수 없다. 그러므로 독도가 한국의 영토로 그려져 있어도 이는 직접적 증거가 될 수 없다.

둘째로, 동 지도의 '정확성'에 관해서 보건대, 우산도가 울릉도의 서쪽에 그려져 있다. 이것만으로 동 지도의 '정확성'은 부정된다. 동 지도의 '인증성'이 부정되므로 결국 간접증거의 증명력이 부인된다 할 것이다.

---

9) 김명기, 전주2, 58쪽.

셋째로, 동 지도의 '공식성'에 관해서 보건대, 동 지도가 조선의 국가기
관이 제정하거나 국가 기관의 제시 또는 지원에 의해 제작되었
다는 증거가 없으므로 이의 '공식성'은 부정된다. 따라서 조선
이 이 지도에 표시된 울릉도와 독도에 대해 이들이 조선의 영
토라는 확인·승인의 효과가 인정되지 아니한다.

넷째로, 천하대총일람도의 '공정성'에 관해 보건대, 이는 한국지도이고
제3국지도가 아니므로 이의 '공정성'은 인정되지 아니한다.

10. 청구도(靑邱圖)

가. 지도의 개요

김정호(金正浩), 1834년, 462×870cm, 국립중앙도서관 소장.

1834년에 고산자(古山子) 김정호가 제작한 전국 지도이다. 『청구도』는
『청구요람(靑邱要覽)』 또는 『청구선표도(靑邱線表圖要)』 등으로도 불린
다. 전국을 동서로 22판, 남북으로 29층으로 구획하여 만든 방안 지도로
각각의 격자는 동서 70리, 남북 100리이며, 이것이 지도책의 한 면이다. 그
러므로 도판에 수록된 부분은 동서 140리, 남북 200리 지역에 해당한다.
남북 29층을 층별로 나누어 홀수 층은 건책(乾冊)에, 짝수 층은 곤책(坤冊)
에 수록하였다. 지도 안에는 산천을 비롯한 지형뿐만 아니라 성곽·창
고·역도(驛道)·봉수·진도(津渡)·교량·제언·산성·서원·사찰·고읍
(古邑) 등 경제·사회·문화적인 내용이 다양하게 수록되어 있다. 울릉도
와 우산도의 모습은 이전 시기 울릉도의 단독 지도에 수록된 것과 거의
유사하다. 중앙에 중봉(中峰)을 그렸고 해안으로 뻗어간 산줄기가 전통적
인 연맥식 기법으로 표현되어 있다. 죽전(竹田), 옛날 집터, 돌무덤, 가거
처(可居處), 각석입표(각석입표) 등이 거의 유사하게 수록되어 있다. 주변
에는 부속 도서들이 그려져 있는데, 남쪽에 다섯 개의 섬이 보이고 동쪽에

는 우산도가 있다.[10)]

청구도(靑丘圖)는 조선말의 지리학자 김정호(金正浩)가 제작한 지도이다. 지도의 동서를 22판으로 나누고 남북을 29층으로 나누어 제작한 것이다. 우산도는 울릉도의 동쪽에 위치하고 있다.

나. 국제지도 증거법의 분석적 적용

첫째로, 청구도(靑丘圖)의 '인증성'에 관해 보건대, 청구도는 조약이나 재판과 같은 법적 문서에 부속된 것이 아니므로 이의 '인증성'은 인정되지 아니함은 검토의 여지가 없다. 따라서 청구도는 독도가 한국의 영토이다는 간접적 증거에 불과하다.

둘째로, 청구도의 '정확성'에 관해서 보건대, 지도의 동서를 22판으로, 남북을 29층으로 제작하고 울릉도의 동쪽에 우산도를 위치한 점 등으로 보아 청구도의 '정확성'은 일응 인정된다. 따라서 이 지도의 인증성이 없으므로 이 지도의 간접증거의 증명력은 인정된다 할 것이다.

셋째로, 이 지도의 '공식성'에 관해 보건대, 김정호가 국가의 기관이 아니었고, 또한 국가의 지시에 따라 이 지도로 제작한 것이 아니므로 이의 '공식성'은 부정된다. 따라서 독도는 한국의 영토라고 조선이 승인·확인할 효력은 없는 것이고 때문에 금반언의 효과도 발생하지 아니한다.

넷째로, 청구도의 '공정성'에 관해 보건대, 청구도는 한국의 지도이고 제3국의 지도가 아니므로 청구도의 '공정성'은 인정되지 아니한다. 따라서 독도는 한국의 영토라는 사실의 증명력은 그만큼 감쇄된다.

---

10) 오상학, 「청구도」, 한국해양수산개발원, 『독도사전』(서울: 한국해양수산개발원, 2011), 317-318쪽; 이상태, 『사료가 증명하는 독도는 한국땅』(경세원, 2007); 이찬, 『한국의 고지도』(범우사, 1991).

11. 팔도총도(八道總圖)

가. 지도의 개설

팔도총도(八道總圖)는 1530년에 편찬된『동국여지승람』에 들어있는 1481년
에 양성지가 제작한 지도로 한반도의 남북은 압축되고 동서는 팽창된 지도이
다. 따라서 한반도의 동서 폭은 넓어지고 남북 거리는 짧아져 있다. 압록
강과 두만강이 거의 일직선으로 그려져 있다. 동해에 울릉도와 우산도(독
도)가 그려져 있으며 우산도(독도)가 울릉도보다 작게 그려져 있으며 우산
도(독도)가 울릉도의 서쪽에 그려져 있다. 독도가 표기된 최초의 지도이
다.[11]

나. 국제지도 증거법의 분석적 적용

첫째로, 팔도총도의 인증성에 관해 보건대, 팔도총도는 조약이나 재판
에 부속된 지도가 아니므로 이의 인증성은 인정될 수 없다.
둘째로, 팔도총도의 정확성에 관해 보건대, 독도가 울릉도의 서쪽에 그
려져 있으므로 팔도총도의 정확성은 부정된다.
셋째로, 팔도총도의 공식성에 관해 보건대, 팔도총도가 부속된『동국여
지승람』은 조선의 공식문건이고 이에 부속된 팔도총도는 물론
조선의 공식문서이다. 그러므로 팔도총도의 공식성은 논의 여
지가 없다.
넷째로, 팔도총도의 공정성에 관해 보건대, 팔도총도는 제3국의 지도가
아니라 한국지도이므로 이의 공정성은 인정되지 아니한다.

---

11) 김명기, 전주2, 58쪽.

12. 대한제국지도(大韓帝國地圖)

가. 지도의 개요

현공렴(玄公廉), 1908년, 75.3×103.5cm, 독도박물관 소장.

아오키 쓰네사부로(青木恒三郎)는 1905년에 한국에 있는 일본인들 위해
『분도상밀 한국신지도(分度詳密 韓國新地圖)』를 제작하였고, 1906년에는
이 지도를 더욱 보완하여 『한국대지도』를 만들었다. 일본에 유학하고 있
던 현공렴(玄公廉)은 1908년에 이 지도를 개편하여 『대한제국지도』를 제
작하였다. 울릉도는 자세히 나타냈는데 독도는 연안 쪽에 죽도(竹島)라고
표기하였다.12)

나. 국제지도 증거법 규칙의 적용

ⅰ) 대한제국지도의 '인증성'에 관해 보건대, 이 지도가 조약이나 재판과
   같은 법적 문서에 부속된 것이 아니므로 이의 '인정성'은 인정되지
   아니한다. 따라서 이 지도는 간접적 증거일뿐 직접적 증거로 인정
   되지 아니한다.

ⅱ) 이 지도의 '정확성'에 관해 보건대, 울릉도는 자세히 나타냈으나 독
   도는 연안쪽에 죽도로 표기하고 있으므로 이 지도의 '정확성' 인정
   되지 아니한다. 따라서 이 지도의 간접증거의 증명력은 인정되기
   어렵다.

ⅲ) 이 지도의 '공식성'에 관해 보건대, 이 지도의 제작자가 일본의 국가
   기관이 아니고, 이 지도의 제작자가 국가의 지시나 지원에 의해 이
   지도를 제작한 것이 아니므로 이 지도의 '공식성'은 인정되지 아니

---

12) 이상태, 「대한제국지도」, 한국해양수산개발원, 『독도사전』(서울: 한국해양수산
   개발원, 2011), 84쪽; 이상태, 『사료가 증명하는 독도는 한국땅』(경세원, 2007).

한다. 따라서 일본이 독도를 한국의 영토로 승인한 법적효과는 없
으며 금반언의 효과도 없다.

iv) 이 지도의 '공정성'에 관해 보건대, 이 지도는 일본지도이고 제3국지
도가 아니므로 이 지도의 '공정성'은 인정되지 아니한다.

II. 일본지도

1. 조선국세견전도(朝鮮國細見全圖)

가. 지도의 개요

조선국세견전도(朝鮮國細見全圖)는 소메자키 노부후사(染崎延房)가 1873년
제작한 지도로 국립중앙도서관에 소장되어 있다. 이 지도는 울릉도와 독도를
울진현 강원도와 같은 색으로 채색하여 독도가 조선의 영토임을 명백히
표시하고 있다.[13]

나. 국제지도증거법의 적용

첫째로, 조선국세견전도의 '인증성'에 관해 보건대, 이 지도가 조약이나
　　　　재판과 같은 법적문서에 첨부된 것이 아니므로 이의 '인증성'이
　　　　부정됨은 검토의 여지가 없다. 따라서 이 지도는 독도가 한국
　　　　의 영토라는 간접적 증거로 될 뿐 직접적 증거로 되지 않는다.
둘째로, 이의 '정확성'에 관해서 보건대, 울진현 동쪽에 울릉도와 독도가

---

13) 이상태, 「조선국세견전도」, 한국해양수산개발원, 『독도사전』(서울: 한국해양수
산개발원, 2011), 106쪽.

위치하고 있는 점으로 보아 이의 '정확성'은 일응 인정된다 할 것이다. 그러나 조선국세견전도는 '인증성'이 부정되어 간접증 거에 불과하므로 이 정확성은 간접증거의 증명력을 갖는다 할 것이다.

셋째로, 이의 '공식성'에 관해 보건대, 이 지도의 작가 소메자키는 일본 의 공직자가 아니고 또한 그가 일본정부의 요청에 의해 이 지 도를 제작한 것이 아니므로 이의 '공식성'은 부정된다. 그러므 로 일본이 독도를 조선의 영토로 승인·확인한 효력이 부정되 므로 이에 금반언의 원칙이 적용되지 아니하므로 일본은 독도 가 한국의 영토가 아니라는 주장은 할 수 없는 것은 아니다.

넷째로, 조선국세견전도의 '공정성'에 관해 보건대, 이 지도는 일본지도 이고 제3국지도가 아니므로 이의 '공정성'은 인정될 수 없다.

2. 조선동해안도(朝鮮東海岸圖)

가. 지도의 개요

조선동해안도(朝鮮東海岸圖)는 1976년 일본 해군수로부에서 제작한 지 도이다. 이는 러시아의 해군수로지를 참조한 것으로 보이므로 독도를 동 해안에 표시하고 있다.[14]

---

14) 이상태, 「조선동해안도」, 한국해양수산개발원, 『독도사전』(서울: 한국해양수산 개발원, 2011), 145쪽.

나. 국제지도 증거법의 적용

첫째로, 조선동해안도의 '인증성'에 관해서 보건대, 동 지도가 조약이나 재판과 같은 법적문서에 부속된 것이 아니므로 이의 '인증성'은 부정됨은 검토의 여지가 없다.

둘째로, 조선동해안도의 '정확성'에 관해 보건대, 동해안을 정확이 그리고 있고 독도를 동해안에 표시하고 있는 것은 비교적 정확하므로 동 도의 '정확성'은 인정된다.

그러나 동 도의 '인증성'이 부정되므로 동 지도는 제2차적 증거이고 즉 간접증거이고 제1차적 증거, 즉 직접적 증거로 되지 아니한다. 따라서 이 지도의 정확성은 간접증거의 증명력도 갖는 것이라 할 것이다.

셋째로, 조선동해안도의 '공식성'에 관해서 보건대, 동 도가 일본의 국가기관인 해군수로부에서 '공식성'은 명백히 인정된다. 따라서 일본정부는 독도가 한국의 영토임을 승인한 것으로 되고 금반언의 원칙에 따라 독도가 일본의 영토라는 주장을 할 수 없는 것이다.

넷째로, 동 지도의 '공정성'에 관해 보건대, 이는 일본지도이고 제3국지도가 아니므로 이의 '공정성'은 인정되지 아니한다.

3. 대일본부현전도(大日本府縣全圖)

가. 지도의 개요

대일본부현전도는 1872년 우치다 신사이(內田晉齊)가 제작한 일본지도이다.

동 지도는 울릉도와 독도를 일본열도와 다른 색으로 착색하여 울릉도와 독도가 일본의 영토가 아님을 표시하고 있다.[15]

나. 국제지도증거법의 적용

첫째로, 대일본부현전도의 '인증성'에 관해 보건대, 이 지도는 조약이나 재판과 같은 법적문서에 부속된 것이 아니므로 이 지도의 '인증성'은 당연히 부정된다. 그러므로 울릉도와 독도가 한국의 영토에 속한다는 사실의 전문증거가 될 뿐 직접증거로 되지 아니한다.

둘째로, 대일본부현전도의 '정확성'에 관해 보건대, 대일본부현전도는 울릉도와 독도를 일본의 영토와 다른 색으로 착색하여 울릉도와 독도가 일본의 영토가 아님을 표시하고 있는 것은 이 점에 관해 '정확성'을 인정할 수 있다고 본다. 따라서 대일본부현 전도의 '인증성'의 부정으로 독도와 울릉도가 한국의 영토라는 사실에 대한 이 지도는 간접적 증거가 됨에 불과하므로 이 지도의 정확성은 이 간접증거의 증명력이 인정된다는 의미를 갖는다.

셋째로, 대일본부현전도의 '공식성'에 관해 보건대, 이 지도의 제작자인 우치다 신사이(內田晉齊)가 국가기관으로서 또는 국가기관의 명령이나 지원에 의해 대일본부현전도를 제작한 것이 아니므로 이 지도의 '공식성'은 부정된다. 따라서 울릉도와 독도가 한국의 영토라고 일본정부가 확인·선언한 효력은 인정되지 아니한다.

넷째로, 이 지도의 '공정성'에 관해 보건대, 이 지도는 일본지도이고 제3국의 지도가 아니므로 이 지도의 '공정성'은 부정된다.

---

15) 김명기, 전주2, 60쪽.

4. 일청한삼국여지도(日淸韓三國輿地圖)

가. 지도의 개요

일청한삼국여지도(日淸韓三國輿地圖)는 1894년 청수상태랑(淸水常太郎, 시미즈 죠타로)이 조선, 중국, 일본 3국을 그린 일본의 지도이다. 동해의 두 섬을 마쓰시마(松島)와 다케시마(竹島)로 표기하고 있다.[16]

나. 국제지도 증거법의 적용

첫째로, 일청한삼국여지도의 '인증성'에 관해 보건대, 일청한삼국여지도가 조약이나 재판과 같은 법적문서에 부속된 것이 아니므로 이 지도의 '인증성'은 인정될 수 없다.

따라서 송도(울릉도)와 죽도(독도)가 한국의 영토라는 사실의 간접증거로 될 뿐 직접증거로는 인정되지 아니한다.

둘째로, 일청한삼국여지도의 '정확성'에 관해 보건대, 송도(울릉도)와 죽도(독도)를 동해에 그리고 조선의 내륙과 같은 색으로 착색하여 이 두 섬이 조선의 영토임을 표시하고 있는 점은 '정확성'을 인정해야 한다. '정확성'은 증명력이 있음을 인정한다.

그러나 일청한삼국여지도가 '인증성'이 없으므로 결국 일청한삼국여지도는 간접증거의 증명력이 있음을 의미한다.

셋째로, 일청한삼국여지도의 '공식성'에 관해 보건대, 이 지도의 제작자인 시미즈 죠타로(淸水常太郎)가 국가기관이 아니었고, 또 그가 국가의 명령이나 지원에 의해 이 지도를 제작한 것이 아니므로 일청한 삼국지도의 '공식성'은 인정되지 아니한다. 따라서 일본 정부가 울릉도와 독도를 한국의 영토라고 승인·확인한 바는

---

16) 김명기, 전주2, 60쪽.

인정되지 아니하므로 일본정부에 금반언의 효과도 미치지 아니
한다.

넷째로, 일청한삼국여지도의 '공정성'에 관해 보건대, 이는 일본지도이
고 제3국지도가 아니므로 이의 '공정성'은 인정되지 아니한다.

5. 일본변계약도(日本邊界略圖)

가. 지도의 개요

일본변계약도는 1809년 高橋景保(다카하시 가게야스)가 제작한 지도이다.
동 지도는 서양의 지도제작법에 따라 제작한 지도로 세계지도와 함께
간행되었다.

동 지도는 울릉도와 독도를 한반도 쪽으로 붙여 그리고, 동해를 조선해
로 표기하고 있어 독도를 조선의 영토로 보고 있는 것으로 인정된다.[17]

나. 국제지도 증거법의 적용

첫째로, 일본변계약도의 '인증성'에 관해 보건대, 동 지도가 조약이나 재
판과 같은 법적문서에 첨부된 지도가 아니므로 이의 '인증성'은
명백히 부정된다. 따라서 독도가 한국의 영토로 표시된 이 지도
는 간접적 증거로 될 뿐 직접적 증거로 되지 아니한다.

둘째로, 일본변계약도의 '정확성'에 관해서 보건대, 울릉도와 독도를 한
반도 쪽으로 붙여 그리고 동해를 조선해로 표기한 점 등으로
보아 이 지도의 '정확성'을 일응 인정된다 할 것이다. 따라서 이
지도는 '인증성'이 없어 간접적 증거이므로 이 정확성은 간접적

---

17) 김명기, 전주2, 59-60쪽.

증거의 증명력이 인정된다 할 것이다.

셋째로, 일본변계약도의 '공식성'에 관해서 보건대, 제작자 다카하시 가게야스(高橋景保)가 일본의 국가기관이 아니었고, 또 그가 일본의 국가기관의 명에 따라 또는 지원에 따라 일본변계약도를 제작한 것이 아니므로 일본변계약도의 '공식성'은 일응 부정된다고 본다. 따라서 이 지도에 독도가 한국의 영토로 표시되어 있어도 이를 일본 정부가 승인·확인한바 인정되지 아니한다.

넷째로, 일본변계약도의 '공정성'에 관해 보건대, 일본변계약도는 일본의 지도이고 제3국의 지도가 아니므로 이의 '공정성'은 인정되지 아니한다.

6. 한국전도(韓國全圖)

가. 지도의 개요

한국, 하쿠분칸(博文館) 편집부, 1905년, 34.5×48cm, 개인소장.

『일로전쟁실기(日露戰爭實記)』제76편 부록으로 발행한 지도이다. 1905년까지 발행된 일본 지도 중 울릉도와 독도가 가장 정확하게 그려져 있다. 울릉도 우측에 '울릉도(鬱陵島)'와 '마쓰시마(松島)' 지명을 병기했다. 독도는 두 개의 작은 바위섬으로 그리고, '다케시마(리얀코르토 암)'라고 표기했다. 지면이 부족해 독도를 지도의 내도곽과 외도곽 사이에 그려 넣었다. 일본의 서북 부분과 러시아의 일부 역시 내도곽 밖 지면을 이용하여 그려 넣었다.[18]

---

18) 양보경, 「한국전도」, 한국해양수산개발원, 『독도사전』(서울: 한국해양수산개발원, 2011), 348쪽.

나. 국제지도 증거법의 분석적 적용

첫째로, 한국전도의 '인증성'에 관해 보건대, 한국전도가 조약이나 재판
　　　과 같은 법적문서에 부속된 것이 아니므로 이의 '인증성'이 인정
　　　될 수 없다. 따라서 울릉도와 독도가 한국의 영토라는 사실에
　　　관해 간접적 증거로 될 뿐 직접적 증거로는 인정되지 아니한다.
둘째로, 한국전도의 '정확성'에 관해서 보건대, 이 지도에는 동해에 울릉
　　　도와 독도가 가장 정확하게 그려져 있으므로 이의 '정확성'은 인
　　　정된다고 본다. 그러나 한국전도의 '인증성'이 부정되어 이 정확
　　　성에 의한 증명력을 간접증거에 대한 증명력이 인정된다고 본다.
셋째로, 한국전도의 '공식성'에 관해서 보건대, 한국전도가 실려져 있는
　　　러일전쟁 시기는 박문각에서 출판되었으며, 박문각이 당시 일
　　　본의 국가기관이 아니었으므로 이의 '공식성'은 인정되지 아니
　　　한다. 따라서 일본정부가 울릉도와 독도가 한국의 영토다고 확
　　　인 · 승인한 효력은 발생하지 아니하며 또한 그에 의한 금반언
　　　의 효과는 발행하지 아니한다.
넷째로, 이 지도의 '공정성'에 관해 보건대, 이 지도는 일본지도이고 제
　　　3국지도가 아니므로 '공정성'은 인정되지 아니한다.

7. 대일본국연해약도(大日本國沿海略圖)

가. 지도의 개요

대일본국연해약도(大日本國沿海略圖)는 가쓰 가이슈(勝海舟)가 1867년
제작한 지도이다. 동해안에 세 개의 섬을 그려 넣고 가장 북쪽에 있는 것
을 죽도(竹島), 중간에 있는 것은 송도(松島)로 기입했다. 일본 최초의 근

대식 해도 평가를 받고 있다. 조선의 동해에 다케시마(竹島)를 점선으로 그렸고 마쓰시마(松島, 울릉도), 리앙쿠르도(독도) 등 세 개의 섬이 표기되어 있다. 울릉도와 독도의 위치 및 명칭에 혼란을 주는 이 지도는 일본이 독도와 울릉도에 대한 인식이 비약된 것임을 보여주고 있다.[19)

나. 국제지도 증거법의 분석적 적용

첫째로, 대일본국연해약도의 '인증성'에 관해 보건대, 대일본국연해약도가 조약이나 재판과 같은 법적문서에 부속된 것이 아니므로 이의 '인증성'은 부정된다. 따라서 동해의 다케시마(독도)와 마쓰시마(울릉도)가 조선의 영토라는 사실은 간접적 증거로 될 뿐 직접적 증거로는 인정되지 아니한다.

둘째로, 대일본국연해약도의 '정확성'에 관해서 보건대, 대일본국연해약도는 동해에 3개의 섬을 그렸고, 이 3개의 섬의 위치 및 명칭에 혼란되어 있다. 따라서 대일본국연해 약도의 '정확성'은 인정될 수 없다고 본다. 대일본국연해약도의 '인증성'이 인정되지 아니하여 이 지도는 간접적 증거에 불과하다. 따라서 이 지도의 정확성의 부정은 간접증거의 증명력을 부인하는 것이다.

셋째로, 대일본국연해약도의 '공식성'에 관해서 보건대, 대일본국연해약도의 제작자인 가쓰가이슈(勝海舟)가 이 지도를 국가기관의 자격으로 제작했다는 사실도 또는 그가 일본 국가기관의 명령이나 지원에 의해 이 지도를 제작했다는 사실이 밝혀져 있지 아니하므로 이 지도의 '공식성'은 인정될 수 없다. 따라서 일본정부가 동해의 울릉도와 독도가 한국의 영토라고 승인·확인한 사실은 인정되지 아니하며 또 이로 인한 일본정부의 금반언의 효과도 발생하지 아니한다.

---

19) 김명기, 전주2, 25쪽.

넷째로, 대일본국연해약도의 '공정성'에 관해 보건대, 이는 일본이 제작한
지도이므로 즉 제3국지도가 아니므로 이의 '공정성'은 인정되지
아니한다.

8. 조선국전도(朝鮮國全圖)

가. 지도의 개요

일본, 스즈키 게이사쿠(鈴木敬作), 1882년, 48×74cm, 독도박물관 소장.
1882년에 민간인 스즈키 게이사쿠가 작성한 조선 전도이다. 동해에는
울릉도와 독도가 다케시마(竹島), 마쓰시마(松島)로 그려져 있다. 1894년
에 다나카 아키요시(田中紹祥)가 이 조선 전도에 채색만 더한『신찬 조선
전도(新撰朝鮮全圖)』를 발행했는데, 다케시마(울릉도)와 마쓰시마(독도)가
한반도와 같은 황색으로 채색되어 두 섬이 조선 영토임을 보여 주고 있다.
일본의 일부 학자들은 이 두 섬이 울릉도를 잘못 측량한 아르고노트 섬과
울릉도를 정확히 측량한 다줄레 섬이라고 주장하고 있으나『조선국전도』
와『신찬 조선전도』에 그려진 마쓰시마는 위도가 독도와 일치한다. 그러
므로 일본 측 주장은 근거가 없는 것이다.[20]
　　조선국전도(朝鮮國全圖)는 1882년에 영목경작(鈴木敬作, 스즈키 게이사
쿠)이 제작한 조선의 지도인 일본지도이다. 동해에 울릉도와 독도 두 섬이
그려져 있다. 울릉도는 다케시마(竹島)로, 독도는 마쓰시마(松島)로 표기
되어 있다. 다케시마와 마쓰시마가 한반도와 같이 모두 황색으로 채색되
어 이 두 섬이 한국의 영토임을 표시하고 있다.[21]

---

20) 호사카유지,「조선국전도」, 한국해양수산개발원,『독도사전』(서울: 한국해양수
　　산개발원, 2011), 291쪽.
21) 김명기, 전주2, 60쪽.

나. 국제지도 증거법의 분석적 적용

첫째로, 조선국전도의 '인증성'에 관해 보건대, 조선국전도가 조약이나
　　　　재판과 같은 법적문서에 부속되어 있는 것이 아니므로 조선국
　　　　전도의 '인증성'은 인정되지 아니한다. 따라서 이 지도는 울릉
　　　　도(다케시마)와 독도(마쓰시마)는 일본의 영토가 아니라는 사
　　　　실에 대한 간접증거일뿐 직접증거로 되지 아니한다.
둘째로, 조선국전도의 '정확성'에 관해 보건대, 울릉도를 다케시마, 독도
　　　　를 마쓰시마로, 각 각 표기하고 마쓰시마와 다케시마가 한반도
　　　　와 같이 황색으로 채색되어 이 두 섬이 한국의 영토임을 표시
　　　　하고 있는 점으로 보아 조선국전도의 '정확성'은 이 점에 관 한
　　　　한 인정된다고 본다. 조선국전도의 '인증성'이 부정되어 이 지도
　　　　의 '정확성'은 간접증거의 증명력을 인정하는 것으로 된다.
셋째로, 조선국전도의 '공식성'에 관해 보건대, 이 지도의 제작자 스즈키
　　　　게이사쿠(鈴木敬 作)가 국가기관의 자격으로, 또한 스즈키 게이
　　　　사쿠가 국가기관의 명령이나 지원에 의해 조선국전도를 제작한
　　　　것이 아니므로 이 지도의 '공식성'은 인정되지 아니한다. 따라서
　　　　일본정부가 울릉도와 독도를 한국의 영토로 확인·승인한 효력
　　　　과 금반언의 효과는 인정되지 아니한다.
넷째로, 조선전도의 '공정성'에 관해 보건대, 조선국전도는 일본의 지도
　　　　이고 제3국의 지도가 아니므로 이의 '공정성'은 부정된다.

9. 기죽도약도(磯竹島略圖)

가. 지도의 개요

기죽도약도(磯竹島略圖)는 태정관지령문에 부속된 일본지도이다. 이는

시마네현 참사 사카이지로(境次郎)가 제작한 지도로 이는 『공문록』(公文錄)에 수록되어 있다. 『공문록』은 일본 관보제도가 창설된 명치(明治) 16년까지 관보의 기능을 담당했다. 기죽도약도는 독도 고지도는 아니지만 여기서 이를 언급하기로 한다.[22]

나. 국제지도 증거법의 분석적 적용

첫째로, 기죽도약도의 '인증성'에 관해서 보건대, 기죽도약도가 수록된 태정관지령문의 조약이나 재판과 같은 법적 문서가 아니므로 이의 '인증성'은 부정됨은 검토의 여지가 없다. 그러므로 이는 독도가 한국의 영토이다는 간접증거로 될 뿐이다.

둘째로, 기죽도약도의 '정확성'에 관해 보건대, 이는 기죽도에서 송도까지 약 40리 정도, 기죽도에서 오키도까지 약 80리 정도라는 기술로 보아 이의 '정확성'은 일응 인정된다할 것이다. 따라서 이의 '인증성'이 부정되어 독도가 한국의 영토라는 간접증거의 증명력은 인정된다 할 것이다.

셋째로, 기죽도약도의 '공식성'에 관해 보건대, 기죽도약도가 수록된 태정관지령문이 일본의 국가기관인 태정관에 의해 발하여진 것이므로 이의 '공식성'은 당연히 인정된다 할 것이다. 따라서 일본은 독도가 한국의 영토이다는 사실을 확인·승인한 것으로 되고 금반언의 원칙에 따라 일본은 독도가 한국의 영토가 아니라는 주장을 할 수 없는 것이다.

넷째로, 기죽도약도의 '공정성'에 관해 보건대, 이 지도는 일본의 지도이고 제3국지도가 아니므로 이의 '공정성'은 인정되지 아니한다.

---

22) 김명기, 「국제법상 기죽도약도의 법적효력」, 『영토와 해양연구』 제12권, 2016, 8-13쪽.

10. 삼국접양도(三國接壤圖)

가. 지도의 개요

삼국접양도(三國接壤圖)는 임자평(林子平, 하야시 시헤이)이 1785년에 제작한 지도이다. 이후 하야시 시헤이가 1785년에 제작한 "삼국통람도식"의 부도에 삽입된 지도 중 하나이다. 이 지도의 동해남서에 다케시마(竹島)라고 쓰여진 섬과 그 동쪽에 작은 선이 하나 그려져 있다. 일본은 녹색으로 채색되어 있고, 이들 섬들은 모두 한반도와 같은 황색으로 채색되어 있고 두 섬 옆에 조선의 것이라고 표기되어 있다. 이들 중 다케시마는 울릉도이지만 작은 섬은 독도인지 울릉도 옆에 있는 작은 섬(竹島)인지 문제가 되나 독도인 것으로 보여진다.[23]

나. 국제지도 증거법의 분석적 적용

첫째로, 삼국접양도의 '인증성'에 관해서 보건대, 이 지도가 조약이나 재판과 같은 법적 문서에 부속된 것이 아니므로 이의 '인증성'은 부인됨은 검토의 여지가 없다. 따라서 이는 울릉도와 독도가 한국의 영토라는 간접증거가 될 뿐이다.

둘째로, 삼국접양도의 '정확성'에 관해 보건대, 조선반도의 모양이 부정확하게 그려져 있으나 울릉도의 동쪽에 독도가 위치하고 있고 독도의 크기가 울릉도의 크기보다 작게 그려져 있으므로 이의 '정확성'은 일응 인정된다. 따라서 이의 '인증성'이 없어서 독도가 한국의 영토라는 간접적 증거의 증명력이 인정된다 할 것이다.

셋째로, 삼국접양도의 '공식성'에 관해 보건대, 이 지도는 사인인 하야시 시헤이(林子平)가 국가의 지시에 의하지 아니하고 사인의 자격

---

23) 김명기, 전주2, 59쪽.

으로 제작한 것이므로 이의 '공식성'은 부정된다. 특히 그가 자
비로 출판했다는 사실과 막부정부를 비판하다가 1792년에 지도
의 판본과 제본을 압수당했다는 사실은 이 지도의 '공식성'을 부
정할 만하다. 따라서 이 지도에 울릉도와 독도가 한국의 영토로
표시되었다는 일본정부의 확인·승인이 있었다고 볼 수 없고
일본정부는 금반언의 원칙에 따라 이를 근거로 한국의 영토가
아니라 일본의 영토라고 주장할 수 없는 것이 아니다.

넷째로, 삼국접양도의 '공정성'에 관해 보건대, 이는 일본지도이고 제3국
지도가 아니므로 이의 '공정성'은 부정된다.

11. 총회도(總繪圖)

가. 지도의 개요

총회도(總繪圖)는 18세기에 제작된 작자미상의 조선, 중국, 일본의 지도
이다. 조선, 일본, 중국의 색깔이 각기 달리 채색된 지도이다. 조선은 황
색, 일본은 적색이고, 울릉도와 독도는 조선의 색인 황색으로 채색했다.
그리고 그 옆에 "조선의 것"이라고 표기했다.[24]

나. 국제지도 증거법의 분석적 적용

첫째로, 총회도의 '인증성'에 관해서 보건대, 총회도가 조약이나 재판과
같은 법적 문서에 부속된 것이 아니므로 총회도의 '인증성'은
인정되지 아니한다. 따라서 울릉도와 독도가 한국의 영토라는
사실의 간접증거로 될 뿐이고 직접증거로 되지 아니한다.

둘째로, 총회도의 '정확성'에 관해 보건대, 조선, 일본, 중국의 영토의 색

---

24) 김명기, 전주2, 60-61쪽.

깔을 각기 달리 그리고 울릉도와 독도는 조선반도와 마찬가지
로 황색으로 착색한 것은 이는 총회도의 '정확성'을 인정할 수
있다고 본다. 총회도의 '인증성' 부정으로 총회도는 간접적 증거
로 됨에 불과하므로 '정확성'에 의한 증명력의 인정은 간접증거
의 증명력을 의미한다.

셋째로, 총회도의 '공식성'에 관해 보건대, 총회도의 제작자인 작자미상
이 일본의 국가기관 이었다는 사실이 인정된 바 없고, 또 그 미
상의 제작자가 총회도를 국가기관의 명령·지시·지원에 의해
총회도를 제작했다는 사실이 인정된바 없으므로 총회도의 '공
식성'은 인정되지 아니한다. 따라서 일본정부가 울릉도와 독도
를 한국의 영토로 확인·승인한 바 인정되지 아니하고 또한 이
에 의한 금반언의 효과도 발생하지 아니한다.

넷째로, 총회도의 '공정성'에 관해 보건대, 총회도는 제3국의 지도가 아
니라 일본의 지도이므로 이의 '공정성'은 인정하지 아니한다.

12. 일본국전도(日本國全圖)

가. 지도의 개요

일본국전도는 1891년 대교진태랑(大橋真太郎 오하시 신타로)이 제작한
일본지도이다.

동 지도는 일본 열도는 착색했으나 울릉도와 독도는 착색하지 아니하여
울릉도와 독도가 일본의 영토가 아님을 표시하고 있다.[25]

---

25) 김명기, 전주2, 60쪽.

나. 국제지도 증거법의 분석적 적용

첫째로, 일본국전도의 '인증성'에 관해서 보건대, 일본국전도가 조약이
나 재판과 같은 법적문서에 부속되어 있는 것이 아니므로 일본
국전도의 '인증성'은 인정되지 아니한다. 따라서 울릉도와 독도
가 일본의 영토가 아니라는 사실에 대해 이는 간접증거로만 인
정되고 직접증거로는 인정되지 아니한다.

둘째로, 일본국전도의 '정확성'에 관해 보건대, 울릉도와 독도를 일본의
본토와 다른 색으로 착색하여 울릉도와 독도가 일본의 영토가
아니라는 점에 관해서 일본국전도의 '정확성'은 인정된다. 그러
나 일본국전도의 '인증성'이 부정되므로 이 지도의 정확성은 간
접증거의 증명력을 인정하는 것이 된다.

셋째로, 일본국전도의 '공식성'에 관해 보건대, 일본국전도의 제작
자인 오하시 신타로(大橋真太郎)가 일본의 국가기관으로
서 이 지도를 제작한 것이 아니고 또한 일본의 국가기관의
명령이나 보고에 의해 이 지도를 제작한 것이 아니므로 이
지도의 '공식성'은 인정되지 아니한다. 따라서 일본정부가
울릉도와 독도는 일본의 영토가 아니라는 사실을 확인·
승인한 효력은 인정되지 아니하고, 이러한 확인·승인에
대한 금반언의 효과도 발생하지 아니한다.

넷째로, 일본국전도의 '공정성'에 관해 보건대, 이는 일본지도이고 이른바
제3국의 지도가 아니므로 이의 '공정성'은 인정되지 아니한다.

13. 일본전도(Karte von Japanischen Reiche)

가. 지도의 개요

네덜란드, 시볼트, 1840년, 68×92cm, 프랑스 국립도서관 소장.

이 지도는 동해상의 두 섬 독도와 울릉도에 대한 일본 지명의 이동을 유발하는데 결정적인 역할을 한다. 즉 1830년대에 제작된 이 지도에 "다카시마(아르고노트)섬 북위 37도 52분, 동경 129도 30분(브루틴-사실은 제임스 콜넷), 마쓰시마(다줄레)섬 북위 37도 52분, 동경 129도 30분(라페루즈)"이라고, 일본 지도상의 두 섬을 서양 지도상의 두섬에 대응시켰기 때문이다. 당시 일본에서 울릉도를 가리키는데 사용되고 있던 다케시마가 서양 지도상에 나타나있던 실존하지 않는 섬 '아르고노트(Argonaut)'에 맞추어지고, 다줄레(Dagelet)섬이라는 명칭으로 정확한 좌표에 올려져 있는 울릉도에, 독도에 대해 사용해 오던 마쓰시마를 붙인 것이다. 당시 서양의 지도와 해도는 가장 정확한 시볼트의 일본 지도를 따르게 되었다. 이 시기에는 독도는 서양 지도상에 나타나 있지 않았다.

독도는 프랑스 포경선 리앙쿠르호에 의해 1849년 1월 27일 목격된 1851년판 프랑스 해도와 수로지에 실려 알려지게 된다. 1860년대에 아르고노트 섬이 그 좌표에 존재하지 않는다는 점이 확인되면서 서양의 해도와 지도에서 사라진다. 이때 '다케시마'라는 명칭도 함께 없어진다. 그 후 서양 지도상의 울릉도와 독도에 대한 표준은 좌표가 정확한 다줄레(Dagelet, 마쓰시마, 울릉도)와 리앙쿠르 바위섬(Rochers Liancourt/ Liancourt Rocks)으로 확정된다. 독도에 대해서는 20세기 초까지 동양 이름은 어떤 것도 사용되지 않았다.

이런 서양 지도와 해도가 일본에 유입되면서, 19세기 후반에 일본에서는 독도와 울릉도의 명치에 일대 혼란이 일어났다. 결국 일본에서도 울릉를 '마쓰시마(松島)'로 부르게 되었다. 즉 그때까지 독도를 가리키던 명칭 '마쓰시마'가 울릉도로 옮겨진 것이다. 독도에 대해서는 명칭이 없어서 서양 이름 리앙쿠르의 일본식 발음 '량코 도(島)', 등으로 부르다가, 1905년 시마네 현 고시를 통해 "북위 37도 9분 30초, 동경 131도 55분, 오키노시마로부터 서북 85해리 거리에 있는 도서를 '다케시마(竹島)'라 칭(稱)하고 …" 라고 하여, 독도에 '다케시마'라는 명칭을 붙이게 되었다.26)

나. 국제지도 증거법의 분석적 적용

첫째로, 이 지도의 '인증성'에 관해 보건대, 이 지도가 조약이나 재판과 같은 법적문서에 부속된 것이 아니므로 이 지도의 '인증성'은 인정될 수 없다. 따라서 이 지도는 간접증거로 될 뿐 직접증거로 인정될 수 없다.

둘째로, 이 지도의 '정확성'에 관해 보건대, 이 지도에 울릉도와 독도의 위치를 위도와 경도로 표시하고 있는 점으로 보아 일응 이의 '정확성'은 인정된다. 따라서 이 지도의 증명력은 인정된다.

셋째로, 이 지도의 '공식성'에 관해 보건대, 이 시볼트가 네덜란드의 국가기관이 아니었으므로 이 지도의 '공식성'은 부정된다. 따라서 네덜란드가 독도를 한국의 영토로 확인·승인한 효력은 발생하지 아니한다.

넷째로, 이 지도의 '공정성'에 관해 보건대, 이 지도가 한국지도도 일본지도도 아니고 제3국인 네덜란드의 지도이므로 이의 '공정성'은 인정된다. 그러므로 이 지도의 객관성은 인정된다.

---

26) 이진명, 「일본전도」, 한국해양수산개발원, 『독도사전』(서울: 한국해양수산개발원, 2011), 276쪽.

14. 일본영역참고도(日本領域参考図)

가. 지도의 개요

일본영역참고도(日本領域参考図)는 위에 정의한 독도고지도에 표시되어 있지 않다. 그러나 중요한 조약이므로 이를 여기서 간략히 논급하기로 한다.

일본영역참고도(日本領域参考図)는1951년 9월 8일 대일평화조약이 48개 연합국과 일본간에 서명되고, 미국이 비준절차를 마친 1952년 4월 28일 발효되었다. 그 이전인 1951년 10월 20일, 일본 외무성이 평화조약 체결에 대한 승인을 구하기 위해 중의원 '평화조약 및 일·미 안전보장조약 특별위원회'에서 『일본국과의 평화조약 설명서』를 제출할 때 함께 배포한 첨부지도이다. 지도는 일본이 연합국과 대일 평화조약을 체결하기 한 달 전인 1951년 8월 해상보안청 수로부가 작성한 것이다. 지도에는 '어선 조업 허가구역'이 단선으로 표시되어 있고, 주변 섬들 근처에 일본의 영역이 짧은 곡선으로 표시되어 있다. 또한 다케시마(竹島)와 남서쪽 '구치노시마(口之島)' 등이 일본 영역 밖으로 그려져 있으며, 남쪽의 소후암(孀婦岩)까지는 일본 영역으로 그려져 있다.

이 지도는 중의원에 제출되었다가 문제가 되자 정부 측이 바로 회수했으므로 참의원에는 제출되지 않았다. 그러나 10월 26일 중의원 본회의에서 11월 18일 참의원 본회의에서 각각 비준 승인이 가결되었다. 중의원 본회의와 참의원 본회의에 각각 이 지도가 배포되었는지도 명백하지 아니하다.

일본영역참고도외 일본영역도의 큰 차이는 전자는 공적지도이고 후자는 사적지도라는데 있다.[27]

---

27) 김병렬·유미림, 「일본영역참고도」, 『독도사전』(개정증보판), 364쪽; 정태만, 「일본영역참고도와 대일평화조약」, 『독도연구』 제19호, 2019, 200-233쪽.

나. 국제지도 증거법의 분석적 적용

(1) 일본영역참고도의 인증성

일본영역참고도는 조약이나 재판과 같은 법적문서에 부속된 것이 아니므로 이의 인증성은 부정됨은 검토의 여지가 없다. 인증성이 없는 지도는 간접증거에 불과하므로 이의 증거로서의 허용성은 부정된다. 따라서 독도는 한국의 영토이다는 근거로 일본영역참고도를 그 증거로 제시할 수 없다. 다만 이 지도의 공식성을 근거로 일본이 독도를 한국의 영토라고 승인했다는 주장을 할 수 있다. 이에 관해서는 일본영역참고도의 '공식성'에서 후술하기로 한다.

(2) 일본영역참고도의 정확성

일본영역참고도는 단선으로 어선조업허가구역이 표시되어 있고 주변 섬들이 자세히 표시되어 있고 일본 섬들은 짧은 곡선으로 정확히 표시되어 있다. 구치노시마(口之島)와 다케시마(竹島)는 일본영역 밖으로 표시되어 있다. 비교적 작은 섬들을 정확히 표시하고 있다고 볼 수 있으므로 이 지도의 정확성은 일응 인정된다. 따라서 이 지도의 증명력은 인정된다고 볼 수 있다. 물론 이 지도의 인증성은 부정되므로 이 지도의 정확성은 간접증거로서의 정확성이다.

(3) 일본영역참고도의 공식성

일본영역참고도는 (ⅰ) 일본의 국가기관인 일본수산보안청 수로부에 의해 제작되고, (ⅱ) 일본외무성이 중의원에 제출한 "일본과의 평화조약설명서"에 첨부되어 있으므로 일본영역참고도의 공식성은 2중으로 인정된다.

(가) 일본외무성에 의한 공식성의 인정

일본영역참고도는 일본외무성이 중의원에 제출한 "일본과의 평화조약

설명서"에 첨부된 것이므로 이 공문서이고 이 공문서를 제작한 일본외무성이 일본의 국가기관임이 명백하므로 이 지도의 공식성은 검토의 여지없이 인정된다.

(ⅰ) 문제는 동 설명서가 중의원에 제출되었다가 일본외무성이 이를 철회했다는 점에 있다.

　① 이 철회의 법적 성격을 취소로 보면 취소는 일반적 효력이 있는 것이므로 동 설명서는 소급적으로 부존재로 되고 이에 부속된 일본영역참고도도 소급적으로 부존재 되어 결국 일본영역참고도의 공식성은 소급적으로 부존재 되고 만다.

　② 이 철회의 법적 성격을 철회로 보면 철회는 일반적으로 소급적 효력이 없는 것이므로 철회 시에 동 설명서는 부존재로 인정되고 따라서 동 설명서의 부존재는 이에 첨부된 일본영역참고도의 부존재로 되어 동 설명서의 공식성은 부정되고 따라서 이에 첨부된 일본영역참고도의 공식성도 철회 시에 부존재로 되고 만다. 요컨대, 동 설명서에 첨부된 일본영역참고도의 공식성은 동 설명서의 철회를 취소로 보든 철회로 보든 부존재로 되고 만다.

(ⅱ) 또 다른 문제는 동 철회가 중의원에서만 철회된 것이나 참의원에서도 철회된 것으로 되느냐의 문제이다.

　① 일본외무성이 비준동의요청서를 중의원과 참의원에 각각 제출하는 것이 당시 일본국법의 규정이고 또한 관행이라면 동 설명서의 철회는 중의원만의 철회로 되고 동 설명서에 첨부된 일본영역참고도의 공식성은 중의원과의 관계에서만 부존재로 되고 만다.

　② 일본외무성이 비준동의요청서를 국회에 제출하고 국회의장이 이를 중의원과 참의원에 송부하는 것이 당시 일본국내법의 규정이고 또한 관행이라면 동 설명서의 철회는 국회로부터의 철회로 되어 일본영역참고도의 공식성도 국회로부터 부존재로 되게 된다.

(나) 일본수상보안청에 의한 공식성의 인정

일본영역참고도는 일본수상보안청 산하 수로부가 제작한 것이고 일본해상보안청 산하 수로부가 일본의 국가 기관임이 명백한 것이므로 일본영역참고도의 공식성 또한 명확한 것이다. 그리고 일본영역참고도의 공식성은 일본외무성에 의한 공식성과 일본해상보안청에 의한 공식성은 경합적으로 요구되는 것이 아니라 획일적으로 요구되는 것이므로 일본외무성에 의해 공식성이 부정되어도 일본수상보안청 수로부에의 공식성의 인정은 부정되는 것이 아니므로 결국 일본영역참고도의 공식성은 일본해상보안청 수로부에 의해 인정되는 것이다. 요컨대, 일본영역참고도의 공식성은 형식적으로 2중성을 갖는 것이지만 실질적으로는 2중성을 갖는 것이 아니라고 할 수 있다.

요컨대, 일본영역참고도의 인증성은 인정되지 아니하므로 일본영역참고도는 간접증거로 될 뿐 직접증거로 인정되지 아니한다. 따라서 독도가 한국의 영토로 표시되어 있어도 한국은 그것을 근거로 독도는 한국의 영토이다고 주장할 수 없다. 그러나 일본영역참고도의 공식성은 인정되므로, 일본정부가 독도를 한국의 영토로 승인한 효력과 그에 따른 금반언의 효력이 인정된다. 그러므로 한국정부는 일본영역참고도를 근거로 일본이 독도를 일본영역참고도를 통해 독도를 한국의 영토로 승인한 바 있다고 주장 할 수 있고 일본정부는 독도를 한국의 영토로 승인한 것과 모순·저촉되는 주장을 할 수 없다.

물론 이 지도의 공식성이 인정된다고 해서 이 지도의 인증성이 인정되는 것은 물론 아닙니다.

(4) 일본영역참고도의 공정성

일본영역참고도는 일본지도이고 제3국지도가 아니므로 이의 '공정성'은 부정됨은 검토의 여지가 없다. 이 지도가 독도를 일본의 영토로 표시한 것이 아니므로 '공정성'의 부정은 별의미가 없다고 본다.

III. 제3국지도

1. Corée

가. 지도의 개요

한국(Corée)은 1874년 프랑스의 선교사였던 달렛(C.C.Dallet)이 『한국의 천주교사』(A History of the Church in Korea)를 저술하였는데 이 저서 속에 수록되어 있는 지도이다.

한반도가 오늘의 지도와 거의 같게 그려져 있고 동해에 울릉도와 독도를 위치시키고 있으며 울릉도를 Oul leng to로 독도를 Ou-san으로 각각 표기하고, 독도는 울릉도의 동쪽에 위치하고 있다.[28]

나. 국제지도 증거법 규칙의 적용

첫째로, 이 지도의 '인증성'에 관해 보건대, 이 지도가 조약이나 재판과 같은 법적 문서에 첨부된 것이 아니므로 이의 '인증성'은 부정된다. 따라서 이 지도는 간접적 증거에 불과하고 직접적 증거로 될 수 없다.

둘째로, 이 지도의 '정확성'에 관해 보건대, 울릉도의 크기가 독도의 크기보다 크게 그리고, 독도가 울릉도의 동쪽에 위치한 것으로 보아 이의 '정확성'은 인정된다.

셋째로, 이 지도의 '공식성'에 관해 보건대, 이는 프랑스 정부가 제작한 것이 아니고 프랑스 정부의 요청이나 지원에 의해 제작한 것이 아니므로 이의 '공식성'은 부정된다. 따라서 프랑스가 독도를

---

28) 이상태, 『사료가 증명하는 독도는 한국땅』(서울: 경세원, 2007), 146쪽.

한국의 영토로 확인·승인한 효력은 인정되지 아니하고, 금반
언의 효과도 인정되지 아니한다.
넷째로, 이 지도의 '공정성'에 관해 보건대, 이 지도는 이른바 제3국의
지도이므로 이의 '공정성'은 인정된다.

2. Carte Generale De La Chinoise(중국전도)

가. 지도의 개요

중국전도는 프랑스 왕실 지리학자 당빌(C.J.B.B.D'Anville)이 1731년에 제
작한 지도이다. 이 지도에 지명 표기는 중국의 발음을 따랐다. 울릉도와
독도가 동해에 위치하고 있으며, 독도는 천산도(千山島)의 중국 발음에 따
라 Tchiong-chan too로 표기하고 있다.[29]

나. 국제지도 증거법 규칙의 적용

(i) 중국전도의 '인증성'에 관해 보건대, 이 지도가 조약이나 재판과 같
은 법적 문서에 부속된 것이 아니므로 이 지도의 '인증성'은 인정될
수 없다. 따라서 이 지도는 간접증거로 될 뿐이고 직접증거로 인정
될 수 없다.
(ii) 중국전도의 '정확성'에 관해 보건대, 독도가 울릉도의 서쪽에 그려
져 있지 아니하며 이 지도의 '정확성'은 인정될 수 없다. 따라서 이
지도는 간접적 증거의 증명력은 감쇄되고 있다.
(iii) 이 지도의 '공식성'에 관해 보건대, 중국전도는 프랑스 왕실에서 제

---

29) 동북아역사재단, 『고지도에 나타난 동해와 독도』(서울: 동북아역사재단, 2008),
76-77쪽.

작한 것이므로 이의 '공식성'은 인정된다. 따라서 프랑스는 독도를 한국의 영토로 확인·승인한 것이 되며 금반언의 효력에 따라 프랑스는 독도를 한국의 영토이다에 반하는 주장은 할 수 없다.

3. Carte du Royaume de Corée(조선왕국전도)

가. 지도의 개요

프랑스, 당빌(Jean Baptiste Bourguignon d'Anville), 1720년경, 52×75cm, 서울역사박물관/ 프랑스 국립도서관 소장.

조선왕국도는 프랑스의 왕실 지리학자 당빌(Joan Baptiste D'Anvillo)이 제작한 지도이다. 중국의 발음을 따라 울릉도를 Fantling-to로, 독도(于山島)를 Tchian-chan-too로 각각 표기하고 있다. 이 지도에는 동해에 독도와 울릉도를 위치시키고 있다. 그리고 독도를 울릉도의 서쪽에 위치시키고 있다. 그러나 조선왕국도에 독도를 표기하고 있으므로 이는 독도를 조선의 영토로 보고 있다.[30)]

나. 국제지도 증거법 규칙의 적용

첫째로, 이 지도의 '인증성'에 관해 보건대, 이 지도가 조약이나 재판과 같은 법적 문서에 부속된 것이 아니므로 이의 '인증성'은 인정될 수 없다. 따라서 이 지도는 독도가 조선의 영토라는 사실의 간접적 증거로 될 뿐 직접적 증거로는 인정되지 아니한다.

둘째로, 이 지도의 '정확성'에 관해 보건대, 이 지도에 울릉도와 독도가

---

30) 동북아역사재단, 『고지도에 나타난 동해와 독도』(서울: 동북아역사재단, 2008), 79쪽.

동해에 위치하고 있으나 독도를 울릉도의 서쪽에 위치시키고 있으므로 일응 이 지도의 '정확성'은 인정될 수 없다.

셋째로, 이 지도의 '공식성'에 관해 보건대, 이 지도의 제작자가 프랑스의 왕실 지리학자이므로 이 지도의 '공식성'은 인정된다. 따라서 프랑스는 독도를 한국의 영토로 확인·승인한 효력과 이에 따른 금반언의 효과가 인정된다.

넷째로, 이 지도의 '공정성'에 관해 보건대, 이 지도는 한국지도도 일본지도도 아닌 제3국인 프랑스의 지도이므로 이의 '공정성'도 인정된다고 본다. 따라서 이 지도가 독도는 한국의 영토이다는 사실의 간접증거이지만 공정성이 인정되어 객관적 타당성을 갖는다고 본다.

4. 대지전구일람지도 (大地全球一覽地圖)

가. 지도의 개요

대지전구일람지도(大地全球一覽地圖)는 1851-1861년에 중국 육엄(六嚴)이 제작한 지도이다. 이 지도는 두 가지 색으로 목판 인쇄한 것이다. 대부분의 내용은 검정색으로 국명과 조선과 일본의 도성, 청의 성은 붉은 색으로 표시된다. 육엄은 청 후기의 유명한 지도 제작자이다.

지도의 조선 부분을 보면 울릉도를 완릉도(宛陵島)로, 독도를 천산도(千山島)로 각각 표기하고 있다. 이는 황여전람도의 영향을 받은 것으로 보여 진다.[31]

---

31) 이명희, 「중국 고지도가 증명하는 독도 영유권」, 『독도연구』 제15호, 2013, 113-116쪽.

나. 국제지도 증거법 규칙의 적용

첫째로, 대지전구일람지도의 '인증성'에 관해 보건대, 이 지도가 조약이
　　　　나 재판과 같은 법적 문서에 첨부된 것이 아니므로 이의 '인증
　　　　성'은 부정된다. 따라서 이 지도에 의해 독도가 한국의 영토라는
　　　　증거는 간접적 증거에 불과하며 직접적 증거로 되지 아니한다.
둘째로, 대지전구일람지도의 '정확성'에 관해 보건대, 한국의 울릉도와
　　　　독도가 표기되어 있는 것으로 보아 그 명칭이 또한 다르나 일
　　　　응 지도의 '정확성'은 인정된다고 본다. 따라서 이 지도는 간접
　　　　증거이지만 그의 증명력은 인정된다 할 것이다.
셋째로, 대지전구일람지도의 '공식성'에 관해 보건대, 이 지도의 제작자
　　　　육엄이 청국의 국가기관이 아니었고 또 국가기관의 지시나 지
　　　　원에 의해 이 지도를 제작한 것이 아니므로 이 지도의 '공식성'
　　　　은 인정되지 아니한다. 따라서 청국이 독도는 한국의 영토라고
　　　　확인·승인한 효력은 발생하지 아니하고 이에 관한 금반언의
　　　　효과도 발생하지 아니한다.
넷째로, 대지전구일람지도의 '공정성'에 관해 보건대, 이 지도는 청국의
　　　　지도이고 일본지도도 한국지도도 아니므로, 즉 이 지도는 제3
　　　　국의 지도이므로 이 지도의 '공정성'은 인정된다.

5. The Empire of Japan

가. 지도의 개요

이 지도(The Empire of Japan, 일본제국)는 영국인 웰러(weller)가 1863년
에 제작한 지도이다. 이 지도에는 동해에 울릉도와 독도가 그려져 있으며

울릉도를 Matsusima로 독도를 Hornet으로 각각 표기하고 있다.[32]

나. 국제지도 증거법 규칙의 적용

첫째로, 일본제국이라는 지도의 '인증성'에 관해 보건대, 이 일본제국지
　　　도가 조약이나 재판과 같은 법적 문서에 부속된 것이 아니므로
　　　이의 '인증성'은 인정되지 아니한다. 따라서 이 지도에 의해 독
　　　도가 한국의 영토라는 증거는 간접증거에 불과하며 직접증거로
　　　인정되지 아니한다.
둘째로, 이 지도의 '정확성'에 관해 보건대, 동해에 울릉도와 독도를 위치시
　　　키고 독도를 울릉도의 동쪽에 위치시키고 있으므로 울릉도와 독
　　　도의 명칭이 다소 차이는 있으나 이의 '정확성'은 인정된다고 본
　　　다. 따라서 이 지도는 간접증거의 증명력을 인정하는 것이 된다.
셋째로, 이 지도의 '공식성'에 관해 보건대, 이 지도의 제작자가 영국의
　　　국가기관이 아니고 또 제작자가 국가기관의 지시나 지원에 의
　　　해 이 지도를 제작했다는 증거가 없는 한 이 지도의 '공식성'은
　　　인정되지 아니한다. 따라서 영국이 울릉도와 독도를 한국의 영
　　　토로 확인·승인한 효력은 발생하지 아니한다.
넷째로, 이 지도의 '공정성'에 관해 보건대, 이 지도는 한국지도도 일
　　　본지도도 아닌 제3국의 지도이므로 이 지도의 '공정성'은 인
　　　정된다.

---

32) 서정철, 「서양 고지도가 증명하는 독도영유권」, 『독도연구』 제15호, 2013, 133쪽.

6. 황여전람도(皇輿全覽圖)

가. 지도의 개요

황여전람도(皇輿全覽圖)는 1778년에 중국 최초로 전국의 주요 지점에 대한 경위도를 실측한 자료를 바탕으로 제작한 지도이다. 1708년에서 1717년까지 청의 강희제는 전국을 측량하고 이 측량 자료를 기초로 황여전람도를 제작했다. 이 지도에는 독도가 명확하게 표시된 중국의 최초의 지도이다. 이 지도에는 울릉도를 완릉도(宛陵島)로, 우산도를 천산도(千山島)로 표기되어 있다. 완릉도 서쪽에 천산도가 위치하고 있다.[33]

나. 국제지도 증거법 규칙의 적용

첫째로, '인증성'에 관해 보건대, 황여전람도가 조약이나 재판과 같은 법적 문서에 부속된 지도가 아니므로 이의 '인증성'은 인정될 수 없다. 따라서 이 지도는 독도가 한국의 영토라는 사실의 간접적 증거일 뿐 직접적 증거는 아니다.

둘째로, '정확성'에 관해 보건대, 완릉도의 서쪽에 천산도가 위치하고 있고 울릉도를 완릉도로, 우산도를 천산도로 각각 표기하고 있는 점으로 보아 이 지도의 '정확성'은 부정된다. 따라서 이 지도는 증명력은 감쇄된다.

셋째로, '공식성'에 관해 보건대, 이 지도는 청나라의 강희제가 지휘하여 제작된 것이므로 이 지도의 '공식성'은 인정된다. 따라서 청국이 울릉도와 독도를 한국의 영토로 확인·승인한 효력이 인정된다. 그러므로 중국은 금반언의 효력을 분담하는 것이 된다.

---

33) 이상태, 「아시아 고지도로 보는 독도 영유권」, 『세계일보』, 제2회 독도국제포럼, 2019.11.14. 프레스센터, 15쪽.

넷째로, '공정성'에 관해 보건대, 이는 한국지도도 일본지도도 아니고, 제3국인 중국의 지도 이므로 이의 '공정성'은 인정된다.

7. Kang Neung(간능)

가. 지도의 개요

Kang Neung(간능)은 프랑스 국립지리원의 전신인 군지도제작소가 1898년에 아시아 지역의 군사적 · 상업적 목적으로 제작한 지도이다. 울릉도와 독도가 동해에 위치하고 그 명칭을 문자로 부기하고 있다.

독도를 울릉도의 동서쪽에 위치시키고 있다. 울릉도의 명칭은 He Dagele 외에 3개의 명칭을 부기하고 독도의 명칭은 서도를 Seala Osioutsa 로 동도를 Seala Manelai로 각각 표기하고 또한 독도를 Rockes Liancourt, He Hornet 로 하여 표기하고 있다.[34]

나. 국제지도증거법의 적용

첫째로, 간능도의 '인증성'에 관해 보건대, 이 지도가 조약이나 재판과 같은 법적 문서에 부속된 것이 아니므로 이의 '인증성'은 인정될 수 없다. 따라서 이 지도에 의해 독도는 한국의 영토라는 사실의 간접적 증거일 뿐 직접적 증거로 인정될 수 없다.

둘째로, 간능도의 '정확성'에 관해 보건대, 동해에 울릉도와 독도를 위치시키고 독도를 울릉도의 서쪽에 위치시키고 있는 점으로 보아 이 지도의 '정확성'은 인정된다. 그러나 이 지도의 '인증성'이 인

---

34) 동북아역사재단, 『고지도에 나타난 동해와 독도』(서울: 동북아역사재단, 2008), 98-99쪽.

정되지 아니하므로 이는 간접증거의 '정확성'을 인정하며 간접
증거의 증명력을 인정하는 것이 된다.

셋째로, 이 지도의 '공식성'에 관해 보건대, 이 지도는 프랑스의 군지도
제작소가 제작한 것이므로 이의 '공식성'은 인정된다. 따라서
프랑스가 이 지도를 통해 독도는 한국의 영토이다는 사실을 승
인·확인한 효력이 인정되며 또한 이에 의거한 금반언의 효력
이 인정된다.

넷째로, 이 지도의 '공정성'에 관해 보건대, 이 지도는 한국지도도 일본
지도도 아닌 제3국 프랑스의 지도이므로 이 지도의 '공정성'은
인정된다.

이상에서 고찰해 본 바와 같이 독도가 한국의 영토로 표시된 한국의 지
도 외 일본의 지도가 다수 있다. 이들은 역사적·지리적으로 독도가 한국
의 영토로 인정할 근거가 된다할 것이다. 그러나 이들이 '국제법적'으로 독
도가 한국의 영토로 인정할 직접적 증거로 인정되지 아니한다.

지도가 국제법상으로는 이른바 '인증성'이 없는 자료로 간접적 증거에
불과하고, 증거로 수용능력이 없는 지도에 불과한 것이다. 그러므로 독도
가 한국의 영토로 국제법상 인정되기 위해서는 독도를 한국의 영토로 표
시한 지도가 '인증성'이 있어야 하고 또한 '정확성'이 있어야 한다. 그러나
전기한 독도 고지도는 대부분 '인증성'을 결하고 또 상당부분은 '정확성'을
결하고 있다. 그러므로 이러한 독도 고지도는 "독도는 역사적·지리적·국
제법적으로 한국의 영토"라고 할 수 없다. 그러나 "독도는 역사적·지리적
으로 한국의 영토이다"라고 할 수 있다. "독도는 역사적·지리적·국제법
적으로 한국의 영토이다"라고하기 위해서는 사학자·지리학자가 인증성
과 정확성이 있는 독도고지도를 발굴해내야 할 것이다.

여기 국제법적으로 독도는 한국의 영토라고 할 수 없다는 것은 독도 고
지도를 근거로 한 것에 한하고, SCAPIN 제677호를 근거로, 대일평화조약
을 근거로 독도는 국제법적으로 한국의 영토임은 물론이다.

독도 고지도를 근거로 독도는 역사적 · 지리적 · 국제법적으로 한국의 영토라고하기 위해서는 역사학, 지리학, 국제법학의 학제연구가 절실히 요구된다.

제3절 인증성이 없는 지도는 간접증거에 불과하다의 의미

〈목 차〉

Ⅰ. 증거의 의의

법의 적용을 위해서는 법의 적용의 대상인 개별적·구체적 사실의 확정 (establishment of fact)이 필요하다. 사실의 확정은 주로 입증(testify)의 방법 에 의하게 된다. 입증은 증거에 의한 사실의 확정이다. 그러므로 증거 (evidence)는 사실의 확정을 위한 인적·물적 자료를 의미한다.[1]

Ⅱ. 직접증거와 간접증거

증거는 그의 형태에 따라 직접증거(direct evidence)와 간접증거(indirect

---

[1] Jesoph H.Nolan and M.J.Connely (eds.), *Black's Law Dictionary*, 5th ed.(St. Paul Miniuest Publishing, 2006), p.91.

evidence)로 구분된다.[2] 직접증거는 요즘사실을 직접적으로 증명하는 증거이
며 이는 요즘사실을 다른 사실로부터 추리(inference) 또는 추정(presumption)
없이 결정적으로(conclusively) 증명하는 증거이다.[3] 간접증거는 요즘사실을
간접적으로 증명하는 증거이다. 이는 특정사실의 존재 또는 부존재를 지
적하는 정황의 연쇄의 증거이다.(proof of a chain of circumstances pointing
the existence or non-evidence)[4]

예컨대, A국의 전투기가 B국의 원자로에 기총소사를 한 사진에 관하여,
(ⅰ) C국의 전투기 조종사 X가 A국의 전투기가 B국의 원자로에 대해 기
총소사를 하는 것을 목격하고 A국의 전투기가 B국의 원자로에 기
총소사를 하는 것을 보았다는 증언은 직접증거이다.
(ⅱ) 위의 예에서 A국의 전투기가 공해에서 B국의 영공으로 진입하는
것을 목격했다는 D국의 전투기 조종사 Y의 증언, A국의 전투기가
B국의 원자로를 향해 급하강 하는 것이 레이더에 포착되었다는 B
국의 레이더 조종사 Z의 증언, B국의 원자로 부근에 떨어진 증기관
총 탄피가 A국의 제품이다는 B국의 원자로 근무자 W의 증언 등은
정황증거이다.
(ⅲ) 위의 예에서 Y의 목격담을 들었다는 V의 증언은 전문증거이다.

간접증거와 정황증거(circumstantial evidence)를 동의이어로 사용하기도
하고,[5] 간접증거는 정황증거와 전문증거(hearsay evidence)를 포함하는 의
미로 사용되기도 한다.[6] 이 연구에서는 후자의 견해를 따르기로 한다.

---

2) *Ibid.*, p.499.
3) *Ibid.*
4) *Ibid.*
5) Elizabeth A. Martin and Joathan, *Dictionary of Law*(Oxford: Oxford University Press,
2006), p.91.
6) 저자는 다른 저서에서 여기 admissibility 를 증명력으로 해석한바 있으나(김명기,
『독도의 영유권과 국제재판』(파주: 한국학술정보, 2012, 137-139쪽), 이 연구에서

Corfu Channel Case 에서도 후자의 입장에서 정황증거의 전문증거를 구별하여 판시하였다. 전자의 견해에 따르면 전문증거는 직접증거에 포함되는 것으로 되어 불합리할 뿐 아니라 이는 국제 관행에도 반하는 것으로 된다.[7]

III. 증거의 허용성

직접증거와 간접증거의 구분은 증거의 허용성(admissibility of as evidence)의 인부에 관한 것이다. 증거의 허용성은 증거능력의 전제이고, 증거능력은 증명력의 전제이다. 증거의 허용성은 부정하고 이를 증거능력(admission of evidence)의 개념에 포섭시키는 것이 다수의 견해이다. 이 다수의 견해에 의하면 이는 간접증거의 허용성 부정의 판례에 저촉되고 또한 모든 증거는 원칙적으로 증거능력이 있다는 원칙(국제사법재판소 규칙 제44조 제1항, 제56조)에도 저촉된다. 그러므로 이 연구에서는 증거능력 상위에 증거의 허용성이 있다는 입장을 견지하기로 한다. 이 입장에 의하면 증거의 허용성 하위에 증거능력이 있고, 증거능력 하위에 증명력이 있는 것으로 된다. 국제법과 전문증거의 허용성은 전적으로 부정되는데 반해 정황증거의 허용성은 예외적으로 인정된다.[8]

는 이를 변경하여 "증거의 허용성"이라는 개념을 인정하기로 한다. '증거의 허용성'을 '제1차적 증거능력', '증거능력'을 '제2차적 증거능력'이라 할 수도 있다. 그러나 '증거의 허용성'의 개념을 인정하는 것이 더 명확한 것으로 본다.

7) *Corfu Channel* Case 에서도 정황증거와 전문증거로 구분하여 전자는 예외적으로 허용하면서 후자는 허용하지 아니하는 것으로 판결한 바 있다.(ICJ, *Reports*, 1949, pp.17-18, Shabtai Rosenne, *Law and Procedare of the International Court of Justice, 1920-1996*, 3rd ed., Vol.3, (Hague: Martinus Nijho, 1997), pp.17-18, 1090-1091.

8) *Ibid.*, pp.1086-1087, 2090-2091.

Corfu Channel Case 에서 국제사법재판소는 최초로 정황증거의 허용성을 인정하면서[9] 다음과 같은 요건을 제시했다.

  ⅰ) 영토와 영해상에서 국제법에 반하는 행위의 야기 : 국가는 그의 영토와 영해상에 국제법에 반하는 행위가 야기되면 정황증거는 허용된다 (a state on whose territory and territorial waters on act contrary to international Law).[10]
  ⅱ) 합리적 의심의 여지 부존재 : 사실의 추정이 합리적 의심의 여지가 없어야 한다(no room for reasonable doubt).[11]

위와 같은 요건이 충족되면 정황증거는 증거로 허용된다는 판결이다. 이 판결의 반대 해석으로 위와 같은 요건이 충족되지 아니한 정황증거는 증거로서 허용되지 아니한다는 것이다. 이와는 반대로 전문증거는 예외 없이 허용되지 아니한다.[12] 따라서 지도는 성질상 위 요건 중 ⅱ)의 요건을 충족할 수 없으므로 정황증거로서의 허용성이 인정되지 아니한다. 지도는 전문증거이므로[13] 지도는 증거로서 허용되지 아니한다. 요컨대, 지도는 정황증거(전문증거 제외)로서의 간접증거로 모든 전문증거로서의 간

9) ICJ, *Reports*, 1949, pp.9-34; I.Y.Chung, *Legal Problems Involved in the Corfu Channel Incident*(Geneva: L.E.Dort, 1957), pp.123-124; Kotberine Del Mar, "The International Court of Justice and standard of Proof" in Karine Bannelie, Teodore Christoks and Sahrah Heathcote (eds.), *The ICJ and the Evolution of International Law*(London Rowtledge, 2010), p.55.
10) ICJ, *Reports*, 1949, p.18
11) *Ibid.*
12) *Ibid.*, p.17
13) D.V. Sandifer, *Evidence before International Tribunals* re. ed. (Chicago: Chicago University Press, 1975), p.157; G. Weisberg, "Maps as Evidence in International Boundary Disputes," *AJIL* Vol.57, 1963, pp.784-785. 이것이 통설이다. 지도의 제작자(측량기사, 토목기사, 제도기사, 감독기사 등)가 그의 지식과 경험에 의해 인식한 사실의 표현이 직접증거이고 인식한 사실의 표현을 지면상에 표시한 지도는 간접증거인 것이다.

접증거로 모든 증거로서의 허용성이 인정되지 아니한다.

"인증성이 없는 지도는 간접증거에 불과하다"는 의미는 "인증성이 없는 지도는 증거로 허용되지 아니한다"는 의미이고, "인증성이 없는 지도는 증거로 인정되지 아니한다"는 의미는 "인증성이 없는 지도는 증거로 인정되지 아니한다"는 의미이고, "인증성이 없는 지도는 증거로 인정되지 아니한다"는 의미는 "인증성이 없는 지도를 근거로 지도상에 표시된 사실을 주장할 수 없다"는 의미인 것이다.

따라서 독도고지도가 인증성이 없어서 간접증거에 불과하다는 의미는 그 지도에 독도는 한국의 영토로 표시되어 있어도 그것을 근거로 독도는 한국의 영토이다고 주장할 수 없는 것이다.

지리학에서 지도를 "간결하고 특별한 정보"(consie and spatial information)라고도 정의한다.[14] 정보(information)는 첩보(intelligence)를 분석 · 평가하여 얻은 판단사실의 보급(dissemination of judgment facts)을 뜻하므로 첩보는 본래 증거(original evidence)이고 정보는 전문증거(hearsay evidence)라 할 수 있다. 그러므로 지리학에서도 지도를 전문증거로 보고 있다고 할 수 있다.

---

14) Shivanand Balram, "Maps and Globes" in *Encyclopedia of World Geography*, Vol.2 (New York: Facts On File, 2005), p.583.

결론

결론

〈목 차〉

I. 요약
II. 정책대안의 제의

I. 요약

상술한 바와 같이 (ⅰ) 독도고지도는 역사적·지리적으로는 독도가 한국의 영토라는 근거로 되나, 국제법적으로는 독도가 한국의 영토라는 근거로 되지 아니한다. (ⅱ) 우리정부의 독도에 대한 기본입장인 "독도는 역사적·지리적·국제법적으로 한국의 영토이다"는 명제에서 역사적·지리적·국제법적이라는 개념은 택일적인 것이 아니라 경합적인 것이므로 국제법적으로가 배제된 역사적·지리적으로만 독도고지도가 독도는 한국의 영토인 근거가 된다는 것은 결국 독도고지도는 독도가 한국의 영토라는 국제법적 근거로 되지 아니한다.

그러나 독도고지도에 의해서 독도는 국제법상 한국의 영토가 되지 아니하지만 이와는 별도로 대일강화조약상, 맥아더라인상, SCAPIN No.677상 독도는 국제법상 명백한 한국의 영토인 것이다.

II. 정책대안의 제의

1. 독도고지도의 연구 학자와 전문가에 대한 제의

위의 결론에 따라 독도 관련 지도에 대해 특히 이에 관해 심도 있는 연구로 헌신적인 공헌을 해 온 학자와 전문가에게 다음과 같은 제의를 한다. 제의의 대상인 지도는 진술 "V.독도와 고지도"에서 열거된 것에 한정하지 아니한다.

(ⅰ) 한국의 지도이건 일본의 지도이건 인증지도와 그 이외의 지도를 구분하여 그의 직접 증거 여부를 검토 정리한다. 지도의 인증성 여부를 결정할 때는 관련된 지도의 법적 문서 문본이 '조약'과 '재판'에 관한 것과 그 이외의 것으로 구분하여 전자에 관해서만 지도의 인증성이 인정됨을 고려한다.

(ⅱ) 한국의 지도이건 일본의 지도이건 정확성이 있는 지도와 정확성이 없는 지도를 구분하여 증명력을 검토 정리한다.

(ⅲ) 한국의 지도를 공식지도와 사적 지도로 구분하고, 공식지도를 독도를 한국의 영토로 표시한 지도와 일본의 영토로 표시한 지도로 구분하여, 독도를 한국의 영토로 표시한 지도에 대해서는 일본의 묵인 또는 승인의 사실을 파악 정리하고, 독도를 일본의 영토로 표시한 지도에 대해서는 일본의 신뢰의 사실을 파악 정리한다.

(ⅳ) 일본의 지도를 공식지도와 사적지도로 구분하고, 공식지도 중 독도를 일본의 영토로 표시한 지도와 한국의 영토로 표시한 지도로 구분하여, 독도를 일본의 영토로 표시한 지도에 대해서는 한국의 묵인 또는 승인의 사실을 파악 정리하고, 한국의 영토로 표시한 지도에 대해서는 일본의 신뢰의 사실을 파악 정리한다.

(ⅴ) 위 (ⅰ)~(ⅳ)의 정리를 위해 지도의 직접증거 여부에 관한 사학·지리학·국제법학 간의 학제 연구를 주도하고 연구를 행정적·재정적으로 적극 지원한다.

(ⅵ) 무엇보다 중요한 것은 지도 연구 학자와 전문가의 경직된 고유의 숭고한 마음을 학제연구의 이름으로 국가를 위해 크게 여는 것이다.

2. 정부당국에 대한 제의

정부 관계 당국에 대해 다음과 같은 제의를 하고자 한다.

(ⅰ) 우리 정부의 독도에 관한 기본입장은 "독도는 역사적으로나 지리적으로나 국제법적으로나 한국의 영토이다"이다. 전술한 바와 같이 독도고지도는 역사적으로 지리적으로 독도는 한국의 영토라는 증거가 된다. 그러나 국제법적으로 한국의 영토라고 볼 수 없다. 이는 우리 정부의 독도에 대한 기본입장인 "독도는 역사적으로나 지리적으로나 국제법적으로나 한국의 영토이다"에 부분적으로 저촉된다. 왜냐하면, 우리정부의 기본입장은 역사적, 지리적, 국제법적으로는 택일적인 명제가 아니라 경합적인 명제이기 때문이다. 부분적으로 저촉된다는 의미는 "고지도에 의해서는" 뜻이며, 고지도 이외의 영역에서 독도는 국제법적으로 한국의 영토이기 때문이다. 그러므로 정부당국은 독도고지도는 독도가 역사적·지리적으로 한국의 영토이다고 그의 간행물에서 명기한다.

(ⅱ) 정부가 독도의 영유권에 관한 도서를 출간할 때 지도의 인증성, 정확성, 공식성, 객관성에 관한 기술을 한다.

(ⅲ) 지도의 인증성, 정확성, 공식성, 객관성에 관한 연구를 지원한다.

(ⅳ) 독도에 관한 지도 전체를 인증성, 정확성, 공식성, 객관성을 기준으로 분석한 자료를 제작, 간행한다.[1]

---

1) 김명기, 「독도고지도연구 사학자에게 고합니다」, 2019, 20쪽.

| 참고문헌 |

국립중앙박물관, 『가고 싶은 우리땅 독도』, 서울: 국립중앙박물관, 2006.
국제재판.
김명기, 『독도총람』, 서울: 선인출판사, 2015.
_____, 「독도고지도연구 사학자에게 고합니다」, 2019.
_____, 「대한제국칙령 제41호에 의한 역사적 권원의 대체에 관한 연구」, 독도조사
　　　　연구학회, 『독도논총』 제5권 제1 · 2통합호, 1910.
김병렬, 『독도』, 서울: 다나미디어, 1998.
김호동, 「한국고지도가 증명하는 독도영유권」, 『독도연구』 제15호, 2013.
동북아역사재단, 『고지도에 나타난 동해와 독도』, 서울: 동북아역사재단, 2008.
_____, 『독도바로알기』, 서울: 독도연구소, 2011.
_____, 『우리땅 독도를 만나다』, 서울: 독도연구소, 2012.
_____, 『동해와 독도』 서울: 독도연구소, 2014.
박현진, 「독도영유권과 지도 · 해도의 증거능력과 증명력」, 『대한국제법학회논총』
　　　　제52권 제1호, 2007.
서정철, 「서양 고지도가 증명하는 독도영유권」, 『독도연구』 제15호, 2013.
신용하, 『독도의 민족영토사 연구』, 서울: 지식산업사, 1996.
양보경, 「한국전도」, 한국해양수산개발원, 『독도사전』, 서울: 한국해양수산개발원,
　　　　2011.
오상학, 「강원도지도, 팔도지도」, 한국해양수산개발원, 『독도사전』, 서울: 한국해
　　　　양수산개발원, 2011.
_____, 「천하대총 일람지도」, 한국해양수산개발원, 『독도사전』, 서울: 한국해양수
　　　　산개발원, 2011.

_____, 「여도」, 한국해양수산개발원, 『독도사전』, 서울: 한국해양수산개발원, 2011.

_____, 「조선팔도총람지도」, 한국해양수산개발원, 『독도사전』, 서울: 한국해양수산개발원, 2011.

_____, 「청구도」, 한국해양수산개발원, 『독도사전』, 서울: 한국해양수산개발원, 2011.

_____, 「조선전도」, 한국해양수산개발원, 『독도사전』, 서울: 한국해양수산개발원, 2011.

_____, 「동국지도」, 한국해양수산개발원, 『독도사전』, 서울: 한국해양수산개발원, 2011.

외교통상부, 『한국의 아름다운섬 독도』, 서울: 외교통상부, 2012.

울릉도·독도박물관, 『한국땅 독도』, 울릉군: 울릉도·독도박물관, 2015.

이명희, 「중국 지도가 증명하는 독도영유권」, 『독도연구』 제15호, 2013.

이상태, 『사료가 증명하는 독도는 한국땅』, 서울: 경세원, 2007.

_____, 「대한제국지도」, 한국해양수산개발원, 『독도사전』, 서울: 한국해양수산개발원, 2011.

_____, 「조선국세견전도」, 한국해양수산개발원, 『독도사전』, 서울: 한국해양수산개발원, 2011.

_____, 「조선동해안도」, 한국해양수산개발원, 『독도사전』, 서울: 한국해양수산개발원, 2011.

_____, 『사료가 증명하는 독도는 한국 땅』, 서울: 경세원, 2007.

_____, 「아시아 고지도로 보는 독도 영유권」, 세계일보, 제2회 독도국제포럼, 2019.11.14. 프레스센터.

이진명, 「조선동해안도」, 한국해양수산개발원, 『독도사전』, 서울: 한국해양수산개발원, 2011.

_____, 「일본전도」, 한국해양수산개발원, 『독도사전』, 서울: 한국해양수산개발원, 2011.

이태규, 「국제재판상 지도의 증거력」, 국제법학회논총, 제57권 제2호, 2012.

호사카유지, 「조선국전도」, 한국해양수산개발원, 『독도사전』, 서울: 한국해양수산개발원, 2011.

AJIL, Vol.9, 1915.

____, Vol.22, 1928.

____, vol.27, 1933.

____, vol.57, 1963.

Akehurst Michael, "The Hierarchy of the Sources of International Law," *BYIL*, Vol.47, 1974-75.

Balram Shivanand, "Maps and Globes" in *Encyclopedia of World Geography*, Vol.2 New York: Facts On File, 2005.

Brownlie Ian, *Principles of Public International Law*, 3rd ed. Oxford : Clarendon, 1979.

Corbett P.E., "The Consent of States and the Source of the Law of Nations." *BYIL.*, Vol.6, 1925.

Cruz Isagani A., *International Law* Quezon: Central Lawbook, 1985.

Cukwurah A.D., *The Settlement of Boundary Disputes in International Law* Manchester ; Manchester University Press, 1967.

D'Amato, *supra* n.17.

Dominion Law Reports, Vol.2, 1927.

D. W. Bowett, "Estoppel before International Tribunals and its Relations to Acquiescence," *BYIL*, Vol.33, 1957.

Elias T.O., *The Modern Law of Treaties* Leyden: Sijthoff, 1974.

Epps Valerie, *International Law*, 4th ed. Druhorn: Carolina Academic Press, 2009.

Fitzmaurice, Gerald, "The Law and Procedure of the International Court of Justice, 1951-4," *BYIL*, Vol.34, 1958.

Gibbin I.C.Mac, "The Scope of Acquiescence in International Law," *BYIL*, Vol.31, 1954.

G. I. *Tunkin, International Law* Moscow: Progress, 1986.

Glahn Gerhard von, *Law Among Nations*, 4th ed. New York: Macmillan, 1981, p.503.

Goodrich Leland M., Edrard Hambro and Anne Patricia Simons, *Charter of the United Nations*, 3rd ed. New York: Columbia University Press, 1969.

Guatemala-Hondras Boundary Arbitration, Opinion and Award of Guatemala-Hondras Special Boundary Tribunal, January 23, 1933.

Helmut Steinberger, "Judicial Settlement of International Disputes," *EPIL* Vol.1, p.121, 1981.

Henry Campell Black, *Black's Law Dictionary*, 5th ed. St. Paul Minn.: West Publishing, 1979.

Henry G. Schermers, "International Organizations, Resolutions," *EPIL*, Vol.5, 1983.

Hons-Jurge Schlochauer, "The international Court of Justice" *EPIL*, Vol.1, 1981.

Hoof, GJH. van, *Rethinking the Source of International Law* Deventer: Kluwer Law and Taxation, 1983.

ICJ, *Judgement*, 23 May 2008.

___, *Reports*, (Second Phase) 1955.

___, *Reports*, 1949.

___, *Reports*, 1950.

___, *Reports*, 1952.

___, *Reports*, 1953.

___, *Reports*, 1959.

___, *Reports*, 1961.

___, *Reports*, 1962.

___, *Reports*, 1970.

___, *Reports*, 1975.

___, *Reports*, 1984.

___, *Reports*, 1986.

___, *Reports*, 1990.

___, *Reports*, 1992.

___, *Reports*, 1993.

___, *Reports*, 1994.

___, *Reports*, 1995.

___, *Reports*, 1999.

___, *Reports*, 2001.

___, *Reports*, 2002.

___, *Reports*, 1999.

___, *Reports*, 2002.

___, *Reports*, 2005.

___, *Reports*, 2007.

＿, *Reports*, 2008.

Janis Mark W., *An Introduction of International Law*, Boston: Little Brown, 1988; Jennings and Watts, p.79.

Janis; United Nations, General Assembly Resolution 3232(xxix), November 12, 1974.

Jennings Robert and Arthur Watts(eds.), *Oppenheim's International Law*, 9th ed., Vol.1, London: Longman, 1992.

J.E.W. "Rules of Evidence in International Proceedings" *BYIL*, Vol.4, 1929.

Kaiser Joseph H., "Timor Island Arbitration," *EPIL*, Vol.2, 1981.

Kelsen Hans, *The Law of the United Nations* New York: Praeger, 1951.

＿＿＿＿＿＿, *Principles of International Law*, Robert W. Tucker (ed.), 2nd ed.(New York: Holt, 1967), p.347, p.527.

Levi Werner, *Contemporary International Law* Boulder: Westview, 1979.

Malanczuk(ed.) Peter, *Akehurst's Modern Introduction to International Law*, 7th ed. London: Routledge, 1987.

Mangone, Gerard J., *The Elements of International Law*: Casebook Homewood: Dorsey, 1963.

Mark E. Villiger, *Customary International Law and Treaties*, Dordrecht: Martinus, 1985.

McNair Arnold D., "The Functions and Differing Legal Character of Treaties," *BYIL*, Vol.11, 1930.

McNair Lord, *The Law of Treaties* Oxford: Clarendon, 1961.

Moore John Bassett, *International Arbitration*, Vol.2 Washington, D. C.: U.S. Government Printing Office, 1898.

Muller Jorg Paul and Thomas Cottier, "Estoppel," *EPIL*, Vol.7, 1984.

Münch Fritz, "Maps," *EPIL*, Vol.10, 1987.

M.W. Janis, "Equity in International Law," *EPIL*, Vol.7, 1984.

Nolan Joseph R. and M.J. Connelly (eds.), *Black's Law Dictionary* St. Paul Minn: West Publishing, 1978.

O'Connell, D.P., *International Law*, Vol.1, 2nd ed. London: Stevens, 1970.

Osmanczyk, Edmund Jan, *Encyclopedia of the United Nations*, 2nd ed. New York: Taylor, 1990.

Ott, David H., *Public International Law in the Modern World* Londan: Pitman, 198.

Palmas Island Arbitvation, *AJIL*, Vol.22, 1928.

Parry C., *The Sources and Evidences of International Law* Manchester: Manchester University Press.

Pazer Rudolf and Chistoph Schreuer, *Principles of International Investment Law* Oxford : Oxford University press, 2008.

PCA, *Territorial Sovereignty and Scope of the Dispute Award*, 1998.

PCIJ, *Series B*, No.8, 1923.

____, *Series B*, No.9, 1924.

____, *Series B*, No.10, 1927.

____, *Series B*, No.11, 1925.

____, *Series A/B*, No.53, 1933.

____, *Series A/B*, No.70, 1937.

____, Award, 2016.

Rosenne Shaibtai, *The Law and practice of the International Court of Justice*, Vol.4, 3rd ed. Hague: Martinus, 1997.

Ross Alf, *A Textbook of International Law* London: Longmans, 1947.

Rudolf Dolzer and Christoph Schreuer, Principles of International Investment Law New York: Oxford University press, 2008.

Sandifer, Durward V., Evidence Before International Tribunals re. ed. charlotteville: University Press of Virginia, 1975.

Schlochauer Hans-Jurgen, "The International Court of Justice," *EPIL*, Vol.1, 1981, p.77.

Schwarzenberger George and E.D. Brown, *A Manual of International Law*, 6th ed. Milton: Professional Books, 1976.

Shaw Malcolm N., *International Law*, 4th ed. Cambridge: Cambridge University Press, 1997.

Starke JG., *Introduction to International Law*, 9th ed. London: Butterworth, 1984.

Stone Julius, *Legal Controls of International Conflict* New York: Rinehart, 1954.

Swift Richard N., *International Law*, New York: John Wiley & Sons, 1969.

Thirlway H.W.A., "Evidence before International Courts and Tribunals," *EPIL*, Vol.1, 1981.

Trebilcok Anne M., "Waiver," *EPIL.*, Vol.7, 1984.

UN, *RIAA* Vol.2, 1946, ICJ, Reports, 1975.

___, *RIAA*, Vol.2, 1949.

___, *RIAA*, Vol.11, 1961.

Verosta Stephan, "History of Law of Nations, 1648 to 1815", *EPIL*, Vol.7, 1984.

Vially Michael, "The Sources of International Law," in Max S ø rensen(ed.), *Manual of Public International Law* New York: Macmillan, 1968.

Villiger Mark E, *Customary International Law and Treaties*, Dordrecht: Martinus, 1985.

Weissberg; Guenter, "Maps as Evidence in International Boundary Disputes: A Reappraisal," *AJIL*, Vol.57, 1963.

Wilnanns Johst, "Note Verbale," *EPIL*, Vol.9, 1996.

Wilson George Grafton, *International Law*, 9th. ed. New York: Silver Burdett, 1935.

| 필자의 독도연구 목록 |

□ 김명기

Ⅰ. 독도연구 저서목록

1. 『독도와 국제법』, 서울: 화학사, 1987.
2. 『독도연구』(편), 서울: 법률출판사, 1997.
3. 『독도의용수비대와 국제법』, 서울: 다물, 1998.
4. 『독도의 영유권과 국제법』, 안산: 투어웨이사, 1999.
5. Territorial Sovereignty over Dokdo, Claremont, California: Paige Press, 2000.
6. 『독도특수연구』(편), 서울: 법서출판사, 2001.
7. 『독도의 영유권과 신한일어업협정』, 서울: 우리영토, 2007.
8. 『독도의 영유권과 실효적 지배』, 서울: 우리영토, 2007.
9. 『독도의 영유권과 대일평화조약』, 서울: 우리영토, 2007.
10. 『독도강의』, 서울: 독도조사연구학회 / 책과사람들, 2009.
11. 『독도 100문 100답집』, 서울: 우리영토, 2008.
12. 『독도영유권의 역사적 · 국제법적근거』, 서울: 우리영토, 2009.
13. 『일본외무성 다케시마문제의 개요 비판』(공저), 서울: 독도조사연구학회 / 책과사람들, 2010.
14. 『안용복의 도일활동과 국제법』, 서울: 독도조사연구학회 / 책과사람들, 2011.
15. 『독도의 영유권과 국제재판』, 서울: 한국학술정보, 2012.
16. 『독도의 영유권과 권원의 변천』, 서울: 독도조사연구학회 / 책과사람들, 2012.
17. 『독도 객관식문제연습』, 서울: 한국학술정보, 2013.

18. 『간도의 영유권과 국제법』, 서울: 한국학술정보, 2013.
19. 『독도영유권 확립을 위한 연구 V』(공저)(영남대 독도연구소 독도연구총서 9), 서울: 선인, 2014.
20. 『독도총람』, 서울: 선인, 2014.
21. 『독도의 영유권과 국제해양법』(공저), 서울: 선인, 2015.
22. 『독도의 영유권 확립을 위한 연구 VI』(공저)(영남대 독도연구소 독도연구총서 10), 서울: 선인, 2015.
23. 『독도의 영유권 확립을 위한 연구VII』(공저)(영남대 독도연구소 독도연구총서 11), 서울: 선인, 2015.
24. 『한국의 독도영토주권의 국제적 승인』, 서울: 선인, 2016.
25. 『대일평화조약상 독도의 법적 지위』, 서울: 선인, 2016.
26. 『독도영유권 확립을 위한 연구』 VII, 영남대 독도연구소, 서울: 선인, 2015.
27. 『남중국해 사건에 관한 상성중재재판소의 판정』, 서울: 선인, 2017.
28. 『대한민국정부의 독도정책과 국제법』, 파주: 한국학술정보, 2018.
29. 『정부수립론의 타당성과 한국의 독도 영토주권』, 서울: 선인, 2019.
30. 『한일합방조약의 무존재와 독도 영토주권』, 서울: 선인, 2020.
31. 『한일합방조약의 부존재에 관한 연구』, 파주: 한국학술정보, 2021.

II. 독도연구 논문목록

1. 「독도의 영유권 귀속」, 육군사관학교, 『육사신보』 제185호, 1978.6.30.
2. 「국제법상 독도의 영유권」, 국가고시학회, 『고시계 上』 제23권 제9호, 1978.9.
3. 「*The Minquiers and Ecrehos* Case의 분석과 독도문제」, 지학사, 『월간고시』 제6권 제3호, 1979.3.
4. 「독도의 영유권문제에 관한국제사법재판소의 관할권」(상), 국가고시학회, 『고시계』 제6권 제3호, 1979.3.
5. 「독도영유권문제에 관한 국제사법재판소의 관할권」(하), 국가고시학회, 『고시계』 제24권 제11호, 1979.11.
6. 「독도 문제에 관한 국제사법재판소의 관할권에 관한 연구」, 대한국제법학회, 『국제법학회논총』 제27권 제2호, 1982.12.

7. 「독도에 대한 일본의 선점 주장과 통고 의무」, 국가고시학회, 『고시계』 제28권 제8호, 1983.8.

8. 「국제법상도근현고시 제40호의 법적 성격」, 법지사, 『월간고시』 제10권 제11호, 1983.11.

9. 「독도의 영유권과 제2차 대전의 종료」, 대한국제법학회, 『국제법학회논총』 제30권 제1호, 1985.6.

10. 「국제법상 일본으로부터 한국의 분리에 관한 연구」, 대한국제법학회, 『국제법학회논총』 제33권 제1호, 1988.6.

11. 「한일 간 영토분쟁(독도): 독도의 영유권에 관한 일본정부 주방에 대한 법적 비판」, 광복 50주년 기념사업회, 『청산하지 못한 일제시기의 문제』, 서울: 광복 50주년기념사업회, 1995.6.30.

12. 「한일 간 영토분쟁」, 광복50주년기념사업회 · 학술진흥재단, 『일제식민정책 연구논문』, 서울: 학술진흥재단, 1995.8.

13. 「자존의 땅 — 독도는 우리의 것」, 경인일보사, 『메트로포리스탄』 제26호, 1996.2.

14. 「한일 배타적 경제수역 설정과 독도 영유권」, 자유총연맹, 『자유 공론』 제348호, 1996.3.

15. 「국제법상독도영유권과 한일 경제수역」, 국제문제연구소, 『국제문제』 제27권 제4호, 1996.4.

16. 「독도의 영유권에 관한 한국과 일본의 주장 근거」, 독도학회, 『독도의 영유권과 독도 정책』, 독도학회 창립기념 학술심포지엄, 1996.4.

17. 「독도에 대한 일본의 영유권 주장의 부당성」, 도서출판 소화, 『지성의 현장』 제6권 제7호, 1996.7.

18. 「독도에 대한 일본의 무력행사시 제기되는 국제법상 제 문제」, 한국군사학회, 『군사논단』 제7호, 1996.7.

19. 「한국의 독도 영유권 주장 이론」, 한국군사문제연구소, 『한국군사』 제3호, 1996.8.

20. 「독도의 영유권 문제와 민족의식」, 한국독립운동사연구소 · 독도학회, 제10회 독립운동사 학술심포지움, 1996.8.8.

21. 「국제법 측면에서 본독도문제」, 국제교과서연구소, 국제역사교과서 학술회의, 프레스센타, 1996.10.23-24.

22. 「국제법으로 본 독도영유권」, 한국독립운동연구소, 『한국독립운동사연구』 제10집, 1996.

23. 「독도의 영유권과 한일합방 조약의 무효」, 한국외교협회, 『외교』 제38호, 1996.
24. 「독도와 대일 강화조약 제2조」, 김명기 편, 『독도연구』, 서울: 법률출판사, 1996.
25. 「대일 강화조약 제2조에 관한 연구」, 대한국제법학회, 『국제법학회논총』 제41권 제2호, 1996.12.
26. 「독도와 조어도의 비교 고찰」, 국제문제연구소, 『국제문제』 제28권 제1호, 1997.1.
27. 「독도에 대한 일본의 영유권 주장에 대한 소고」, 명지대학교, 『명대신문』 제652호, 1997.11.7.
28. "A Study on Legal of Japan's Claim to Dokdo", The Institute of Korean Studies, *Korea Observer*, Vol.28, No.3, 1997.
29. 「독도의 영유권에 관한 연구: 독도에 대한 일본의 무력행사의 위법성」, 대한국제법학회, 『국제법학회논총 上』 제42권 제2호, 1997.6.
30. 「독도에 대한 일본의 무력행사시 국제연합의 제재」, 아세아 사회과학연구원 『연구논총』 『한일간의 국제법 현안문제』 제7권, 1998.4.
31. 「*The Island of Palmas* Case(1928)의 판결요지의 독도문제에의 적용」, 판례월보사, 『판례월보』 제336호, 1998.9.
32. 「독도문제 해결을 위한 새 제언」, 한국외교협회, 『외교』 제47호, 1998.10.
33. 「독도문제와 조어도 문제의 비교고찰」, 강원대학교 비교법학연구소, 『강원법학』 제10권(김정후교수 회갑기념 논문집), 1998.10.
34. 「*The Clipperton Island* Case(1931) 판결요지의 독도문제에의 적용」, 판례월보사, 『판례월보』 제346호, 1999.7.
35. 「독도에 대한 일본정부의 주장과 국제사법재판소의 관할권에 관한 연구」, 명지대학교 사회과학연구소, 『사회과학논총』 제15집, 1999.12.
36. 「독도영유권과신 한일어업협정」, 독도학회, 한일어업협정의 재개정준비와 독도 EEZ 기선문제 세미나, 2000.9.
37. 「한일 간 독도영유권 시비의 문제점과 대책」, 한국군사학회, 『한국의 해양안보와 당면 과제』(국방·군사세미나논문집), 2000.10.
38. 「독도의 영유권과 신 한일어업협정 개정의 필요성」, 독도학회, 『독도영유권연구논집』, 서울: 독도연구보전협회, 2002.
39. "A Study an Territorial Sovereignty over Dokdo in International Law-Refutation to the Japanese Gerenment's "Assertions of the Occupied Territory", 독도학회, 『독도

영유권 연구논집』, 서울: 독도연구보전협회, 2002.

40. 「헌법재판소의 신 한일어업협정의 위헌확인 청구에 대한 기각 이유 비판」, 판례월보사, 『쥬리스트』, 2002.3.

41. 「독도영유권에 관한 일본정부 주장에 대한 법적 비판」, 독도학회, 『한국의 독도영유권 연구사』, 서울: 독도연구보전협회, 2003.

42. 「독도개발 특별법에 관한 공청회를 위한 의견서」, 국회농림해양수산위원회, 『독도개발특별법안에 관한공청회』 2004.2.2. 국회의원회관.

43. 「한일어업협정 폐기의 법리」, 『한겨레신문』, 2005.5.13.

44. 「독도의 실효적 지배 강화와신 한일어업협정의 폐기」, 국제문제연구소, 『국제문제』 제36권 제6호, 2005.6.

45. 「한일어업협정과 독도영유권 수호정책」, 한국영토학회, 『독도 영유권수호의 정책방안』, 한국영토학회주최학술토론회, 국회헌정기념관별관 대회의실, 2005.11.

46. 「독도문제와 국제재판/국제재판소의 기능과 영향력」, 자유총연맹, 『자유공론』 제464호, 2005.11.

47. 「독도의 실효적 지배 강화와 역사적 응고 취득의 법리」, 국제문제연구소, 『국제문제』 제36권 제11호, 2005.11.

48. 「독도의 영유권문제에 대한국제사법재판소의 관할권」, 국제문제연구소, 『국제문제』 제37권 제1호, 2006.1.

49. 「독도와 연합군 최고사령부 훈령 제677호에 관한 연구」, 한국 외교협회, 『외교』 제76호, 2006.1.

50. 「신 한일어업협정과 금반언의 효과」, 독도조사 연구학회, 『독도논총』 제1권 제1호, 2006.4.

51. 「제2차 대전 이후 한국의 독도에 대한 실효적 지배의 증거」, 독도조사 연구학회, 『독도논총』 제1권 제1호, 2006.4.

52. 「맥아더 라인과 독도」, 국제문제연구소, 『국제문제』 제37권 제5호, 2006.5.

53. 「대일 평화조약 제2조 (a)항과 한국의 독도 영유권에 관한 연구」, 한국외교협회, 『외교』 제78호, 2006.7.

54. 「독도 영유권에 관한 대일 평화조약 제2조에 대한 일본정부의 해석 비판」, 국제문제연구소, 『국제문제』 제37권 제7호, 2006.7.

55. "Sovereignty over Dokdo Island and Interpretation of Article 2 of the Peace Treaty with Japan", The Institute for East Asian Studies, *East Asian Review*, Vol.18, No.2,

2006.

56. 「독도를 기점으로 하지 아니한 신 한일어업협정 비판」, 독도조사연구학회, 『독도논총』 제1권 제2호, 2006.9.

57. 「대일 평화조약 제2조의 해석과 Critical Date」, 독도조사연구학회, 『독도논총』 제1권 제2호, 2006.9.

58. 「독도의 실효적 지배 강화와 Critical Date」, 법조협회, 『법조』, 통권 제602호, 2006.11.

59. 「국제연합에 의한 한국의 독도영유권승인」, 한국외교협회, 『외교』 제81호, 2007.4.

60. 「한일어업협정 제9조 제2항과 합의 의사록의 위법성. 유효성」, 독도본부, 제15회 학술토론회(토론), 2007.1.16.

61. 「한일공동관리수역의 추적권 배제는 독도영유권 침해행위」, 독도본부, 제16회 학술토론회, 2007.2.24.

62. 「한일어업협정 폐기해도 금반언의 원칙에 의한 일본의 권리는 그대로 남는다」, 독도본부, 제17회 학술토론회, 2007.3.31.

63. 「한일어업협정은 어업협정인가?」, 독도본부, 제18회 학술토론회, 2007.4.18.

64. 「대일평화조약상 독도의 영유권과 uti possidetis 원칙」, 한국외교협회, 『외교』 제81호, 2007.5.

65. 「국제법학자 41인의 '독도영유권과 신한일어업협정에 대한 우리의 견해'(2005. 4.5)에 대한 의견」, 독도본부, 제19회 학술토론회, 2007.5.23.

66. 「한일어업협정 폐기 후 이에 국제법상 대책방안 모색」, 독도본부, 제20회 학술토론회, 2007.6.20.

67. 「한일어업협정 폐기 후 대안 협정 초안 주석」, 독도본부, 제21회 학술토론회, 2007.7.18.

68. 「한일어업협정 폐기 후 대안 협정 초안 주석(I)」, 독도본부, 제22회 학술토론회, 2007.8.21.

69. 「국제연합과 독도영유권」, 국제문제연구원, 『국제문제』 제38권 제10호, 2007.10.

70. 「독도연구의 회고와 전망」, 동북아역사재단 주최, 주제강연(2007.11.7, 아카데미 하우스).

71. 「국제연합에 의한 한국독도영유권의 승인에 관한 연구」, 외교협회, 『외교』 제85호, 2005.4.

72. 「대한민국국가지도집중 영토와 해양의 동측 경계의 오류」, 독도조사연구학회,

2008년도 정기학술세미나(2008.6.28, 독도본부 강당).

73. "The Territorial Sovereignty over Dokdo in The Peace Treaty with Japan and the Principle of uti possidetis", *Korean Observation of Foreign Relations*, Vol.10, No. 1, August 2008.

74. 『독도 100문 100답집』, 서울: 우리영토, 2008.8.

75. 「독도 연구의 회고와 전망」, 동북아역사재단, 『독도시민사회백서 2006-2007』, 2008.4.

76. 「국제법상 일본의 독도영유권 주장에 대한 대일항의에 관한 연구」, 영남대학교 독도연구소, 『독도연구』 제5호, 2008.12.

77. 「일본의 기망행위에 의해 대일평화조약 제2조에서 누락된 독도의 영유권」, 외교통상부, 『국제법 동향과 실무』 제7권 제3.4호, 2008.12.

78. 「패드라 브랑카 사건(2008) 판결과 독도영유권」, 법률신문사, 『법률신문』 제3714호, 2009.1.15.

79. 「페드라 브랑카 사건과 중간수역 내의 독도」(상), 한국국제문화연구원, 『국제문제』 제40권 제3호, 2009.3.

80. 「독도영유권문제와 국제법상묵인의 법적 효과」, 한국외교협회, 『외교』 제89호, 2009.4.

81. 「페드라 브랑카 사건과 중간수역 내의 독도」(하), 한국 국제문화연구원, 『국제문제』 제40권 제4호, 2009.4.

82. 『독도영유권의 역사적·국제법적 근거』, 서울: 우리영토, 2009.6.

83. 「독도의 실효적 지배강화 입법정책 검토」, 동북아역사재단 발표, 2009.6.5.

84. 「독도의 실효적 지배강화 입법정책의 국제법상 검토」, 법률신문사, 『법률신문』 제3757호, 2009.6.25.

85. 「페드라 브랑카 사건(2008)의 판결취지와 독도영유권문제에 주는 시사점」, 영남대학교 독도연구소, 『독도연구』 제6호, 2009.6.

86. 「한일 해양수색 및 구조훈련과 독도영유권」, 법률신문사, 『법률신문』 제3778호, 2009.9.17.

87. 「정부의 독도시책과 학자의 독도연구 성찰」, 동북아역사재단 독도연구소 콜로키움, 제천, 2009.10.15.

88. 「다케시마 10포인트 대일평화조약 관련조항 제3항 비판」, 한국해양수산개발원, 『독도연구저널』 제17권, 2009.가을.

89. 「국제법상지도의 증명력」, 독도보전협회, 서울역사박물관, 토론발표, 2009.10.11.

90. 「간도영유권회복, 대책 시급」, 자유총연맹, 『자유공론』 제7호, 2008.8.

91. 「조중국경조약과 간도」, 북한연구소, 『북한』 제441호, 2008.9.

92. 「간도영유권 100년 시효실의 긍정적 수용제의」(상), 천지일보사, 『천지일보』 제11호, 2009.11.18.

93. 「안용복의 도일활동의 국제법싱; 효과에 관한 연구」, 동북아역사재단 위촉연구, 2009.12.20.

94. 「안용복의 도일활동과 국제법」, 『독도저널』, (08-09) 2009.9.

95. 「국제법상대한제국칙령 제41호에 의한 역사적 권원의 대체」, 한국해양수산개발원, 『독도연구저널』 제9권, 2010.3.

96. 「독도영유권과 porum progatum」, 외교협회, 『외교』 제94호, 2010.7.

97. 「독도를 일본영토가 아닌 것으로 규정한 일본법령 연구」, 동북아역사재단 독도연구소, 『제6회 독도연구 골로키움』, 2010.7.6-8.

98. 「한국의 대응전략은 어떻게 세울 것인가?」, 한국독도연구원, 『한국독도 어떻게 지킬 것인가?』, 2010.6.17. 전쟁기념관.

99. 「한일합방조약의 부존재와 독도영유권」, 독도조사연구학회, 2010년 정기학술토론회의, 『독도영유권의 새로운 논리개발』, 2010.10.28, 서울역사박물관.

100. 「한일기본조약 제2조의 해석」, 법률신문 제3863호, 2010.8.12.

101. 「일본총리부령 제24호와 대장성령 제4호에 의한 한국의 독도영토주권의 승인」, 영남대 독도연구소, 『독도연구』 제9호, 2010.12.

102. 「국제법상 한국의 독도영유권의 근거」, 독도문화 심기운동본부, 『한민족의 구심점』, 서울: 독도문화심기운동본부, 2010.12.

103. 「국제법상 신라이사부의 우산국 정복의 합법성에 관한 연구」, 이사부학회, 『이사부와 동해』 제2호, 2010.12.

104. 「국제법상독도영유권의 법적 근거」, 『법률신문』 제3899호, 2010.12.28.

105. 「한일합방조약 체결 100년, 성찰의 해」, 『천지 일보』 제99호, 2010.12.29.

106. 「국제법상 신라 이사부의 우산국 정복의 합법성에 관한 연구」, 강원일보·강원도·삼척시, 『이사부총서』(Ⅲ), 2010.12.

107. 「대한제국칙령 제41호에 의한 역사적 권원의 대체에 관한 연구」, 독도조사연구학회, 『독도논총』 제5권 제1-2 통합호, 2010.12.

108. 「한일합방조약의 부존재에 관한 연구」, 법조협회, 『법조』 통권 제655호, 2011.4.

109. 「대일민족소송 기각결정의 국제법상효과에 관한 연구」, 대한변호사협회,『인권과 정의』제417호, 2011.5.
110. 「국제법상 쇄환정책에 의한 독도영토주권의 포기여부 검토」, 영남대학교 독도연구소,『독도연구』제10호, 2011.6.
111. 「이사부의 우산국 부속에 의한 독도의 고유영토론 검토」, 한국이사부학회,『2011년 전국해양문화 학자대회』주제발표, 2011.8.4.
112. 「페드라 브랑카 사건판결과 중간수역 내에 위치한 독도의 법적 지위」, 동북아역사재단 독도연구소,『제17회 정기 독도연구 콜로키움』, 2011.8.4.
113. 「통일 이후 한국의 국경문제와 조중국경조약의 처리문제」, 법제처,『2011년 남북법제연구 보고서』, 2011.8.
114. 「독도영유권 강화사업의 필요성 검토」, 법률신문사,『법률신문』제3639호, 2011.8.29.
115. 「일본 자위대의 독도 상륙의 국제법상 문제점과 법적 대처방안」, 한국독도연구원, 국회 독도 지킴이,『한국독도 어떻게 지킬 것인가』, 국회도서관 회의실, 2011.10.4.
116. 「독도의 역사적 연구의 기본방향」, 세계국제법협회 한국본부 독도 조사연구학회,『독도의 영유권과 해양주권에 관한 심포러 임』, 코리아나 호텔, 2001.12.13.
117. 「일본 자위대 독도 상륙시 국제법상 문제점과 법적 대처 방안」, 해병대 전략연구소,『전략논단』제14호, 2011. 가을.
118. 「국제법상 독도의용수비대의 법적 지위에 관한 연구」, 대한적십자사인도법연구소,『인도법논총』제31호, 2011.
119. 「국제법상 지리적 접근성의 원칙과독도」, 영남대 독도연구소,『독도연구』제11호, 2011.12.
120. 「대마도 영유권 주장의 국제법적 근거는 무엇인가?」, 독도연구원,『대마도를 어떻게 찾을 것인가?』, 2012.9.18, 국회의원회관.
121. 「국제법상 이어도의 법적 지위에 관한 기초적연구」, 해양문화연구원,『제3회 전국 해양문화학과 대회』, 2012.8.2~4, 여수세계박물관회의장.
122. 「독도영유권의 중단권원의 회복에 관한 연구」, 독도조사연구학회,『독도논총』제6권 제1호, 2012.
123. 「사법적 판결의 사실상 법원성과 독도영유권의 역사적 권원의 대체」, 영남대 독도연구소,『독도연구』제12호, 2012.6.

124. 「독도의 배타적 경제수역」, 해양문화연구언, 『제4회 전국해양문화학자대회』, 2013.8.22~24, 여수 리조트.

125. 「대일평화조약 제2조의 해석과 Critical Date」, 이사부학회, 『이사부와 동해』 제6호, 2013.

126. 「독도영유권 문제 / 분쟁에 대한 국제사법재판소의 강제적 관할권」, 독도시민연대, 『국제사법재판소의 강제적 관할권 어떻게 대항할 것인가?』, 독도시민연대, 2013.10. 국회의원회관.

127. 「시마네현 고시 제40호의 무효확인소송의 국제법상 효과에 관한 연구」, 독도연, 『소위 시마네현고시 제40호에 의한 독도편입의 허구성 검토 학술대회』, 독도연구, 2013.12.1, 서울역사박물관.

128. 「국제법상 독도의 영유권 강화사업의 법적 타당성 검토」, 독도조사연구학회, 『독도논총』 제7권 제1호, 2013.11.

129. 「맥아더라인의 독도영토주권에 미치는 법적 효과, 영남대 독도연구소, 『독도연구』 제15호, 2013.12.

130. 「국제법에서 본 한국의 독도영유권」, 이사부학회, 『동해와 이사부』 제7호, 2014.

131. 「한일어업협정 폐기 후 이에 대한 국제법상 대책방안 모색」, 『동해와 이사부』 제8권, 2014.8.

132. 「국제법상 국군에 대한 작전지휘권 환수에 따라 제기되는 법적 문제에 관한 연구」, 『인도법논총』 제34호, 2014.12.

133. 「일본자위대의 독도상륙작전의 전쟁법상 위법성과 한국의 독도방위능력의 강화방안」, 『군사논단』 제82호, 2015.여름.

134. 「국제법상 국제연합에 의한 한국의 독도영토주권 승인의 효과」, 『국제법학회논총』 제60권 제1호, 2015.3.

135. 「대일평화조약 제23조 (a)항에 규정된 울릉도에 독도의 포함여부 검토」, 『독도연구』 제18호, 2015.6.

136. 「대일평화조약 제19조 (b)항과 일본정부에 대한 한국의 독도영토주권의 승인」, 독도조사연구학회, 2015.

137. 정기 학술토론회, 『국제법상 독도연구의 정책 및 연구의 당면 과제』, 2015.9.19, 동북아역사재단 대강당.

138. 「콜프해협사건과 안전보장이사회에 의한 독도영유권분쟁의 평화적 해결」,

『독도논총』 제8권 제1·2호, 2015.8.

139. 「밴프리트 귀국보고서의 조약의 준비작업여부 및 후속적 관행여부 검토」, 『독도연구』 제19호, 2015.12.

140. 「국제법상작전통제권 환수에 따라 제기되는 법적제문제와 그에 대한 대책방안」, 『입법과 정책』 제9권 제2호, 2015.12.

141. 「대일평화조약 제21조와 제25조의 저촉에 관한 연구」, 독도군사연구학회 2016년 학술토론회, 2016.6.16., 동북아역사재단 대회의실.

142. 「윌리엄 시볼트의 기망행위에 의해 규정된 대일평화조약 제2조 (a)항의 효력과 보충적 수단에 의한 해석」, 『독도논총』 통권 제10호, 2016.

143. 「대일평화조약 제19조 (d)항과 일본정부에 의한 한국의 독도영토주권의 승인」, 독도조사연구학회, 2015.9.19., 동북아재단회의실, 2015년 정기학술토론회.

144. 「독도연구의 기본방향제외」, 『독도연구』 제22호, 2017.

145. 「기죽도약도」, 『영토와 해양』.

146. 「국제법상 태정관 지령문의 법적 효적에 관한 연구」, 『영토해양연구』 제11호, 2016.여름.

147. 「일본자위대의 독도상륙은 국제인도법상 허용되는가」, 『인도법논총』 제36호, 2016.

148. 「남중국해 중재판정을 총해 본 독도문제, 독도조사연구학회, 창립 제20주년 기념 학술토론회, 2017.6.23. 동북아 역사재단 대회의실

149. 「미8군부사령관 Coulter 장군의 독도폭격연습기지의 사용허가 신청에 의한 미국정보의 한국의 독도영토주권승인」, 『독도연구』 제24호, 2018.12

150. 「대한국제법학회의 김명기 대령의 독도학술조사에 의한 독도의 실효적지배」, 『독도논총』 제10권, 제1, 2호, 2017.10.

151. 「윌리엄시볼트의 기망행위에 의해 규정된 대일평화조약 제2조 (a)항의 효력과 보충적 수단에 의한 해석」, 『독도논총』 제9권 제1, 2호, 2016.12.

152. 「대한제국칙령 제41호 전후 조선의 독도에 대한 실효적 지배」, 『독도연구』 제25호, 2018.

153. 「한일어업협정의 폐기」, 동북아역사재단 회의실, 정책연구, 2019.6.30.

154. 「대일평화조약 제19조(d)항에 관한 연구」, 독도조사연구학회, 2020년 학술토론회의, 2020.10.20

155. 「한국정부의 독도의 역사적 근원 주장에 관한 연구」, 『독도연구』 제29호,

2020.

156. 「독도경찰 경비대의 군경비대표의 대체 여부 정책결정에 관한 연구」, 『독도
    논총』 제11권, 2020.

□ 김도은

I. 독도연구 저서목록

1. 『독도영토에 대한 일본의 영토 내셔널리즘 비판』, 서울: 제이앤씨, 2017.
2. 『해방이후 울릉도·독도 조사 및 사건관련 자료해제 1』, 영남대학교 독도연구
   소, 2017.
3. 『韓國の固有領土の獨島領有權』, 역서, 서울: 제이앤씨, 2019.
4. 『日本の獨島領土ナショナリズム研究』, 역서, 서울: 제이앤씨, 2020.

II. 독도연구 논문목록

1. 「일본의 독도영유권 주장에 대한 현황분석」, 『日本文化學報』 74집, 2017.
2. 북한 『노동신문』에 나타난 독도기사(2009~2017) 현황분석, 『日本學研究』 52집,
   2017.
3. 「대한제국칙령 제41호 전후 조선의 독도에 대한 실효적 지배」, 『獨島研究』 25호,
   2018.12.
4. 「독도 관련 고지도의 현황과 특징 분석」, 『獨島研究』 29호, 2020.12.

부 록

※ 위 부록의 출처는 각 홈페이지 참조.

1. 국제사법재판소 규정

제1조

국제연합의 주요한 사법기관으로서 국제연합헌장에 의하여 설립되는 국제사법재판소는 재판소규정의 규정들에 따라 조직되며 임무를 수행한다.

제1장 재판소의 조직

제2조

재판소는 덕망이 높은 자로서 각국가에서 최고법관으로 임명되는데 필요한 자격을 가진 자 또는 국제법에 정통하다고 인정된 법률가중에서 국적에 관계없이 선출되는 독립적 재판관의 일단으로 구성된다.

제3조

1. 재판소는 15인의 재판관으로 구성된다. 다만, 2인이상이 동일국의 국민이어서는 아니된다.
2. 재판소에서 재판관의 자격을 정함에 있어서 2이상의 국가의 국민으로 인정될 수 있는 자는 그가 통상적으로 시민적 및 정치적 권리를 행사하는 국가의 국민으로 본다.

제4조

1. 재판소의 재판관은 상설중재재판소의 국별재판관단이 지명한 자의 명부 중에서 다음의 규정들에 따라 총회 및 안전보장이사회가 선출한다.
2. 상설중재재판소에서 대표되지 아니하는 국제연합회원국의 경우에는, 재판관 후보자는 상설중재재판소 재판관에 관하여 국제분쟁의 평화적 해결을 위한 1907년 헤이그협약 제44조에 규정된 조건과 동일한 조건에 따라 각국정부가 임명하는 국별재판관단이 지명한다.
3. 재판소규정의 당사국이지만 국제연합의 비회원국인 국가가 재판소의 재판관 선거에 참가할 수 있는 조건은, 특별한 협정이 없는 경우에는, 안전보장 이사회의 권고에 따라 총회가 정한다.

제5조

1. 선거일부터 적어도 3월전에 국제연합사무총장은, 재판소규정의 당사국인 국가에 속하는 상설중재재판소 재판관 및 제4조제2항에 의하여 임명되는 국별재판관단의 구성원에게, 재판소의 재판관의 직무를 수락할 지위에 있는 자의 지명을 일정한 기간내에 각 국별재판관단마다 행할 것을 서면으로 요청한다.
2. 어떠한 국별재판관단도 4인을 초과하여 후보자를 지명할 수 없으며, 그 중 3인이상이 자국국적의 소유자이어서도 아니된다. 어떠한 경우에도 하나의 국별재판관단이 지명하는 후보자의 수는 충원할 재판관석 수의 2배를 초과하여서는 아니된다.

제6조

이러한 지명을 하기 전에 각 국별재판관단은 자국의 최고법원 · 법과대학 · 법률학교 및 법률연구에 종사하는 학술원 및 국제학술원의 자국지부와 협의하도록 권고받는다.

제7조

1. 사무총장은 이와 같이 지명된 모든 후보자의 명부를 알파벳순으로 작성한다. 제12조제2항에 규정된 경우를 제외하고 이 후보자들만이 피선될 자격을 가진다.
2. 사무총장은 이 명부를 총회 및 안전보장이사회에 제출한다.

제8조

총회 및 안전보장이사회는 각각 독자적으로 재판소의 재판관을 선출한다.

제9조

모든 선거에 있어서 선거인은 피선거인이 개인적으로 필요한 자격을 가져야 할 뿐만 아니라 전체적으로 재판관단이 세계의 주요문명형태 및 주요법체계를 대표하여야 함에 유념한다.

제10조

1. 총회 및 안전보장이사회에서 절대다수표를 얻은 후보자는 당선된 것으로 본다.
2. 안전보장이사회의 투표는, 재판관의 선거를 위한 것이든지 또는 제12조에 규정된 협의회의 구성원의 임명을 위한 것이든지, 안전보장이사회의 상임이사국과 비상임이사국간에 구별없이 이루어진다.
3. 2인이상의 동일국가 국민이 총회 및 안전보장이사회의 투표에서 모두 절대다수표를 얻은 경우에는 그중 최연장자만이 당선된 것으로 본다.

제11조

선거를 위하여 개최된 제1차 회의후에도 충원되어야 할 1 또는 그 이상의 재판관석이 남는 경우에는 제2차 회의가, 또한 필요한 경우 제3차 회의가 개최된다.

제12조

1. 제3차 회의후에도 충원되지 아니한 1 또는 그 이상의 재판관석이 여전히 남는 경우에는, 3인은 총회가, 3인은 안전보장이사회가 임명하는 6명으로 구성되는 합동협의회가 각공석당 1인을 절대다수표로써 선정하여 총회 및 안전보장이사회가 각각 수락하도록 하기 위하여 총회 또는 안전보장이사회중 어느 일방의 요청에 의하여 언제든지 설치될 수 있다.

2. 요구되는 조건을 충족한 자에 대하여 합동협의회가 전원일치로 동의한 경우에는, 제7조에 규정된 지명 명부중에 기재되지 아니한 자라도 협의회의 명부에 기재될 수 있다.

3. 합동협의회가 당선자를 확보할 수 없다고 인정하는 경우에는 이미 선출된 재판소의 재판관들은 총회 또는 안전보장이사회중 어느 일방에서 라도 득표한 후보자 중에서 안전보장이사회가 정하는 기간내에 선정하여 공석을 충원한다.

4. 재판관간의 투표가 동수인 경우에는 최연장 재판관이 결정투표권을 가진다.

제13조

1. 재판소의 재판관은 9년의 임기로 선출되며 재선될 수 있다. 다만, 제1회 선거에서 선출된 재판관중 5인의 재판관의 임기는 3년후에 종료되며, 다른 5인의 재판관의 임기는 6년후에 종료된다.

2. 위에 규정된 최초의 3년 및 6년의 기간후에 임기가 종료되는 재판관은 제 1회 선거가 완료된 직후 사무총장이 추첨으로 선정한다.

3. 재판소의 재판관은 후임자가 충원될 때까지 계속 직무를 수행한다. 충원 후에도 재판관은 이미 착수한 사건을 완결한다.

4. 재판소의 재판관이 사임하는 경우 사표는 재판소장에게 제출되며, 사무총장에게 전달된다. 이러한 최후의 통고에 의하여 공석이 생긴다.

제14조

공석은 후단의 규정에 따를 것을 조건으로 제1회 선거에 관하여 정한 방법과 동일한 방법으로 충원된다. 사무총장은 공석이 발생한 후 1월이내에 제5조에 규정된 초청장을 발송하며, 선거일은 안전보장이사회가 정한다.

제15조

임기가 종료되지 아니한 재판관을 교체하기 위하여 선출된 재판소의 재판관은 전임자의 잔임기간동안 재직한다.

제16조

1. 재판소의 재판관은 정치적 또는 행정적인 어떠한 임무도 수행할 수 없으며, 또는 전문적 성질을 가지는 다른 어떠한 직업에도 종사할 수 없다.
2. 이 점에 관하여 의문이 있는 경우에는 재판소의 결정에 의하여 해결한다.

제17조

1. 재판소의 재판관은 어떠한 사건에 있어서도 대리인·법률고문 또는 변호인으로서 행동할 수 없다.
2. 재판소의 재판관은 일방당사자의 대리인·법률고문 또는 변호인으로서, 국내법원 또는 국제법원의 법관으로서, 조사위원회의 위원으로서, 또는 다른 어떠한 자격으로서도, 이전에 그가 관여하였던 사건의 판결에 참여할 수 없다.
3. 이 점에 관하여 의문이 있는 경우에는 재판소의 결정에 의하여 해결한다.

제18조

1. 재판소의 재판관은, 다른 재판관들이 전원일치의 의견으로써 그가 요구되는 조건을 충족하지 못하게 되었다고 인정하는 경우를 제외하고는, 해임될 수 없다.
2. 해임의 정식통고는 재판소서기가 사무총장에게 한다.

3. 이러한 통고에 의하여 공석이 생긴다.

제19조
재판소의 재판관은 재판소의 업무에 종사하는 동안 외교특권 및 면제를 향유한다.

제20조
재판소의 모든 재판관은 직무를 개시하기 전에 자기의 직권을 공평하고 양심적으로 행사할 것을 공개된 법정에서 엄숙히 선언한다.

제21조
1. 재판소는 3년 임기로 재판소장 및 재판소부소장을 선출한다. 그들은 재선될 수 있다.
2. 재판소는 재판소서기를 임명하며 필요한 다른 직원의 임명에 관하여 규정할 수 있다.

제22조
1. 재판소의 소재지는 헤이그로 한다. 다만, 재판소가 바람직하다고 인정하는 때에는 다른 장소에서 개정하여 그 임무를 수행할 수 있다.
2. 재판소장 및 재판소서기는 재판소의 소재지에 거주한다.

제23조
1. 재판소는 재판소가 휴가중인 경우를 제외하고는 항상 개정하며, 휴가의 시기 및 기간은 재판소가 정한다.
2. 재판소의 재판관은 정기휴가의 권리를 가진다. 휴가의 시기 및 기간은 헤이그와 각 재판관의 가정간의 거리를 고려하여 재판소가 정한다.
3. 재판소의 재판관은 휴가중에 있는 경우이거나 질병 또는 재판소장에 대하여 정당하게 해명할 수 있는 다른 중대한 사유로 인하여 출석할 수 없는

경우를 제외하고는 항상 재판소의 명에 따라야 할 의무를 진다.

제24조

1. 재판소의 재판관은 특별한 사유로 인하여 특정사건의 결정에 자신이 참여하여서는 아니된다고 인정하는 경우에는 재판소장에게 그 점에 관하여 통보한다.

2. 재판소장은 재판소의 재판관중의 한 사람이 특별한 사유로 인하여 특정사건에 참여하여서는 아니된다고 인정하는 경우에는 그에게 그 점에 관하여 통보한다.

3. 그러한 모든 경우에 있어서 재판소의 재판관과 재판소장의 의견이 일치하지 아니하는 때에는 그 문제는 재판소의 결정에 의하여 해결한다.

제25조

1. 재판소규정에 달리 명문의 규정이 있는 경우를 제외하고는 재판소는 전원이 출석하여 개정한다.

2. 재판소를 구성하기 위하여 응할 수 있는 재판관의 수가 11인 미만으로 감소되지 아니할 것을 조건으로, 재판소규칙은 상황에 따라서 또한 윤번으로 1인 또는 그 이상의 재판관의 출석을 면제할 수 있음을 규정할 수 있다.

3. 재판소를 구성하는데 충분한 재판관의 정족수는 9인으로 한다.

제26조

1. 재판소는 특정한 부류의 사건, 예컨대 노동사건과 통과 및 운수통신에 관한 사건을 처리하기 위하여 재판소가 결정하는 바에 따라 3인 또는 그 이상의 재판관으로 구성되는 1 또는 그 이상의 소재판부를 수시로 설치할 수 있다.

2. 재판소는 특정사건을 처리하기 위한 소재판부를 언제든지 설치할 수 있다. 그러한 소재판부를 구성하는 재판관의 수는 당사자의 승인을 얻어 재

판소가 결정한다.

3. 당사자가 요청하는 경우에는 이 조에서 규정된 소재판부가 사건을 심리하고 결정한다.

제27조

제26조 및 제29조에 규정된 소재판부가 선고한 판결은 재판소가 선고한 것으로 본다.

제28조

제26조 및 제29조에 규정된 소재판부는 당사자의 동의를 얻어 헤이그외의 장소에서 개정하여, 그 임무를 수행할 수 있다.

제29조

업무의 신속한 처리를 위하여 재판소는, 당사자의 요청이 있는 경우 간이소송절차로 사건을 심리하고 결정할 수 있는, 5인의 재판관으로 구성되는 소재판부를 매년 설치한다. 또한 출석할 수 없는 재판관을 교체하기 위하여 2인의 재판관을 선정한다.

제30조

1. 재판소는 그 임무를 수행하기 위하여 규칙을 정한다. 재판소는 특히 소송절차규칙을 정한다.

2. 재판소규칙은 재판소 또는 그 소재판부에 투표권없이 출석하는 보좌인에 관하여 규정할 수 있다.

제31조

1. 각당사자의 국적재판관은 재판소에 제기된 사건에 출석할 권리를 가진다.

2. 재판소가 그 재판관석에 당사자중 1국의 국적재판관을 포함시키는 경우

에는 다른 어느 당사자도 재판관으로서 출석할 1인을 선정할 수 있다. 다만, 그러한 자는 되도록이면 제4조 및 제5조에 규정된 바에 따라 후보자로 지명된 자중에서 선정된다.

3. 재판소가 그 재판관석에 당사자의 국적재판관을 포함시키지 아니한 경우에는 각 당사자는 제2항에 규정된 바에 따라 재판관을 선정할 수 있다.

4. 이 조의 규정은 제26조 및 제29조의 경우에 적용된다. 그러한 경우에 재판소장은 소재판부를 구성하고 있는 재판관중 1인 또는 필요한 때에는 2인에 대하여, 관계당사자의 국적재판관에게 또한 그러한 국적재판관이 없거나 출석할 수 없는 때에는 당사자가 특별히 선정하는 재판관에게, 재판관석을 양보할 것을 요청한다.

5. 동일한 이해관계를 가진 수개의 당사자가 있는 경우에, 그 수개의 당사자는 위 규정들의 목적상 단일당사자로 본다. 이 점에 관하여 의문이 있는 경우에는 재판소의 결정에 의하여 해결한다.

6. 제2항·제3항 및 제4항에 규정된 바에 따라 선정되는 재판관은 재판소 규정의 제2조·제17조(제2항)·제20조 및 제24조가 요구하는 조건을 충족하여야 한다. 그러한 재판관 자기의 동료와 완전히 평등한 조건으로 결정에 참여한다.

제32조

1. 재판소의 각재판관은 연봉을 받는다.

2. 재판소장은 특별년차수당을 받는다.

3. 재판소부소장은 재판소장으로서 활동하는 모든 날자에 대하여 특별수당을 받는다.

4. 제31조에 의하여 선정된 재판관으로서 재판소의 재판관이 아닌 자는 자기의 임무를 수행하는 각 날자에 대하여 보상을 받는다.

5. 이러한 봉급·수당 및 보상은 총회가 정하며 임기중 감액될 수 없다.

6. 재판소서기의 봉급은 재판소의 제의에 따라 총회가 정한다.

7. 재판소의 재판관 및 재판소서기에 대하여 퇴직연금이 지급되는 조건과

재판소의 재판관 및 재판소서기가 그 여비를 상환받는 조건은 총회가 제
정하는 규칙에서 정하여진다.
8. 위의 봉급·수당 및 보상은 모든 과세로부터 면제된다.

제33조
재판소의 경비는 총회가 정하는 방식에 따라 국제연합이 부담한다.

제2장 재판소의 관할

제34조
1. 국가만이 재판소에 제기되는 사건의 당사자가 될 수 있다.
2. 재판소는 재판소규칙이 정하는 조건에 따라 공공 국제기구에게 재판소에
   제기된 사건과 관련된 정보를 요청할 수 있으며, 또한 그 국제 기구가 자
   발적으로 제공하는 정보를 수령한다.
3. 공공 국제기구의 설립문서 또는 그 문서에 의하여 채택된 국제협약의 해
   석이 재판소에 제기된 사건에서 문제로 된 때에는 재판소서기는 당해 공
   공 국제기구에 그 점에 관하여 통고하며, 소송절차상의 모든 서류의 사본
   을 송부한다.

제35조
1. 재판소는 재판소규정의 당사국에 대하여 개방된다.
2. 재판소를 다른 국가에 대하여 개방하기 위한 조건은 현행 제조약의 특별
   한 규정에 따를 것을 조건으로 안전보장이사회가 정한다. 다만, 어떠한 경
   우에도 그러한 조건은 당사자들을 재판소에 있어서 불평등한 지위에 두게
   하는 것이어서는 아니된다.
3. 국제연합의 회원국이 아닌 국가가 사건의 당사자인 경우에는 재판소는
   그 당사자가 재판소의 경비에 대하여 부담할 금액을 정한다. 그러한 국가

가 재판소의 경비를 분담하고 있는 경우에는 적용되지 아니한다.

제36조

1. 재판소의 관할은 당사자가 재판소에 회부하는 모든 사건과 국제연합헌장 또는 현행의 제조약 및 협약에서 특별히 규정된 모든 사항에 미친다.
2. 재판소규정의 당사국은 다음 사항에 관한 모든 법률적 분쟁에 대하여 재 판소의 관할을, 동일한 의무를 수락하는 모든 다른 국가와의 관계에 있어 서 당연히 또한 특별한 합의가 없어도, 강제적인 것으로 인정한다는 것을 언제든지 선언할 수 있다.

가. 조약의 해석

나. 국제법상의 문제

다. 확인되는 경우, 국제의무의 위반에 해당하는 사실의 존재

라. 국제의무의 위반에 대하여 이루어지는 배상의 성질 또는 범위

3. 위에 규정된 선언은 무조건으로, 수개 국가 또는 일정 국가와의 상호주의 의 조건으로, 또는 일정한 기간을 정하여 할 수 있다.
4. 그러한 선언서는 국제연합사무총장에게 기탁되며, 사무총장은 그 사본을 재판소규정의 당사국과 국제사법재판소서기에게 송부한다.
5. 상설국제사법재판소규정 제36조에 의하여 이루어진 선언으로서 계속 효 력을 가지는 것은, 재판소규정의 당사국사이에서는, 이 선언이 금후 존속 하여야 할 기간동안 그리고 이 선언의 조건에 따라 재판소의 강제적 관할 을 수락한 것으로 본다.
6. 재판소가 관할권을 가지는지의 여부에 관하여 분쟁이 있는 경우에는, 그 문제는 재판소의 결정에 의하여 해결된다.

제37조

현행의 조약 또는 협약이 국제연맹이 설치한 재판소 또는 상설국제사법재판 소에 어떤 사항을 회부하는 것을 규정하고 있는 경우에 그 사항은 재판소규 정의 당사국사이에서는 국제사법재판소에 회부된다.

제38조

1. 재판소는 재판소에 회부된 분쟁을 국제법에 따라 재판하는 것을 임무로 하며, 다음을 적용한다.

가. 분쟁국에 의하여 명백히 인정된 규칙을 확립하고 있는 일반적인 또는 특별한 국제협약

나. 법으로 수락된 일반관행의 증거로서의 국제관습

다. 문명국에 의하여 인정된 법의 일반원칙

라. 법칙결정의 보조수단으로서의 사법판결 및 제국의 가장 우수한 국제법 학자의 학설. 다만, 제59조의 규정에 따를 것을 조건으로 한다.

2. 이 규정은 당사자가 합의하는 경우에 재판소가 형평과 선에 따라 재판하는 권한을 해하지 아니한다.

제3장 소송절차

제39조

1. 재판소의 공용어는 불어 및 영어로 한다. 당사자가 사건을 불어로 처리하는 것에 동의하는 경우 판결은 불어로 한다. 당사자가 사건을 영어로 처리하는 것에 동의하는 경우 판결은 영어로 한다.

2. 어떤 공용어를 사용할 것인지에 대한 합의가 없는 경우에, 각 당사자는 자국이 선택하는 공용어를 변론절차에서 사용할 수 있으며, 재판소의 판결은 불어 및 영어로 한다. 이러한 경우에 재판소는 두 개의 본문중 어느 것을 정본으로 할 것인가를 아울러 결정한다.

3. 재판소는 당사자의 요청이 있는 경우 그 당사자가 불어 또는 영어외의 언어를 사용하도록 허가한다.

제40조

1. 재판소에 대한 사건의 제기는 각 경우에 따라 재판소서기에게 하는 특별

한 합의의 통고에 의하여 또는 서면신청에 의하여 이루어진다. 어느 경우
에도 분쟁의 주제 및 당사자가 표시된다.

2. 재판소서기는 즉시 그 신청을 모든 이해관계자에게 통보한다.

3. 재판소서기는 사무총장을 통하여 국제연합회원국에게도 통고하며, 또한
   재판소에 출석할 자격이 있는 어떠한 다른 국가에게도 통고한다.

제41조

1. 재판소는 사정에 의하여 필요하다고 인정하는 때에는 각당사자의 각각의
   권리를 보전하기 위하여 취하여져야 할 잠정조치를 제시할 권한을 가진다.

2. 종국판결이 나올 때까지, 제시되는 조치는 즉시 당사자 및 안전보장이사
   회에 통지된다.

제42조

1. 당사자는 대리인에 의하여 대표된다.

2. 당사자는 재판소에서 법률고문 또는 변호인의 조력을 받을 수 있다.

3. 재판소에서 당사자의 대리인·법률고문 및 변호인은 자기의 직무를 독립
   적으로 수행하는데 필요한 특권 및 면제를 향유한다.

제43조

1. 소송절차는 서면소송절차 및 구두소송절차의 두 부분으로 구성된다.

2. 서면소송절차는 준비서면·답변서 및 필요한 경우 항변서와 원용할 수
   있는 모든 문서 및 서류를 재판소와 당사자에게 송부하는 것으로 이루어
   진다.

3. 이러한 송부는 재판소가 정하는 순서에 따라 재판소가 정하는 기간내에
   재판소서기를 통하여 이루어진다.

4. 일방당사자가 제출한 모든 서류의 인증사본 1통은 타방당사자에게 송부
   된다.

5. 구두소송절차는 재판소가 증인·감정인·대리인·법률고문 및 변호인에

대하여 심문하는 것으로 이루어진다.

제44조
1. 재판소는 대리인·법률고문 및 변호인외의 자에 대한 모든 통지의 송달을, 그 통지가 송달될 지역이 속하는 국가의 정부에게 직접 한다.
2. 위의 규정은 현장에서 증거를 수집하기 위한 조치를 취하여야 할 경우에도 동일하게 적용된다.

제45조
심리는 재판소장 또는 재판소장이 주재할 수 없는 경우에는 재판소부소장이 지휘한다. 그들 모두가 주재할 수 없을 때에는 출석한 선임재판관이 주재한다.

제46조
재판소에서의 심리는 공개된다. 다만, 재판소가 달리 결정하는 경우 또는 당사자들이 공개하지 아니할 것을 요구하는 경우에는 그러하지 아니한다.

제47조
1. 매 심리마다 조서를 작성하고 재판소서기 및 재판소장이 서명한다.
2. 이 조서만이 정본이다.

제48조
재판소는 사건의 진행을 위한 명령을 발하고, 각당사자가 각각의 진술을 종결하여야 할 방식 및 시기를 결정하며, 증거조사에 관련되는 모든 조치를 취한다.

제49조
재판소는 심리의 개시전에도 서류를 제출하거나 설명을 할 것을 대리인에게 요청할 수 있다. 거절하는 경우에는 정식으로 이를 기록하여 둔다.

제50조
재판소는 재판소가 선정하는 개인·단체·관공서·위원회 또는 다른 조직에게 조사의 수행 또는 감정의견의 제출을 언제든지 위탁할 수 있다.

제51조
심리중에는 제30조에 규정된 소송절차규칙에서 재판소가 정한 조건에 따라 증인 및 감정인에게 관련된 모든 질문을 한다.

제52조
재판소는 그 목적을 위하여 정하여진 기간내에 증거 및 증언을 수령한 후에는, 타방당사자가 동의하지 아니하는 한, 일방당사자가 제출하고자 하는 어떠한 새로운 인증 또는 서증도 그 수리를 거부할 수 있다.

제53조
1. 일방당사자가 재판소에 출석하지 아니하거나 또는 그 사건을 방어하지 아니하는 때에는 타방당사자는 자기의 청구에 유리하게 결정할 것을 재판소에 요청할 수 있다.
2. 재판소는, 그렇게 결정하기 전에, 제36조 및 제37조에 따라 재판소가 관할권을 가지고 있을 뿐만 아니라 그 청구가 사실 및 법에 충분히 근거하고 있음을 확인하여야 한다.

제54조
1. 재판소의 지휘에 따라 대리인·법률고문 및 변호인이 사건에 관한 진술을 완료한 때에는 재판소장은 심리가 종결되었음을 선언한다.
2. 재판소는 판결을 심의하기 위하여 퇴정한다.
3. 재판소의 평의는 비공개로 이루어지며 비밀로 한다.

제55조

1. 모든 문제는 출석한 재판관의 과반수로 결정된다.
2. 가부동수인 경우에는 재판소장 또는 재판소장을 대리하는 재판관이 결정 투표권을 가진다.

제56조

1. 판결에는 판결이 기초하고 있는 이유를 기재한다.
2. 판결에는 결정에 참여한 재판관의 성명이 포함된다.

제57조

판결이 전부 또는 부분적으로 재판관 전원일치의 의견을 나타내지 아니한 때에는 어떠한 재판관도 개별의견을 제시할 권리를 가진다.

제58조

판결에는 재판소장 및 재판소서기가 서명한다. 판결은 대리인에게 적절히 통지된 후 공개된 법정에서 낭독된다.

제59조

재판소의 결정은 당사자사이와 그 특정사건에 관하여서만 구속력을 가진다.

제60조

판결은 종국적이며 상소할 수 없다. 판결의 의미 또는 범위에 관하여 분쟁이 있는 경우에는 재판소는 당사자의 요청에 의하여 이를 해석한다.

제61조

1. 판결의 재심청구는 재판소 및 재심을 청구하는 당사자가 판결이 선고되 었을 당시에는 알지 못하였던 결정적 요소로 될 성질을 가진 어떤 사실의 발견에 근거하는 때에 한하여 할 수 있다. 다만, 그러한 사실을 알지 못한

것이 과실에 의한 것이 아니었어야 한다.

2. 재심의 소송절차는 새로운 사실이 존재함을 명기하고, 그 새로운 사실이 사건을 재심할 성질의 것임을 인정하고, 또한 재심청구가 이러한 이유로 허용될 수 있음을 선언하고 있는 재판소의 판결에 의하여 개시된다.

3. 재판소는 재심의 소송절차를 허가하기 전에 원판결의 내용을 먼저 준수 하도록 요청할 수 있다.

4. 재심청구는 새로운 사실을 발견한 때부터 늦어도 6월 이내에 이루어져야 한다.

5. 판결일부터 10년이 지난후에는 재심청구를 할 수 없다.

제62조

1. 사건의 결정에 의하여 영향을 받을 수 있는 법률적 성질의 이해관계가 있 다고 인정하는 국가는 재판소에 그 소송에 참가하는 것을 허락하여 주도 록 요청할 수 있다.

2. 재판소는 이 요청에 대하여 결정한다.

제63조

1. 사건에 관련된 국가 이외의 다른 국가가 당사국으로 있는 협약의 해석이 문제가 된 경우에는 재판소서기는 즉시 그러한 모든 국가에게 통고한다.

2. 그렇게 통고를 받은 모든 국가는 그 소송절차에 참가할 권리를 가진다. 다만, 이 권리를 행사한 경우에는 판결에 의하여 부여된 해석은 그 국가에 대하여도 동일한 구속력을 가진다.

제64조

재판소가 달리 결정하지 아니하는 한 각당사자는 각자의 비용을 부담한다.

제4장 권고적 의견

제65조

1. 재판소는 국제연합헌장에 의하여 또는 이 헌장에 따라 권고적 의견을 요청하는 것을 허가받은 기관이 그러한 요청을 하는 경우에 어떠한 법률문제에 관하여도 권고적 의견을 부여할 수 있다.

2. 재판소의 권고적 의견을 구하는 문제는, 그 의견을 구하는 문제에 대하여 정확하게 기술하고 있는 요청서에 의하여 재판소에 제기된다. 이 요청서에는 그 문제를 명확하게 할 수 있는 모든 서류를 첨부한다.

제66조

1. 재판소서기는 권고적 의견이 요청된 사실을 재판소에 출석할 자격이 있는 모든 국가에게 즉시 통지한다.

2. 재판소서기는 또한, 재판소에 출석할 자격이 있는 모든 국가에게, 또는 그 문제에 관한 정보를 제공할 수 있다고 재판소 또는 재판소가 개정중이 아닌 때에는 재판소장이 인정하는 국제기구에게, 재판소장이 정하는 기간 내에, 재판소가 그 문제에 관한 진술서를 수령하거나 또는 그 목적을 위하여 열리는 공개법정에서 그 문제에 관한 구두진술을 청취할 준비가 되어 있음을 특별하고도 직접적인 통신수단에 의하여 통고한다.

3. 재판소에 출석할 자격이 있는 그러한 어떠한 국가도 제2항에 규정된 특별통지를 받지 아니하였을 때에는 진술서를 제출하거나 또는 구두로 진술하기를 희망한다는 것을 표명할 수 있다. 재판소는 이에 관하여 결정한다.

4. 서면 또는 구두진술 또는 양자 모두를 제출한 국가 및 기구는, 재판소 또는 재판소가 개정중이 아닌 때에는 재판소장이 각 특정사건에 있어서 정하는 형식·범위 및 기간내에 다른 국가 또는 기구가 한 진술에 관하여 의견을 개진하는 것이 허용된다. 따라서 재판소서기는 그러한 진술서를 이와 유사한 진술서를 제출한 국가 및 기구에게 적절한 시기에 송부한다.

제67조

재판소는 사무총장 및 직접 관계가 있는 국제연합회원국·다른 국가 및 국제기구의 대표에게 통지한 후 공개된 법정에서 그 권고적 의견을 발표한다.

제68조

권고적 임무를 수행함에 있어서 재판소는 재판소가 적용할 수 있다고 인정하는 범위안에서 쟁송사건에 적용되는 재판소규정의 규정들에 또한 따른다.

제5장 개 정

제69조

재판소규정의 개정은 국제연합헌장이 그 헌장의 개정에 관하여 규정한 절차와 동일한 절차에 의하여 이루어진다. 다만, 재판소규정의 당사국이면서 국제연합회원국이 아닌 국가의 참가에 관하여는 안전보장이사회의 권고에 의하여 총회가 채택한 규정에 따른다.

제70조

재판소는 제69조의 규정에 따른 심의를 위하여 재판소가 필요하다고 인정하는 재판소규정의 개정을, 사무총장에 대한 서면통보로써, 제안할 권한을 가진다.

Statute of the International Court of Justice

Article 1

The International Court of Justice established by the Charter of the United Nations as the principal judicial organ of the United Nations shall be constituted and shall function in accordance with the provisions of the present Statute.

CHAPTER I. ORGANIZATION OF THE COURT

Article 2

The Court shall be composed of a body of independent judges, elected regardless of their nationality from among persons of high moral character, who possess the qualifications required in their respective countries for appointment to the highest judicial offices, or are jurisconsults of recognized competence in international law.

Article 3

1. The Court shall consist of fifteen members, no twOOOf whom may be nationals of the same state.

2. A person who for the purposes of membership in the Court could be regarded as a national of more than one state shall be deemed to be a national of the one in which he ordinarily exercises civil and political rights.

Article 4

1. The members of the Court shall be elected by the General Assembly and by the Security Council from a list of persons nominated by the national groups in the Permanent Court of Arbitration, in accordance with the following provisions.

2. In the case of Members of the United Nations not represented in the Permanent Court of Arbitration, candidates shall be nominated by national groups

appointed for this purpose by their governments under the same conditions as those prescribed for members of the Permanent Court of Arbitration by Article 44 of the Convention of The Hague of 1907 for the pacific settlement of international disputes.

3. The conditions under which a state which is a party to the present Statute but is not a Member of the United Nations may participate in electing the members of the Court shall, in the absence of a special agreement, be laid down by the General Assembly upon recommendation of the Security Council.

Article 5

1. At least three months before the date of the election, the Secretary-General of the United Nations shall address a written request to the members of the Permanent Court of Arbitration belonging to the states which are parties to the present Statute, and to the members of the national groups appointed under Article 4, paragraph 2, inviting them to undertake, within a given time, by national groups, the nomination of persons in a position to accept the duties of a member of the Court.

2. No group may nominate more than four persons, not more than twOOOf whom shall be of their own nationality. In no case may the number of candidates nominated by a group be more than double the number of seats to be filled.

Article 6

Before making these nominations, each national group is recommended to consult its highest court of justice, its legal faculties and schools of law, and its national academies and national sections of international academies devoted to the study of law.

Article 7

1. The Secretary-General shall prepare a list in alphabetical order of all the persons thus nominated. Save as provided in Article 12, paragraph 2, these shall be the only persons eligible.
2. The Secretary-General shall submit this list to the General Assembly and to the Security Council.

Article 8

The General Assembly and the Security Council shall proceed independently of one another to elect the members of the Court.

Article 9

At every election, the electors shall bear in mind not only that the persons to be elected should individually possess the qualifications required, but also that in the body as a whole the representation of the main forms of civilization and of the principal legal systems of the world should be assured.

Article 10

1. Those candidates whOOObtain an absolute majority of votes in the General Assembly and in the Security Council shall be considered as elected.
2. Any vote of the Security Council, whether for the election of judges or for the appointment of members of the conference envisaged in Article 12, shall be taken without any distinction between permanent and non-permanent members of the Security Council.
3. In the event of more than one national of the same state obtaining an absolute majority of the votes both of the General Assembly and of the Security Council, the eldest of these only shall be considered as elected.

Article 11

If, after the first meeting held for the purpose of the election, one or more seats remain to be filled, a second and, if necessary, a third meeting shall take place.

Article 12

1. If, after the third meeting, one or more seats still remain unfilled, a joint conference consisting of six members, three appointed by the General Assembly and three by the Security Council, may be formed at any time at the request of either the General Assembly or the Security Council, for the purpose of choosing by the vote of an absolute majority one name for each seat still vacant, to submit to the General Assembly and the Security Council for their respective acceptance.
2. If the joint conference is unanimously agreed upon any person who fulfills the required conditions, he may be included in its list, even though he was not included in the list of nominations referred to in Article 7.
3. If the joint conference is satisfied that it will not be successful in procuring an election, those members of the Court who have already been elected shall, within a period to be fixed by the Security Council, proceed to fill the vacant seats by selection from among those candidates who have obtained votes either in the General Assembly or in the Security Council.
4. In the event of an equality of votes among the judges, the eldest judge shall have a casting vote.

Article 13

1. The members of the Court shall be elected for nine years and may be re-elected; provided, however, that of the judges elected at the first election, the terms of five judges shall expire at the end of three years and the terms of five more judges shall expire at the end of six years.
2. The judges whose terms are to expire at the end of the above-mentioned initial

periods of three and six years shall be chosen by lot to be drawn by the Secretary-General immediately after the first election has been completed.

3. The members of the Court shall continue to discharge their duties until their places have been filled. Though replaced, they shall finish any cases which they may have begun.

4. In the case of the resignation of a member of the Court, the resignation shall be addressed to the President of the Court for transmission to the Secretary-General. This last notification makes the place vacant.

Article 14

Vacancies shall be filled by the same method as that laid down for the first election subject to the following provision: the Secretary-General shall, within one month of the occurrence of the vacancy, proceed to issue the invitations provided for in Article 5, and the date of the election shall be fixed by the Security Council.

Article 15

A member of the Court elected to replace a member whose term of office has not expired shall hold office for the remainder of his predecessor's term.

Article 16

1. No member of the Court may exercise any political or administrative function, or engage in any other occupation of a professional nature.

2. Any doubt on this point shall be settled by the decision of the Court.

Article 17

1. No member of the Court may act as agent, counsel, or advocate in any case.

2. No member may participate in the decision of any case in which he has previously taken part as agent, counsel, or advocate for one of the parties, or as a member of a national or international court, or of a commission of enquiry,

or in any other capacity.

3. Any doubt on this point shall be settled by the decision of the Court.

Article 18

1. No member of the Court can be dismissed unless, in the unanimous opinion of the other members, he has ceased to fulfill the required conditions.
2. Formal notification thereof shall be made to the Secretary-General by the Registrar.
3. This notification makes the place vacant.

Article 19

The members of the Court, when engaged on the business of the Court, shall enjoy diplomatic privileges and immunities.

Article 20

Every member of the Court shall, before taking up his duties, make a solemn declaration in open court that he will exercise his powers impartially and conscientiously.

Article 21

1. The Court shall elect its President and Vice-President for three years; they may be re-elected.
2. The Court shall appoint its Registrar and may provide for the appointment of such other officers as may be necessary.

Article 22

1. The seat of the Court shall be established at The Hague. This, however, shall not prevent the Court from sitting and exercising its functions elsewhere whenever the Court considers it desirable.

2. The President and the Registrar shall reside at the seat of the Court.

Article 23

1. The Court shall remain permanently in session, except during the judicial vacations, the dates and duration of which shall be fixed by the Court.

2. Members of the Court are entitled to periodic leave, the dates and duration of which shall be fixed by the Court, having in mind the distance between The Hague and the home of each judge.

3. Members of the Court shall be bound, unless they are on leave or prevented from attending by illness or other serious reasons duly explained to the President, to hold themselves permanently at the disposal of the Court.

Article 24

1. If, for some special reason, a member of the Court considers that he should not take part in the decision of a particular case, he shall so inform the President.

2. If the President considers that for some special reason one of the members of the Court should not sit in a particular case, he shall give him notice accordingly.

3. If in any such case the member Court and the President disagree, the matter shall be settled by the decision of the Court.

Article 25

1. The full Court shall sit except when it is expressly provided otherwise in the present Statute.

2. Subject to the condition that the number of judges available to constitute the Court is not thereby reduced below eleven, the Rules of the Court may provide for allowing one or more judges, according to circumstances and in rotation, to be dispensed from sitting.

3. A quorum of nine judges shall suffice to constitute the Court.

Article 26

1. The Court may from time to time form one or more chambers, composed of three or more judges as the Court may determine, for dealing with particular categories of cases; for example, labour cases and cases relating to transit and communications.

2. The Court may at any time form a chamber for dealing with a particular case. The number of judges to constitute such a chamber shall be determined by the Court with the approval of the parties.

3. Cases shall be heard and determined by the chambers provided for in this article if the parties so request.

Article 27

A judgment given by any of the chambers provided for in Articles 26 and 29 shall be considered as rendered by the Court.

Article 28

The chambers provided for in Articles 26 and 29 may, with the consent of the parties, sit and exercise their functions elsewhere than at The Hague.

Article 29

With a view to the speedy dispatch of business, the Court shall form annually a chamber composed of five judges which, at the request of the parties, may hear and determine cases by summary procedure. In addition, two judges shall be selected for the purpose of replacing judges who find it impossible to sit.

Article 30

1. The Court shall frame rules for carrying out its functions. In particular, it shall lay down rules of procedure.

2. The Rules of the Court may provide for assessors to sit with the Court or with

any of its chambers, without the right to vote.

Article 31

1. Judges of the nationality of each of the parties shall retain their right to sit in the case before the Court.

2. If the Court includes upon the Bench a judge of the nationality of one of the parties, any other party may choose a person to sit as judge. Such person shall be chosen preferably from among those persons who have been nominated as candidates as provided in Articles 4 and 5.

3. If the Court includes upon the Bench no judge of the nationality of the parties, each of these parties may proceed to choose a judge as provided in paragraph 2 of this Article.

4. The provisions of this Article shall apply to the case of Articles 26 and 29. In such cases, the President shall request one or, if necessary, twOOOf the members of the Court forming the chamber to give place to the members of the Court of the nationality of the parties concerned, and, failing such, or if they are unable to be present, to the judges specially chosen by the parties.

5. Should there be several parties in the same interest, they shall, for the purpose of the preceding provisions, be reckoned as one party only. Any doubt upon this point shall be settled by the decision of the Court.

6. Judges chosen as laid down in paragraphs 2, 3, and 4 of this Article shall fulfil the conditions required by Articles 2, 17 (paragraph 2) , 20, and 24 of the present Statute. They shall take part in the decision on terms of complete equality with their colleagues.

Article 32

1. Each member of the Court shall receive an annual salary.

2. The President shall receive a special annual allowance.

3. The Vice-President shall receive a special allowance for every day on which he

acts as President.

4. The judges chosen under Article 31, other than members of the Court, shall receive compensation for each day on which they exercise their functions.

5. These salaries, allowances, and compensation shall be fixed by the General Assembly. They may not be decreased during the term of office.

6. The salary of the Registrar shall be fixed by the General Assembly on the proposal of the Court.

7. Regulations made by the General Assembly shall fix the conditions under which retirement pensions may be given to members of the Court and to the Registrar, and the conditions under which members of the Court and the Registrar shall have their travelling expenses refunded.

8. The above salaries, allowances, and compensation shall be free of all taxation.

Article 33

The expenses of the Court shall be borne by the United Nations in such a manner as shall be decided by the General Assembly.

CHAPTER II. COMPETENCE OF THE COURT

Article 34

1. Only states may be parties in cases before the Court.

2. The Court, subject to and in conformity with its Rules, may request of public international organizations information relevant to cases before it, and shall receive such information presented by such organizations on their own initiative.

3. Whenever the construction of the constituent instrument of a public international organization or of an international convention adopted thereunder is in question in a case before the Court, the Registrar shall so notify the public international

organization concerned and shall communicate to it copies of all the written proceedings.

Article 35

1. The Court shall be open to the states parties to the present Statute.

2. The conditions under which the Court shall be open tOOOther states shall, subject to the special provisions contained in treaties in force, be laid down by the Security Council, but in no case shall such conditions place the parties in a position of inequality before the Court.

3. When a state which is not a Member of the United Nations is a party to a case, the Court shall fix the amount which that party is to contribute towards the expenses of the Court. This provision shall not apply if such state is bearing a share of the expenses of the Court.

Article 36

1. The jurisdiction of the Court comprises all cases which the parties refer to it and all matters specially provided for in the Charter of the United Nations or in treaties and conventions in force.

2. The states parties to the present Statute may at any time declare that they recognize as compulsory ipso facto and without special agreement, in relation to any other state accepting the same obligation, the jurisdiction of the Court in all legal disputes concerning:

a. the interpretation of a treaty; b. any question of international law; c. the existence of any fact which, if established, would constitute a breach of an international obligation; d. the nature or extent of the reparation to be made for the breach of an international obligation.

3. The declarations referred to above may be made unconditionally or on condition of reciprocity on the part of several or certain states, or for a certain time.

4. Such declarations shall be deposited with the Secretary-General of the United Nations, who shall transmit copies thereof to the parties to the Statute and to the Registrar of the Court.

5. Declarations made under Article 36 of the Statute of the Permanent Court of International Justice and which are still in force shall be deemed, as between the parties to the present Statute, to be acceptances of the compulsory jurisdiction of the International Court of Justice for the period which they still have to run and in accordance with their terms.

6. In the event of a dispute as to whether the Court has jurisdiction, the matter shall be settled by the decision of the Court.

Article 37

Whenever a treaty or convention in force provides for reference of a matter to a tribunal to have been instituted by the League of Nations, or to the Permanent Court of International Justice, the matter shall, as between the parties to the present Statute, be referred to the International Court of Justice.

Article 38

1. The Court, whose function is to decide in accordance with international law such disputes as are submitted to it, shall apply:

a. international conventions, whether general or particular, establishing rules expressly recognized by the contesting states;

b. international custom, as evidence of a general practice accepted as law;

c. the general principles of law recognized by civilized nations;

d. subject to the provisions of Article 59, judicial decisions and the teachings of the most highly qualified publicists of the various nations, as subsidiary means for the determination of rules of law.

2. This provision shall not prejudice the power of the Court to decide a case ex aequo et bono, if the parties agree thereto.

254 독도고지도에 대한 국제지도증거법 규칙의 분석적 적용효과

CHAPTER III. PROCEDURE

Article 39

1. The official languages of the Court shall be French and English. If the parties agree that the case shall be conducted in French, the judgment shall be delivered in French. If the parties agree that the case shall be conducted in English, the judgment shall be delivered in English.

2. In the absence of an agreement as to which language shall be employed, each party may, in the pleadings, use the language which it prefers; the decision of the Court shall be given in French and English. In this case the Court shall at the same time determine which of the two texts shall be considered as authoritative.

3. The Court shall, at the request of any party, authorize a language other than French or English to be used by that party.

Article 40

1. Cases are brought before the Court, as the case may be, either by the notification of the special agreement or by a written application addressed to the Registrar. In either case the subject of the dispute and the parties shall be indicated.

2. The Registrar shall forthwith communicate the application to all concerned.

3. He shall also notify the Members of the United Nations through the Secretary-General, and also any other states entitled to appear before the Court.

Article 41

1. The Court shall have the power to indicate, if it considers that circumstances so require, any provisional measures which ought to be taken to preserve the respective rights of either party.

2. Pending the final decision, notice of the measures suggested shall forthwith be given to the parties and to the Security Council

Article 42

1. The parties shall be represented by agents.

2. They may have the assistance of counsel or advocates before the Court.

3. The agents, counsel, and advocates of parties before the Court shall enjoy the privileges and immunities necessary to the independent exercise of their duties.

Article 43

1. The procedure shall consist of two parts: written and oral.

2. The written proceedings shall consist of the communication to the Court and to the parties of memorials, counter-memorials and, if necessary, replies; also all papers and documents in support.

3. These communications shall be made through the Registrar, in the order and within the time fixed by the Court.

4. A certified copy of every document produced by one party shall be communicated to the other party.

5. The oral proceedings shall consist of the hearing by the Court of witnesses, experts, agents, counsel, and advocates.

Article 44

1. For the service of all notices upon persons other than the agents, counsel, and advocates, the Court shall apply direct to the government of the state upon whose territory the notice has to be served.

2. The same provision shall apply whenever steps are to be taken to procure evidence on the spot.

Article 45

The hearing shall be under the control of the President or, if he is unable to preside, of the Vice-President; if neither is able to preside, the senior judge present shall preside.

Article 46

The hearing in Court shall be public, unless the Court shall decide otherwise, or unless the parties demand that the public be not admitted .

Article 47

1. Minutes shall be made at each hearing and signed by the Registrar and the President.
2. These minutes alone shall be authentic.

Article 48

The Court shall make orders for the conduct of the case, shall decide the form and time in which each party must conclude its arguments, and make all arrangements connected with the taking of evidence.

Article 49

The Court may, even before the hearing begins, call upon the agents to produce any document or to supply any explanations. Formal note shall be taken of any refusal.

Article 50

The Court may, at any time, entrust any individual, body, bureau, commission, or other organization that it may select, with the task of carrying out an enquiry or giving an expert opinion.

Article 51

During the hearing any relevant questions are to be put to the witnesses and experts under the conditions laid down by the Court in the rules of procedure referred to in Article 30.

Article 52

After the Court has received the proofs and evidence within the time specified for the purpose, it may refuse to accept any further oral or written evidence that one party may desire to present unless the other side consents.

Article 53

1. Whenever one of the parties does not appear before the Court, or fails to defend its case, the other party may call upon the Court to decide in favour of its claim.
2. The Court must, before doing so, satisfy itself, not only that it has jurisdiction in accordance with Articles 36 and 37, but also that the claim is well founded in fact and law.

Article 54

1. When, subject to the control of the Court, the agents, counsel, and advocates have completed their presentation of the case, the President shall declare the hearing closed.
2. The Court shall withdraw to consider the judgment.
3. The deliberations of the Court shall take place in private and remain secret.

Article 55

1. All questions shall be decided by a majority of the judges present.
2. In the event of an equality of votes, the President or the judge who acts in his place shall have a casting vote.

Article 56

1. The judgment shall state the reasons on which it is based.
2. It shall contain the names of the judges who have taken part in the decision.

Article 57

If the judgment does not represent in whole or in part the unanimous opinion of the judges, any judge shall be entitled to deliver a separate opinion.

Article 58

The judgment shall be signed by the President and by the Registrar. It shall be read in open court, due notice having been given to the agents.

Article 59

The decision of the Court has no binding force except between the parties and in respect of that particular case.

Article 60

The judgment is final and without appeal. In the event of dispute as to the meaning or scope of the judgment, the Court shall construe it upon the request of any party.

Article 61

1. An application for revision of a judgment may be made only when it is based upon the discovery of some fact of such a nature as to be a decisive factor,

which fact was, when the judgment was given, unknown to the Court and also to the party claiming revision, always provided that such ignorance was not due to negligence.

2. The proceedings for revision shall be opened by a judgment of the Court expressly recording the existence of the new fact, recognizing that it has such a character as to lay the case open to revision, and declaring the application admissible on this ground.

3. The Court may require previous compliance with the terms of the judgment before it admits proceedings in revision.

4. The application for revision must be made at latest within six months of the discovery of the new fact.

5. No application for revision may be made after the lapse of ten years from the date of the judgment.

Article 62

1. Should a state consider that it has an interest of a legal nature which may be affected by the decision in the case, it may submit a request to the Court to be permitted to intervene.

2 It shall be for the Court to decide upon this request.

Article 63

1. Whenever the construction of a convention to which states other than those concerned in the case are parties is in question, the Registrar shall notify all such states forthwith.

2. Every state so notified has the right to intervene in the proceedings; but if it uses this right, the construction given by the judgment will be equally binding upon it.

Article 64

Unless otherwise decided by the Court, each party shall bear its own costs.

CHAPTER IV. ADVISORY OPINIONS

Article 65

1. The Court may give an advisory opinion on any legal question at the request of whatever body may be authorized by or in accordance with the Charter of the United Nations to make such a request.

2. Questions upon which the advisory opinion of the Court is asked shall be laid before the Court by means of a written request containing an exact statement of the question upon which an opinion is required, and accompanied by all documents likely to throw light upon the question.

Article 66

1. The Registrar shall forthwith give notice of the request for an advisory opinion to all states entitled to appear before the Court.

2. The Registrar shall also, by means of a special and direct communication, notify any state entitled to appear before the Court or international organization considered by the Court, or, should it not be sitting, by the President, as likely to be able to furnish information on the question, that the Court will be prepared to receive, within a time limit to be fixed by the President, written statements, or to hear, at a public sitting to be held for the purpose, oral statements relating to the question.

3. Should any such state entitled to appear before the Court have failed to receive the special communication referred to in paragraph 2 of this Article, such state may express a desire to submit a written statement or to be heard; and the Court will decide.

4. States and organizations having presented written or oral statements or both shall be permitted to comment on the statements made by other states or organizations in the form, to the extent, and within the time limits which the Court, or, should it not be sitting, the President, shall decide in each particular case. Accordingly, the Registrar shall in due time communicate any such written statements to states and organizations having submitted similar statements.

Article 67

The Court shall deliver its advisory opinions in open court, notice having been given to the Secretary-General and to the representatives of Members of the United Nations, of other states and of international organizations immediately concerned.

Article 68

In the exercise of its advisory functions the Court shall further be guided by the provisions of the present Statute which apply in contentious cases to the extent to which it recognizes them to be applicable.

CHAPTER V. AMENDMENT

Article 69

Amendments to the present Statute shall be effected by the same procedure as is provided by the Charter of the United Nations for amendments to that Charter, subject however to any provisions which the General Assembly upon recommendation of the Security Council may adopt concerning the participation of states which are parties to the present Statute but are not Members of the United Nations.

Article 70

The Court shall have power to propose such amendments to the present Statute as it may deem necessary, through written communications to the Secretary-General, for consideration in conformity with the provisions of Article 69.

2. 국제사법재판소 규칙

1978년 4월14일 채택되어
1978년 7월1일 시행됨[1]

서문[*]

재판소는,
국제연합헌장 제14장을 고려하고:
부속 된 재판소의 규정 법령 제30조에 의거하여:
이하의 개정 재판소규칙을 채택한다.

제1부 재판소

제1장 재판관 및 보좌인

제1절 재판소 구성원

제1조

1. 재판소의 구성원은 규정 제2조에서 제15조까지의 규정에 따라 선출 된 재판관이다.

2. 재판소는 특정의 사건을 위하여 임시재판관으로서 출석하기 위하여

---

[*] 이 개정은 2005년 4월 14일에 시행되었다.

[1] 재판소가 채택한 재판소 규칙의 모든 개정사항은 재판소 웹 사이트에 게시되며, 발효일 및 적용 가능성과 관련된 모든 시간적 유보 사항(예: 개정된 규칙의 적용은 개정 발효일 이후에 제기된 사건에 국한되는지 여부를 표시한다.); 그것은 또한 재판소의 연감에도 출판된다. 1978년 7월 1일 이후 수정된 조항은 이 책에 별표와 함께 표시되며 개정안이 발효된 날짜를 표시하는 개정된 형태로 표시된다.

규정 제31조에 의거하여 선임된 1인 또는 그 이상의 자를 참석시킬 수 있다.

3. 이하의 규칙에서 "재판관의 구성원"이라는 용어는 선출된 재판관을 의미하며, "재판관"이라는 용어는 재판소 구성원과 임시 재판관을 의미한다.

제2조

1. 3년마다 실시되는 선거에 의하여 선출된 재판소의 구성원의 임기는 구성원이 선거되기 위한 공석이 생기는 해의 2월 6일[2]에 개시된다.

2. 임기종료전의 구성원의 후임으로 선출되는 재판소 구성원의 임기는 그 선출일로부터 개시 된다.

제3조

1. 재판소 구성원은 그 직무의 수행에 있어서 선출년도 또는 기간에 관계없이 동등한 지위를 갖는다.

2. 재판소 구성원은 본조 제4항 및 제5항에 정한 경우를 제외하고는 본 규칙 제2조가 정하는 바에 따라 각자의 임기가 시작된 일자에 의하여 석차가 결정된다.

3. 동일한 일자에 임기가 개시된 재판소 구성원 상호간에는 연장 순에 따라 석차가 결정된다.

4. 전의임기에 계속하여 새로운 임기로 재선된 재판소 구성원은 본래의 석차를 가진다.

5. 재판소장 및 재판소 부소장은 그 지위에 있는 동안 타의 모든 재판소 구성원에 우선하는 지위를 갖는다.

6. 앞의 각하에 따라 재판소자 및 재판소 부소장의 다음 석차의 재판소 구성원을 본 규칙에 있어서 "선임재판관"으로 한다. 그러나 이것이 불가능한 경우에 그 구성원의 다음 석차의 재판소 구성원을 선임재판관으로 한다.

---

2) 이것은 1946년 첫 번째 선거에서 선출된 재판소 구성원의 임기가 시작된 날이다.

제4조

1. 규정 제20조에 따라 재판소의 각 구성원이 행하는 선서는 다음과 같다. 「나는 명예를 걸고 성실히 공평하게 그리고 양심에 따라 직무를 수행하고 재판관으로서의 직권을 행사할 것을 엄숙히 선서합니다.」

2. 이 선서는 해당 재판소 구성원이 출석하는 최초의 공개 법정에서 행한다. 이 법정은 해당 구성원의임기가 시작된 후 가능한 한 빠른 시일 내에 개정되며 또한 필요에 따라 그 목적을 위하여 특별히 법정을 개정한다.

3. 재선된 재판소 구성원은 그 새로운 임기가 전의 임기에 계속되지 않는 경우에만 새로이 선서를 한다.

제5조

1. 사임하고자 하는 재판소 구성원은 사표를 재판소장에게 제출하여야 하며, 사임은 규정 제13조 제4항에 정한 바에 따라 효력이 발생한다.

2. 사임하고자 하는 재판소 구성원이 재판소장인 경우에는 사표를 재판소에 제출하여야 하며, 사임은 규정 제13조 제4항에 정한 바에 따라 효력이 발생한다.

제6조

규정은 제18조의 적용이 문제되는 경우 재판소 구성원은 재판소장 또는 경우에 따라서는 재판소 부소장으로부터 그 이유 및 관계 증거를 포함한 서면 통지에 의하여 그러한 사실을 통보받아야 한다. 해당 구성원은 이 목적을 위하여 특별히 소집되는 재판소의 비밀회의에서 진술을 하고 정보를 제공하며 또는 설명을 하거나 자기에 대한 질문에 대해 구두 또는 서면으로 답변하는 기회를 부여받는다. 그리고 그 문제는 해당 구성원이 출석하지 않은 추후의 비밀회의에서 토론되어야 한다. 재판소의 각 구성원은 의견을 진술하며 요구가 있는 경우에는 투표를 한다.

제2절 임시재판관

제7조

1. 규정 제31조에 의거하여 특정사건을 위하여 선임된 임시재판관은 본 규칙 제17조 제2항, 제35조, 제36조, 제37조, 제91조 제2항 및 제102조 제3항에 정한 경우에는 절차에 따라서 재판에 참석하는 것이 허용된다.

2. 임시재판관은 다른 재판관과 완전히 평등한 조건으로 참석하여 그 사건에 참여한다.

3. 임시재판관은 재판소 구성원들의 다음 순위로 연장순에 따라 석차가 결정된다.

제8조

1. 규정 제20조 및 제6항에 따라 모든 임시재판관이 엄숙히 행하는 선서는 본 규칙 제4조 제1항에 정한 바에 의한다.

2. 이 선서는 임시재판관이 참여하는 사건의 공개법정에서 행한다. 사건이 재판소의 소재판관부에 의하여 다루어지는 경우에는 선서는 그 소재판부에서 동일한 방법에 의하여 행하여진다.

3. 임시재판관은 이전의 사건에 있어서 이미 선서를 하였을 경우에도 참여하는 매 사건마다 선서를 하여야 한다. 단, 동일 사건의 후속단계에 있어서는 새로이 선서를 하지 않는다.

제3절 보좌인

제9조

1. 재판소는 직권에 의하여 또는 서면절차의 종결전에 행하여진 요청에 따라 계정사건 또는 권고적 의견 요청과 관련하여 투표권 없이 출석하는 보좌인의 협조를 받을 것을 결정할 수 있다.

2. 재판소가 이 결정을 하는 경우에는 재판소장은 보좌인이 선임에 관계된 모든 정보를 수집하기 위하여 필요한 조치를 취한다.

3. 보좌인은 무기명 투표에 의하여 그 사건에 관하여 재판소를 구성하

는 재판관의 과반수 투표에 의하여 임명된다.

4. 규정 제26조 및 제29조에 규정된 소재판부 및 그 소재판부의 장은 이와 동일한 권한이 부여되며 동일한 방법으로 이를 행사할 수 있다.

5. 보좌인은 직무에 취임함에 있어서 공개법정에서 다음과 같은 선서를 하지 않으면 아니 된다. 「나는 명예를 걸고 공평하게 또한 양심에 따라 보좌인으로서의 직무를 수행하고 아울러 재판소의 규정 및 규칙의 모든 규정을 성실히 준수할 것을 엄숙히 선서합니다.」

제2장 재판소장

제10조

1. 재판소장 및 재판소 부소장의 임기는 3년마다 실시되는 선거에서 선출된 재판소 구성원의 임기가 본 규칙 제2조에 따라 개시되는 날로부터 개시되는 것으로 한다.

2. 재판소장 재판소 부소장의 선거는 이 날짜에 또는 그 후의 빠른 시일 내에 행해져야 한다. 임기가 종료되는 재판소장이 계속하여 재판소 구성원인 경우에는 재판소자의 선거가 실시될 때까지 계속 그 직무를 수행한다.

제11조

1. 임기가 종료되는 재판소장은 재판소장의 선거일에 있어서 계속 재판소 구성원인 경우에 그 선거를 주재한다. 임기가 종료되는 재판소장이 재판소 구성원의 자격을 상실하였거나 또는 그 직무를 수행할 수 없는 경우에 선거는 본 규칙 제13조 제1항이 정하는 바에 따라 재판소장의 직무를 수행하고 있는 재판소 구성원이 주재한다.

2. 선거는 선거를 주재하는 재판소 구성원이 선거에 필요한 투표수를 선언한 후 비밀투표에 의해 이루어진다. 후보자의 소개는 없는 것으로 한다. 선거 시 재판소를 구성하는 재판소 구성원의 과반수의 표를 얻은 재판소 구성원 선출된 것으로 선언되며, 즉시 직무를 개시한다.

3. 신임 재판소장은 그 회의에서 또는 차기 회의에서 재판소 부소장의 선거를 주재한다. 본조 제2항의 규정은 이 선거에 동일하게 적용된다.

제12조

재판소장은 재판소의 모든 회의를 주재한다. 재판소장은 재판소의 사무를 지휘하며 업무를 감독한다.

제13조

1. 재판소장이 공석인 경우 또는 재판소장이 그 직무를 수행할 수 없는 경우에 재판소장의 직무는 재판소 부소장이 수행하며 이것이 불가능한 경우에는 선임재판관이 수행한다.

2. 재판소장은 규정 또는 규칙의 규정에 따라 특정사건에 출석하거나 또는 이를 주재할 수 없는 경우에는 그 사건을 제외한 모든 경우에 있어서 재판소장의 직무를 계속 수행할 수 있다.

3. 재판소장은 재판소의 소재지에서의 그 직무의 지속적 수행을 위하여 필요한 조치를 취한다. 재판소장은 구 부재 시 규정 및 본 규칙에 반하지 않는 범위 내에서 재판소 부소장에게 그리고 이것이 불가능한 경우에는 선임재판관에게 그 직무를 위임할 수 있다.

4. 재판소장이 재판소장의 직을 사임하고자 할 때에는 재판소 부소장을 그리고 이것이 불가능한 경우 선임재판관을 통하여 재판소에 이를 서면으로 통보하여야 한다. 재판소 부소장이 그 직을 사임하고자 할 때에는 재판소장에게 이를 통보하여야 한다.

제14조

규정 제21조 제1항 및 본 규칙 제 10조 제1항에 의하여 재판소장 또는 재판소 부소장의 공석이 그 임기 종료 전에 발생하는 경우에 재판소는 잔임 기간 동안 공석을 보충할 것인가의 여부를 결정한다.

제3장 소재판부

제15조

1. 규정 제29조에 의하여 매년 설치되는 약식절차의 소재판부는 직권에 의하여 행동하는 재판소장 및 재판소 부소장과 본 규칙 제18조 제1항에 의하여 선출되는 3인의 재판관을 포함하는 5명의 재판소 구성원으로 구성된다. 이외에 2명의 재판소 구성원을 대리 재판관으로 매년 선출한다.

2. 본조 제1항에서의 선거는 매년 2월 6일 이후에 가능한 한 빠른 시일 내에 행해져야 한다. 소재판부의 재판관은 선출됨과 동시에 임무를 개시하여 다음 선거 시까지 재임한다. 소재판부의 재판관은 재선될 수 있다.

4. 소재판부의 재판관이 사임 또는 그 밖의 이유로서 소재판부 재판관의 자격을 상실하였을 때에는 2명의 대리재판관 중 선임자가 그를 대신하여 정식의 재판관이 된다. 또한 이에 교체되기 위하여 새로운 대리재판관이 선거된다. 소재판부의 재판관의 공석이 현재의 대리재판관의 수를 초과하는 경우, 대피재판관이 고재판부의 정식의 재판관으로 된 후에도 존재하는 재판관의 공석의 충원과 대리재판관의 보충을 위해 가능한 빠른 시일 내에 선거를 실시하여야 한다.

제16조

1. 재판소가 규정 제25조 제1항에서 정하는 하나 또는 그 이상의 소재판부를 설치할 것을 결정한 경우에 각 소재판부가 담당할 사건의 종류, 소재판부의 재판관의 수와 이들 재판관의 임기 및 임무 개시일을 결정하여야 한다.

2. 소재판부의 재판관은 사건의 처리를 위하여 그 재판부가 담당할 사건에 관하여 재판소 구성원이 갖고 있는 전문지식, 기능적 적성 또는 해당사건과 관련된 경험을 고려하여, 재판소 구성원 중에서 본 규칙 제18조 제1항에 따라 선출된다.

3. 재판소는 소재판부의 폐지를 결정할 수 있다. 단, 계속되어 있는 사건을 완결할 해당 소재판부의 임무를 저해하여서는 아니 된다.

제17조

1. 규정 제26조 제2항에 규정된 특정사건을 재판하는 소재판부의 설치 요청은 서면절차가 종결되기 이전에 언제라도 제출할 수 있다. 재판소 장은 일방 당사자로부터 요청을 받은 경우에는 타방 당사자가 이에 동의하는 가의 여부를 확인하여야 한다.

2. 양 당사자가 동의하는 경우에 재판소장은 소재판부의 구성에 대하여 양당사자의 견해를 통보받은 후 재판소에 이를 보고한다. 또한 재판소장은 규정 제31조 제4항의 규정의 적용을 위하여 필요한 조치를 취하여야 한다.

3. 재판소는 당사자의 승인을 얻어 소재판부를 구성하는 구성원의 수를 결정한 경우에는 본 규칙 제18조 제1항의 규정에 따라 그 구성원의 선거를 실시한다. 소재판부의 결원의 보충도 동일한 절차에 의한다.

4. 본조에 의하여 설치되는 소재판부의 구성원으로서 임기의 종료에 의하여 규정 제13조에 따라 퇴임하는 자는 그 퇴임 시 사건이 여하한 단계에 도달하였다 할지라도 그 사건의 모든 단계에 대하여 계속 참여한다.

제18조

1. 모든 재판관의 선출은 무기명투표에 의하여 실시된다. 선거 시 재판소를 구성하는 재판소 구성원의 과반수에 해당하는 최다수의 투표를 획득한 재판소 구성원은 선출된 것으로 선언된다. 공석을 보충하기 위하여 필요한 경우에 2회 이상의 투표가 실시되며 그 투표는 보충되어야 할 공석의 수에 한한다.

2. 소재판부가 구성되었을 때 그 소재판부가 재판소장 또는 재판소 부소장 또는 이 양자를 모두 포함하는 경우에는 재판소장 또는 재판소 부소장이 그 소재판부를 주재한다. 그 밖의 경우에는 소재판부는 그 장을 무기명투표로서 구성원의 투표의 최다수에 의하여 선출된다. 소

재판부가 구성 될 당시 본 항에 따라 조재판부를 주재하는 재판소 구
성원은 그 소재판부의 재판관인 한 계속하여 소재판부를 주재한다.

3. 소재판부의 장은 그 소재판부에 맡겨지는 사건에 관하여는 재판소
에 부탁되는 사건에 관련하여 재판소장이 수행하는 모든 직무를 수행
한다.

4. 소재판부의 장이 출석하거나 또는 소재판부를 주재하는 것이 불가
능한 경우에는 소재판부의 장의 직무는 제 일순위의 재판관으로서 이
를 수행 할 수 있는 소재판부의 재판관에 의하여 수행된다.

제4장 재판소의 내부 기능

제19조

재판소의 사법 사무는 규정 및 본 규칙의 규정에 반하지 않는 한 재판
소가 채택한 결의에 의하여 규율된다.[3]

제20조

1. 규정 제25조 제3항에 규전된 정족수는 재판소의 모든 회의에 적용
된다.

2. 규정 제23조 제3항에 의하여 항상 재판소의 명에 따라야 할 재판소
의 구성원의 의무는 질병 그 밖에 재판소장이 정당하다고 인정하고 재
판소에 통보한 중대한 사유에 의하여 출석하지 못하는 경우를 제외하
고는 모든 회의에 출석하여야 함을 의미한다.

3. 임시재판관도 마찬가지로 재판소의 명에 따라야 하며 그가 참여하
는 사건에 관하여 열리는 모든 회의에 출석할 의무를 진다. 임시재판
관은 정족수의 계산에 포함되지 않는다.

4. 재판소는 사건 총명부의 상황 및 당연 업무의 필요성을 고려하여
재판소의 휴가의 기간을 정하며 또한 규정 제23조 제2항에 따라 재판

---

3) 현재 시행 중인 결의안은 1976년 4월 12일에 채택되었다.

소의 각 구성원에게 부여되는 휴가의 기간 및 조건을 정한다.

5. 재판소는 재판소의 개정지에서 관행으로 되어 있는 공휴일을 존중하여야 한다.

6. 재판소장은 긴급의 경우에 언제라도 재판소를 소집할 수 있다.

제21조

1. 재판소의 심리는 공개하지 않으며 또한 비밀로 한다. 단, 재판소는 재판 이외의 사항의 심리에 대하여는 그 여하한 부분도 이를 공개하거나 이를 허가할 수 있다.

2. 재판관 그리고 필요한 경우 보좌인만이 재판의 심리에 참여한다. 재판소 서기 또는 서기보 그리고 그 밖에 출석이 요구되는 서기국 직원도 참석할 수 있다. 타의 여하한 자도 재판소의 허가 없이 참석할 수 없다.

3. 재판소의 재판심리의 의사록에는 심리의 주제 또는 사항의 명칭 또는 성질 그리고 표결의 결과만을 기록한다. 의사록에는 심리의 구체적 내용 또는 그 표명된 견해의 여하한 것도 기록하지 않는다. 단 모든 재판관은 자기가 행한 선언을 의사록에 삽입할 것을 요구할 수 있다.

제2부 서기국

제22조*

11. 재판소는 재판소 구성원이 추천한 후보자 중에서 무기명 투표에 의하여 재판소 서기를 선출한다. 재판소 서기는 7년의 임기로 선출되며 재임할 수 있다.

2. 재판소장은 재판소 서기가 공석이 된 경우에 즉시 그리고 그 공석이 임기의 종료에 의하여 생기는 경우에는 그 3개월 전에 재판소 구성

---

* 개정안은 2019년 10월 21일에 시행되었다.

원에 대하여 이를 통지한다. 재판소장은 후보자에 관한 추천 및 이에 대한 정보가 충분한 시간 내에 접수될 수 있도록 후보자 명부의 마감일을 정한다.

3. 추천에는 후보자에 관한 필요한 정보 특히 후보자의 연령, 국적, 현재의 직업, 학위, 어학지식 및 법률, 외교 또는 국제기구 업무사의 경험에 관한 정보를 기입한다.

4. 선거 시에 재판소를 구성하는 재판소 구성원의 과반수 투표를 얻은 후보자는 선출된 것으로 선언된다.

제23조*

재판소는 재판소 서기보를 선출한다. 본 규칙 제22조의 규정은 재판소 서기보의 선거 및 임기에 적용된다.

제24조

1. 재판소서기는 그 직무에 취임함에 있어서 재판소에 대하여 다음의 선서를 한다. 「나는 충실히, 신중히 그리고 양심에 따라 국제사법재판소 서기로서 나에게 부여된 직무를 수행하며 재판소규정 및 재판소규칙의 모든 규정을 성실하게 준수할 것을 엄숙히 선서합니다.」

2. 재판소서기보는 그 직무에 취임함에 있어서 재판소에 대해 동일한 선서를 한다.

제25조

1. 서기국의 직원은 재판소서기의 추천에 의하여 재판소가 임명한다. 단, 재판소가 정하는 직책은 재판소장의 승인을 얻어 재판소서기가 임명하도록 할 수 있다.

2. 각 직원은 그 직무에 있어서, 재판소 서기의 입회하에 재판소장 앞에서 다음의 선서를 한다. 「나는 충실히, 신중히 그리고 양심에 따라 국제사법재판소 직원으로서 나에게 부여된 직무를 수행하며, 재판규정 및 재판소규칙의 모든 규정을 성실하게 준수할 것을 엄숙히 선서합

---

* 개정안은 2019년 10월 21일에 시행되었다.(영어로만 제공)

니다.」

제26조

1. 재판소서기는 직무를 수행함에 있어서,

    (a) 재판소로의 통신의 접수 및 재판소로부터의 통신의 발송, 특히 규정 또는 본 규칙이 규정하는 모든 통신, 통고 및 무서 발송을 담당함에 있어 이등의 발송 및 접수일자의 확인이 용이 하도록 하며;

    (b) 재판소장의 감독하에 또한 재판소가 정하는 형식에 따라 모든 사건의 총명부를 작성함에 있어, 소의 제기 또는 권고적 의견의 요청이 서기국에 접수된 순서로 번호를 매겨 기재하며;

    (c) 규정[4] 제35조 제2항에 의해 안전보장이사회가 채택한 결의에 상응하여 규정의 당사국이 아닌 국가가 행하는 재판소의 관할권 수락선언은 보관하고, 또한 모든 규정 당사국, 그리고 이 같은 선언을 기탁한 그 밖의 모든 국가 및 국제연합사무총장에 대하여 그 선언의 사본을 송부하며;

    (d) 모든 소송서류 및 부속서류의 사본을 접수 즉시 당사국에 송부하며;

    (e) 재판소 또는 소재판부가 개정 중에 있는 사건에 관련된 국가의 정부 및 기타 관계있는 정부에 대하여, 규정 및 관계협정에 의하여 특권, 면제 또는 편의를 인정받을 자격이 있는 자에 대한 정보를 수시 제공하며;

    (f) 재판소 및 소재판부의 개정에 직접 출석하거나 또는 그 대리인으로 하여금 출석하여 그의 책임 하에 그 법정의 의사록을 작성하며;

    (g) 재판소가 필요로 하는 재판소의 공용어로의 번역 및 통역의 준비를 위해 필요한 조치를 취하며;

    (h) 재판소의 모든 판결, 권고적 의견 및 명령과 (f)의 의사록에 서명하며;

---

4) 현재 시행중인 결의안은 1946년 10월 15일에 채택되었다.

(i) 재판소의 판결, 권고적 의견, 명령, 소송서류와 서면 진술, 각 사건의 공판의 의사록 및 재판소가 간행을 명령하는 기타 문서의 인쇄와 간행에 책임을 진다.

(j) 모든 행정사무, 특히 국제연합의 재무 지침에 따라 회계 및 재무에 책임을 지며;

(k) 재판소 및 그 활동에 관한 문의에 답하며;

(l) 재판소와 국제연합의 타기관, 전문기관 그리고 국제법의 법전화와 점진적 발달에 관한 국제단체 및 국제회의와의 관계 유지를 지원하며;

(m) 재판소 및 그 활동에 관한 정보를 각국정부, 각국의 최고 재판소, 법조단체 및 학술단체, 법률대학 및 법률학교와 언론기관이 입수할 수 있도록 필요한 조치를 강구하며;

(n) 재판소의 관인 및 인장, 재판소의 공문서와 재판소에 기탁된 기타의 공문서를 보관한다.[5]

2. 재판소는 이상의 것 외에 언제라도 재판소서기의 직무를 추가할 수 있다.

3. 재판소서기는 직무의 수행에 관하여 재판소에 책임을 진다.

제27조

1. 재판소서기보는 재판소서기를 보좌하고 재판소서기의 부재 시 재판소서기로서 행동하며, 또한 재판소서기가 결원이 된 경우에는 새로이 결원이 보충될 때까지 재판소서기의 직무를 행한다.

2. 재판소서기 및 재판소서기보가 모두 재판소서기의 직무를 수행할 수 없는 경우에 재판소장은 필요한 기간 이들의 직무를 대행하는 서기

---

5) 재판소서기는 또한 1945년 10월 상설재판소(I.C.J. 연감 1946-1947, p.26)의 결정에 따라 현 재판소에 위임된 국제사법재판소 기록보관소를 보관한다. 그리고 1946년 10월 1일 재판소의 결정에 의해 재판소에 위임된 뉘른베르크 국제군사재판소 (1945-1946)의 주요 전쟁 범죄자 재판기록 보관소; 재판소는 1949년 11월 19일의 결정에 따라 후자의 기록 보관소를 재판소서기가 수락하도록 승인했다.

국 직원 1명을 임명한다. 재판소서기와 재판소서기보가 동시에 결원이
된 경우에 재판소는 재판소 구성원들과 협의한 후 새로운 재판소서기
가 선출될 때까지 재판소서기의 직무를 행하는 서기국직원 1명을 임명
한다.

제28조

1. 서기국은 재판소서기, 재판소서기보 및 재판소서기가 그 임무를 효
과적으로 수행하기 위하여 필요로 하는 기타의 직원으로서 구성된다.

2. 재판소는 서기국의 기구를 정하며, 또 이를 위하여 제의를 하도록
재판소서기에게 요청한다.

3. 서기국에 대한 훈령은 재판소서기가 작성하며 재판소의 승인을 얻
어야 한다.

4. 서기국 직원은 재판소서기가 국제연합직원 규정 및 규칙에 가능한
한 의거하여 작성하고 또한 재판소가 승인하는 직원규정에 따라야 한
다.

제29조*

1. 재판소서기는 상시적으로 그 직무를 수행하는 것이 불가능하거나
그 의무를 중대하게 위반하였다고 재판소가 그 구성원 3분의 2의 다수
에 의하여 인정한 경우 외에는 해임될 수 없다.

2. 재판소서기는 본조에 따라 결정이 행하여지기 전에, 재판소장으로
부터 그 취하여질 조치에 대해 그 이유 및 간계 증거를 포함하는 서면
의 통보를 받는다. 재판소서기는 추후에 재판소의 비공개회의에서 진
술하고, 그가 제출하고자 하는 정보를 제공하거나 또는 변명을 행하며,
자기에게 대한 질문에 구두 또는 서면으로 답변하는 기회를 부여받는
다.

3. 재판소서기보는 동일한 이유에 의하여 또한 같은 절차에 따르지 아
니하고 해임될 수 없다.

---

* 개정안은 2019년 10월 21일에 시행되었다.

제3부 소송절차

제1장 재판소에 대한 통지 및 협의

제30조

본 규칙에 따라 재판소에 대하여 행하여지는 모든 통지는 별도의 규정이 없는 한 재판소서기에게 송달되어야 한다. 당사자가 행하는 모든 문의도 공개법정에서 구두로 행하여지는 경우를 제외하고는 재판소서기에게 송달되어야 한다.

제31조

재판소장은 재판소에 부탁되는 사건에 있어서 절차문제에 관하여 당사자의 의견을 조회하지 않으면 아니 된다. 이를 위하여 재판소장은 당사자의 대리인이 임명된 후 즉시, 그리고 그 후에도 필요한 때에는 언제라도 당 대리인을 출두시킬 수 있다.

제2장 특정사건에 관한 재판소의 구성

제32조

1. 재판소장이 사건의 일방 당사자의 국민인 경우에 재판소장은 해당 사건에 대하여 재판소장의 직무권한으로 행하여서는 아니 된다. 재판소 부소장 또는 선임재판관이 재판소장으로서 행동하도록 요청된 경우에도 같은 규칙을 적용한다.

2. 한 사건의 구두절차를 위해서 재판이 개시된 날짜에 재판을 주재하는 재판소 구성원은 새로이 재판소장 또는 재판소 부소장이 선출되어도 해당사건을 그 완결 단결까지 계속 주재한다. 그 구성원이 주재할 수 없게 된 경우에는 해당사건의 재판장은 본 규칙 제13조에 따라, 또 구두절차를 위하여 개정된 일자의 재판소의 구성에 의거하여 결정된

다.

제33조

본 규칙 제17조에 규정된 경우를 제외하고, 임기의 종료에 의하여 규정 제13조 제3항에 따라 퇴임하는 재판소 구성원은 그 퇴임일이 이전에 구두절차를 위하여 재판소가 개정된 사건의 모든 단계의 완결까지 계속 참여할 동조 제3항의 의무를 이행해야 한다.

제34조

1. 규정 제17조 제2항의 적용에 관하여 의문이 있는 경우 또는 규정 제24조의 적용에 관하여 의견이 일치하지 않는 경우에 재판소장은 이를 재판소 구성원들에게 통보하여야 하며, 이들에 의해 그 결정이 내려진다.

2. 당사자가 앞의 1항에 정하는 규정들의 적용에 관련이 있다고 판단하고 또한 재판소에 통보되지 않았다고 믿는 사실에 대해 재판소의 주의를 환기시키고자 하는 경우에 그 당사자는 그런 사실들을 서면으로 재판소장에게 친전(親展) 통지한다.

제35조

1. 당사자는 사건에 있어서 임시재판관을 선임하기 위하여 규정 제31조에 의하여 부여된 권리를 행사하려고 하는 경우에는 가능한 한 신속히 그 취지를 재판소에 통지한다. 이 경우 선임될 재판관의 성명 및 국적을 동시에 지정하지 않을 때에 당사자는 답변서의 제출을 위하여 정하여진 기간의 2개월 전까지 재판소에 대하여 선임된 재판관의 성명 및 국적을 통지하고 또한 간단한 경력서를 제출한다. 임지재판관은 그를 선임한 당사자 이외의 국적을 가진 자라도 무방하다.

2. 당사자는 타방 당사자가 동일하게 포기하는 것을 조건으로 임시재판관의 선임을 포기하고자 하는 경우에는 재판소에 대하여 이를 통지하여야 한다. 이 경우, 재판소는 이를 타방 당사자에게 통지한다. 그 후에 타방 당사자가 임시재판관을 선임할 의사를 통지하거나 선임한 경우에 재판소장은 임시재판관의 선임을 포기한 당사자를 위하여 그

선임의 기간을 연장할 수 있다.

3. 임시재판관의 선임에 관한 통지의 사본은 재판소서기가 타방 당사자에게 송부한다. 재판소장은 타방 당사자에 대해 이에 대한 의견을 정하는 기간 내에 제출하도록 요청한다. 이 기간 내에 타방 당사자로부터 여하한 이의가 제기되지 않고, 또한 재판소도 여하한 이의도 없는 경우에는 양 당사자에게 이를 통보하여야 한다.

4. 이에 대한 이의 또는 의문이 있는 경우, 재판소는 필요하다면 당사자의 의견을 청취한 후에 결정한다.

5. 임영을 수락한 후에 출석할 수 없게 된 임시재판관은 사임할 수 있다.

6. 임시재판관은 그 참여할 이유가 더 이상 존재하지 않는 것이 명백하게 된 경우에는 참석을 중지한다.

제36조

1. 둘 또는 그이상의 당사자가 공통된 이해관계를 가짐으로서 하나의 당사자로 또한 재판관석에 그들 중의 여하한 국적도 가진 재판소 구성원이 없다고 재판소가 인정하는 경우 재판소는 그들 당사자가 공동으로 한 명의 임시재판관을 선임할 기간을 정한다.

2. 재판소가 공통된 이해관계가 있다고 인정한 당사자들 중의 여하한 일방이 자기에게 다른 이해관계가 존재함을 주장하거나 또는 기타의 여하한 이의를 제기한 경우, 재판소는 필요하다면 당사자들의 의견을 청취한 후 이에 대해 결정한다.

제37조

1. 당사자들 중 하나의 국적을 가진 재판소 구성원이 사건의 한 단계에 참여할 수 없거나 더 이상 참여할 수 없게 된 경우에 그 당사자는 재판소가 또는 재판소가 개정중이 아닌 때에는 재판소장이 정하는 기한 내에 임시재판관을 선임할 권리가 있다.

2. 공통된 이해관계를 가지는 당사자들은 이들 중 하나의 국적을 가진 재판소의 구성원이 사건의 한 단계에 참여하지 못하거나 더 이상 참여

할 수 없게 된 경우에 재판관석에 그들 국가의 여하한 국적도 재판관을 갖지 않는 것으로 본다.

3. 당사자들 중 하나의 국적을 가진 재판소 구성원이 사건의 서면절차의 종료전에 다시 참여할 수 있게 된 경우에 그 구서원은 다시 참석할 수 있다.

제2장 재판정의 절차

제1절 소의 제기

제38조

1. 규정 제40조 제1항에 따라 제출되는 재판신청에 의하여 소가 제기되는 경우에 그 신청은 신청의 주체, 상대 당사지 및 분쟁의 대상을 명시하여야 한다.

2. 신청에는 재판소의 관할권의 근거가 되는 법적 이유를 가능한 한 명확하게 기재하지 않으면 아니 된다. 신청에는 아울러 신청의 정확한 성질을 기재하고, 또한 신청의 기초가 되는 사실 및 이유를 간결하게 기재하여야 한다.

3. 신청의 원본에는 이를 제출하는 당사자의 대리인 또는 재판소의 소재국에 재재하는 당사자의 외교대표 또는 그 밖의 정당하게 수권된 자가 서명하여야 한다. 신청이 당사자의 외교 대표 이외의 자에 의하여 서명된 경우에 그 서명은 당사자의 외교대표 또는 신청 주체의 외무부의 권한 있는 기관에 의하여 확인되어야 한다.

4. 재판소서기는 신청의 인증등본의 1통을 피고에게 즉시 송부한다.

5. 상대국이 아직 동의를 부여하지 않았거나 이를 분명히 하지 않은 합의를 근거로 원고가 재판소의 관할권을 주장하는 경우에 그 신청은 상대국에게 송부되어야 한다. 단, 상대국이 해당사건에 대한 재판소의 관할권에 동의를 부여하지 않는 한, 이 신청은 사건 총명부에 기재되어서는 아니 되며 또한 여하한 절차상의 조치도 취해서는 아니 된다.

제39조

1. 규정 제40조 제1항에 따라 부탁합의의 통고에 의하여 소가 제기되는 경우 이 통고는 당사자들이 공동으로 또는 당사자들 중 하나 또는 둘 이상으로서 행할 수 있다. 통고가 공동으로 행하여지지 않는 경우에 재판소서기는 통고의 인증등본 1통을 즉시 타방 당사자에게 송부한다.

2. 각 경우에 있어서 통고는 부탁합의의 원문 또는 인증등본을 첨부하지 않으면 아니 된다. 또한 부탁 합의된 분쟁의 주제와 분쟁의 당사자가 명확하게 표시되지 않은 경우에 통고는 이를 분명히 표시하여야 한다.

제40조

1. 본 규칙 제38조 제5항에 정한 경우를 제외하고는 소의 제기 이후에 당사자를 위한 모든 조치는 대리인이 행한다. 대리인은 사건에 관한 모든 통지가 수령될 수 있는 주소를 재판소 소재지에 가지고 있어야 한다. 당사자의 대리인에게 송달된 통지는 해당 당사자에게 송달된 것으로 본다.

2. 신청에 의하여 소가 제기되는 경우에 원고의 대리인의 성명을 기재한다. 피고는 신청의 인증등본을 수령함과 동시에 또는 그 후 가능한 한 신속하게 대리인의 성명을 재판소에 통지한다.

3. 부탁합의의 통고에 의하여 고가 제기되는 경우에 통고를 하는 당사자는 그 대리인의 성명을 기재하지 않으면 아니 된다. 부탁합의의 다른 모든 당사자는 아직 그 대리인의 성명을 통지하지 않은 경우에 통고의 인증등본을 재판소서기로부터 수령함과 동시에 또는 가능한 한 신속하게 그 대리인의 성명을 재판소에 통지하여야 한다.

제41조

규정의 당사국이 아닌 국가로서 규정 제35조 제2항에 의거하여[6] 안전

6) 현재 시행 중인 결의안은 1946년 10월 15일에 채택되었다.

보장이사회가 채택한 경의에 따라 행한 선언에 의하여 재판소의 관할을 수락한 국가가 소를 제기하는 경우에 있어서, 이 선언을 아직 재판소서기에게 기탁하지 않은 경우 이를 기탁하여야 한다. 이러한 선언의 유효성 또는 효력에 관하여 문제가 발생한 경우에는 재판소가 결정한다.

제42조

재판소서기는 소를 제기하는 신청 또는 부탁합의의 통고의 사본을 (a) 국제연합사무총장, (b) 국제연합회원국, (c) 재판소에서 소송능력이 있는 기타 모든 국가에게 발송한다.

제43조*

사건의 당사자 이외의 국가가 참가하고 있는 조약의 해석이 규정 제63조 제1항에서의 문제로 되는 경우에 재판소는 그 문제에 관하여 재판소서기에게 어떠한 지시를 할 것인가를 검토한다.

제2절 서면절차

제44조

1. 재판소는 본 규칙 제31조에 의하여 재판소장이 입수한 정보에 비추어 소송서류의 수 및 그 제출의 순서와 기한을 결정하기 위하여 필요한 명령을 내린다.

2. 본조 제1항에 의한 명령을 내림에 있어서 절차를 부당하게 지연시키지 않는 한 당사자 간의 모든 합의를 고려하여야 한다.

3. 이해관계에 있는 당사자의 요청이 있는 경우에 재판소는 그 요청에 충분한 근거가 있다고 판단하는 때에는 기한을 연장하거나 또는 정해진 기한의 만료 후에 취해지는 여하한 절차상의 조치도 유효한 것으로 인정할 수 있다. 이러한 모든 경우에 있어서 타방 당사자는 그 의견을 진술한 기회가 부여되어야 한다.

---

* 개정안은 2005년 9월 29일에 시행되었다.

4. 본조에 의하여 재판소에게 부여되는 권한은 재판소가 재정중이 아닌 경우 재판소의 차후의 결정에 영향을 주지 않는 것을 조건으로 하여 재판소장에 의해서 행사된다. 제31조에 정한 의견의 조회 결과 본 규칙 제45조 제2항 또는 제46조 제2항의 적용에 관하여 당사자 간의 지속적인 의견의 차이가 있음이 확인되는 경우에 이 문제를 해결하기 위하여 재판소가 소집된다.

제45조

1. 신청에 의하여 소가 제기되는 사건의 소송서류들은 원고의 준비서면, 피고의 답변서의 순서로 구성된다.

2. 재판소는 당사자가 합의하거나 또는 재판소가 직권 또는 일방 당사자의 요청에 의하여 원고의 항변서 및 피고의 재항변서가 필요하다고 결정한 경우에는 이들 소송서류들의 제출을 허가하거나 또는 지시할 수 있다.

제46조

1. 부탁합의의 통고에 의하여 소가 제기되는 사건에 있어서는 소송서류의 수 및 순서는 재판소가 당사자의 의견을 조회한 후에 별도의 결정을 하지 않는 한 해당 합의에서 규정된 바에 따른다.

2. 부탁합의가 이에 관한 여하한 규정도 포함하고 있지 않으며 또한 당사자가 차후에 소송서류들의 수 및 순서에 관하여 합의에 도달하지 못하는 경우에 각 당사자는 동일한 기한 내에 주비서면 및 답변서를 제출하여야 한다. 재판소는 필요하다고 인정하지 않는 한 항변서 및 재항변서의 제출을 허가할 수 없다.

제47조

재판소는 둘 또는 그 이상의 사건에 있어서 소를 병합할 것을 언제라도 지시할 수 있다. 재판소는 증인의 소환을 포함한 서면 또는 구두절차를 동시에 행할 것을 지시할 수도 있다. 또한 재판소는 정식의 병합을 하지 않고 소송의 여하한 단계에 있어서도 동시의 절차를 밟을 것을 지시할 수 있다.

제48조

소송에 있어서 각 단계의 완결을 위한 기한은 일정기간을 지정함으로서 정할 수 있으나, 항상 명확한 일자를 지정하여야 한다. 이 기한은 사건의 성질이 허락하는 한 짧아야 한다.

제49조

1. 준비서면에는 신청의 원인 되는 사실의 진술, 법률상의 진술 및 신청취지를 기재한다.

2. 답변서에는 준비서면에 기재된 사실의 승인 또는 부인, 필요한 때에는 추가의 사실을 기재하며, 아울러 준비서면 중의 법률상의 진술에 관한 의견, 그에 응답하는 법률상의 진술 및 취지를 기재한다.

3. 재판소의 허가를 얻어 제출된 항변서 및 재항변서에는 당사자의 주장이 반복되는 데 그쳐서는 아니 되며 그 대립되는 쟁점이 명확하게 기재되어야 한다.

4. 모든 소송서류는 주장과는 별도로 사건의 관련단계에 있어서의 당사자의 취지를 기재하거나 또는 이전에 행한 취지를 재확인하지 않으면 아니 된다.

제50조

1. 모든 소송서류의 원본에는 그 서류에 기재된 주장을 뒷받침하기 위하여 인용한 모든 관련서류의 사본을 첨부하여야 한다.

2. 서류의 일부만이 관계되는 경우, 해당 소송서류의 목적에 필요한 부분을 발췌하여 첨부한다. 서류 전체의 사본은 그것이 용이하게 입수될 수 있는 형태로 공표되어 있는 경우를 제외하고 서기국에 기탁한다.

3. 소송서류를 제출함에 있어 이에 첨부되는 모든 서류의 목록을 함께 제출하여야 한다.

제51조

1. 당사자들이 모든 서면절차를 재판소의 공용어중 어느 하나로 작성할 것에 합의한 경우, 소송서류들은 오로지 그 언어로서만 제출되어야 한다. 당사자가 이러한 합의를 하지 않은 경우, 여하한 소송서류 또는

그 부분도 공용어중 여하한 언어로도 제출할 수 있다.

2. 규정 제39조 제3항에 따라 프랑스어 또는 영어 이외의 언어를 사용할 경우에는 소송서류를 제출할 당사자가 정확하다고 인정한 프랑스어 또는 영어의 번역문을 각 소송서류의 원본에 첨부하여야 한다.

3. 소송서류의 부속서류가 재판소의 여하한 공용어에 의하여도 작성되지 않는 경우에는 소송서류를 제출할 당사자가 정확하다고 인정한 재판소의 공용어중 하나로 된 번역문을 첨부하여야 한다. 번역문은 부속서류의 일부 또는 부속서류의 발췌에 한정될 수 있다. 이 경우에는 번역된 부분을 표시하는 설명을 첨부하여야 한다. 그러나 재판소는 서류의 다른 부분 또는 전체의 번역문을 제출하도록 요구할 수 있다.

제52조*

1. 모든 소송서류의 원본은 대리인에 의해 서명되고 서기국에 제출되어야 한다. 이 원본에는 규정 제43조 제4항에 의하여 타방 당사자에게 송부하기 위한 서류의 인증등본, 부속서류 및 번역문과 아울러 서기국이 요구하는 수의 사본이 첨부되어야 한다. 그러나 이 사본은 추가로 요구될 수 있다.

2. 모든 소송서류에는 일자가 기재되어야 한다. 소송서류가 일정한 기일 내에 제출하여야 하는 경우 재판소에 의해 인정되는 일자는 해당서류가 서기국에 접수된 일자로 한다.

3. 일방 당사자의 요청에 의하여 서기가 소송서류의 인쇄를 주선하는 경우, 그 서류는 인쇄된 서류가 기한 종료 전에 서기국에 기탁될 수 있도록 충분한 시간의 여유를 두고 제공되어야 한다. 이 인쇄는 해당 당사자의 책임 하에 행하여진다.

4. 이미 제출된 서류중의 오식은 타방 당사자의 동의 또는 재판소장의 허가를 얻어 언제든지 정정될 수 있다. 이와 같은 정정은 그 정정과 관련이 있는 소송서류와 같은 방법으로 타방 당사자에게 통지되어야 한

---

* 개정안은 2005년 4월 14일에 시행되었다.
7) 당사자의 대리인은 등기부에서 일반적인 변론 형식을 확인해야 한다.

다.

제53조

1. 재판소 그리고 재판소가 개정중이 아닐 때에는 재판소장은 당사자의 의견을 조회한 후, 재판소에서 소송능력 있는 국가로거 소송서류 및 그 부속서류의 사본을 요청하는 국가로 하여금 이를 입수할 수 있도록 언제라도 결정할 수 있다.

2. 재판소는 당사자의 의견을 조회한 후, 소송서류 및 부속서류의 사본을 구두절차의 개시시 또는 그 개시후 일반에게 개방될 수 있도록 결정할 수 있다.

제3절 구두절차

제54조

1. 사건은 서면절차의 종결 즉시 변론의 단계로 들어간다. 구두절차의 개시일은 재판소가 정한다. 또한 재판소는 필요한 경우에 구두절차의 개시 또는 속행의 연기를 결정할 수 있다.

2. 재판소는 구두절차의 개시일을 정하거나 또는 연기하는 경우 본 규칙 제74조가 정하는 우선순위 및 다른 사건의 긴급성을 비롯한 그 밖의 사정을 고려하여야 한다.

3. 재판소가 개정중이 아닌 경우 본조에 의한 재판소의 권한은 재판소장이 행사한다.

제55조

재판소장은 필요하다고 인정하는 경우 규정 제22조 제1항에 따라 사건의 후속 절차의 전부 또는 일부를 재판소의 소재지 이외의 장소에서 진행할 것을 결정할 수 있다. 재판소는 그 결정을 하기 전에 당사자의 의견을 조회하여야 한다.

제56조

1. 여하한 당사자도 종결 후에는 타방 당사자가 동의하는 경우 또는 본조 제2항이 정하는 경우를 제외하고는 추가로 서류를 재판소에 제출

할 수 없다. 새로이 서류를 제출하고자 하는 당사자는 그 서류의 원본 또는 인증등본을 서기국이 요구하는 수의 사본을 첨부하여 제출한다. 서기국은 타방 당사자에게 이를 통지하여야 하며, 또한 재판소에 통보하여야 한다. 타방 당사자가 이 서류의 제출에 이의를 제기하지 않는 경우에 동의하지는 것으로 본다.

2. 타방 당사자의 동의가 없는 때에는 재판소는 양당사자의 의견을 청취한 후 해당서류가 필요하다고 인정하는 경우에 그 제출을 허가할 수 있다.

3. 본조 제1항 또는 제2항에 의하여 새로이 서류가 제출되는 경우에 타방 당사자는 그 서류에 대하여 의견을 진술하고 또한 이를 뒷받침하기 위한 서류를 제출할 기회를 부여받는다.

4. 규정 제43조 또는 본조에 따라 제출된 것이 아닌 서류의 내용은 그 서류가 용이하게 입수될 수 있는 간행물의 일부가 아닌 한 구두절차 중에 언급될 수 없다.

5. 본조의 규정의 적용은 그 자체로서 구두절차의 개시 또는 그 속행을 지연시키는 근거가 될 수 없다.

제57조

각 당사국은 서류의 제출에 관한 본 규칙의 규정에 반하지 않는 범위 내에서 그 제출하려고 하는 증거 또는 재판소에 대하여 입수를 요청하고자 하는 증거에 관한 정보를 구두절차의 개시 전에 충분한 시간의 여유를 가지고 재판소서기에게 통지하여야 한다. 이 통지에는 당사자가 그 출정시키고자 하는 증인 및 감정인의 성명, 국적, 경력 및 주소를 기재하며 또한 그 증언의 목적인 논점의 요지를 기재한다. 아울러 타방 당사자에 대한 송부를 위하여 통지의 사본 1통을 제출하여야 한다.

제58조

1. 재판소는 당사자가 변론을 증거의 제출 전에 행하여야 하는가 또는 그 제출 후에 행하여야 하는가를 결정한다. 단, 당사자는 제출된 증거

에 관하여 의견을 진술할 권리를 갖는다.

2. 당사자의 변론순서, 증거의 제출방법 및 증인과 감정인의 심문방법 및 각 당사자를 위하여 변론하는 법률고문과 변호인의 수는 본 규칙 제31조에 따라 당사자의 의견을 조회한 후 재판소가 결정한다.

제59조*

재판소에서의 변론은 재판소가 별도의 결정을 한 경우 또는 양 당사자가 이를 공개하지 않을 것을 요구하는 경우를 제외하고는 공개한다. 이 결정 또는 요구는 변론의 전부 또는 일부의 여하한 것에 대해서도 또한 언제라도 행할 수 있다.

제60조

1. 각 당사자를 위하여 행해지는 구두진술은 변론에 있어서 해당 당사자의 주장을 적절히 제시하기 위하여 필요로 하는 범위 내에서 가능한 한 간결하여야 한다. 따라서 구두진술은 당사자의 의견이 대립되는 쟁점에 대한 것이어야 하며, 소송서류에서 다루어진 사항 전반에 언급하거나 또는 해당 서류에 기재된 사실 및 주장을 단순히 반복하는 것이어서는 안된다.

2. 구두절차중 당사자에 의해 제출되는 최종진술을 마침에 있어서 대리인은 그 주장의 요점을 반복함이 없이 해당 당사자의 최종취지를 낭독하여야 한다. 대리인이 서명한 서류의 사본은 재판소에 제출되고 또한 타방의 당사자에게 송부되어야 한다.

제61조

1. 재판소는 변론 전 또는 변론 중에도 재판소가 특히 당사자에 대해 특별한 검토를 희망하거나 또는 충분한 논의가 있었다고 판단하는 쟁점 또는 문제점들을 지적할 수 있다.

2. 재판소는 변론 중에 대리인, 법률고문 및 변호인에게 질문을 하거나 설명을 요구할 수 있다.

---

* 개정안은 2020년 6월 25일에 시행되었다.

3. 각 재판관은 질문을 할 권리를 가진다. 그러나 각 재판관은 이 권리를 행사하기 전에 규정 제45조에 의하여 변론의 통제를 책임지는 재판소장에게 그 의도를 알려야 한다.

4. 대리인, 법률고문 및 변호인은 즉시 또는 재판소장이 정하는 기한 내에 답변할 수 있다.

제62조

1. 재판소는 당사자들에 대해 쟁점으로 되어 있는 모든 문제를 명백히 하기 위하여 재판소가 필요하다고 판단하는 증거를 제출하거나 설명할 것을 언제든지 요구할 수 있으며, 이 목적을 위하여 그 외의 정보를 스스로 수집할 수 있다.

2. 재판소는 절차 중 필요한 경우에 증인 또는 감정인으로 하여금 진술을 하도록 할 수 있다.

제63조

1. 당사자들은 본 규칙 제57조에 따라 재판소에 통지된 명부에 기재되어 있는 증인 또는 감정인을 소환할 수 있다. 변론 중 여하한 시기에도 일방의 당사자가 앞의 명부에 그 성명이 기재되어 있지 않는 증인 또는 감정인의 소환을 희망하는 경우에 그 당사자는 재판소 및 타방 당사자에게 이를 통보하고 또한 본 규칙 제57조가 요구하는 정보를 통지하여야 한다. 그 증인 또는 감정인은 타방 당사자가 이의를 제기하지 않거나 또는 그 증언이 그 사건과 관련성을 입증할 수 있다는 것을 재판소가 확인한다면 소환될 수 있다.

2. 재판소 또는 재판소가 개정중이 아닐 때에는 재판소장은 일방의 당사자의 요청에 의하여 또는 독자적으로 재판소 이외의 장소에서 증인의 심문을 행하기 위해 필요한 조치를 취하여야 한다.

제64조

특별한 사정에 의하여 재판소가 다른 형식을 결정하는 경우를 제외하고

(a) 각 증인은 증언에 앞서 다음의 선서를 하여야 한다:「나는 모든 진

실을 진실대로 말하고 진실 이외의 여하한 것도 말하지 아니할 것을
나의 명예와 양심에 따라 엄숙히 선서한다.」

(b) 모든 감정인은 진술을 하기 전에 다음과 같은 선서를 해야만 한다:
「나는 모든 진실을 진실대로 말하고, 진실 이외의 여하한 것도 말하지
아니할 것이고, 나의 진술은 나의 성실한 믿음에 상응하고 있음을 나
의 명예와 양심에 따라 엄숙히 선서한다.」

제66조

증인 및 감정인은 재판소장의 통제 하에 당사자의 대리인, 법률고문
또는 변호인의 심문을 받는다. 증인 및 감정인은 재판소장과 재판관들
로부터 질문을 받는다. 증인은 증언을 하기 전에 법정 외의 장소에 있
어야 한다.

제67조

1. 재판소는 조사 또는 감정이 필요하다고 판단하는 경우에 당사자들
의 의견을 청취한 후 이를 위한 명령을 내린다. 이 명령에는 조사 또는
감정의 목적을 명시하며 조사인과 감정인의 수 및 임명방법, 그리고
그 절차를 지정하여야 한다. 필요한 경우에 재판소는 조사인과 감정인
으로 하여금 엄숙한 선서를 하도록 할 수 있다.

2. 조사와 관련된 보고 또는 의사록 및 감정의견은 모든 당사자들에게
통지되어야 하며, 당사자들은 이에 대하여 진술할 기회가 부여된다.

제68조

본 규칙 제62조 제2항에 의하여 재판소의 소환에 의하여 출두하는 증
인과 감정인 및 제67조 제1항에 의하여 조사인 또는 감정인으로 임명
된 자에 대해서 지급되는 수당은 필요한 경우 재판소의 자금에서 지출
된다.

제69조

1. 재판소는 구두절차의 종료이전의 여하한 시기에도 독자적으로 또는
본 규칙 제57조가 규정하는 통지를 받은 일방 당사자의 요청에 따라
규정 제34조에 의하여 정부 간 국제기구에 대하여 재판소에 부탁된 사

건과 관련되는 정보를 제공할 수 있도록 요청할 수 있다. 재판소는 해당 국제기구의 장과 협의한 후 이 정보가 구두로 제출되어야 하는 가의 문제 및 그 제출기한을 결정한다.

2. 정부 간 국제기구는 재판소에 부탁된 사건과 관련하여 자발적으로 정보를 제공하는 것이 필요하다고 판단하는 경우에 이를 진술서의 형식으로 서면절차의 종결 전에 서기국에 제출하여야 한다. 재판소는 국제기구에 대해서 그러한 정보와 관련하여 그 스스로 필요하다고 판단하는 모든 질문에 대하여 구두 또는 서면의 답변형식으로 이를 보충할 것을 요구하거나 또는 당사자로 하여금 이와 같이 제출된 정보에 관하여 구두 또는 서면에 의하여 의견을 진술할 것을 허가할 권리를 가진다.

3. 재판소서기는 규정 제34조 제3항이 정하는 경우에 재판소 또는 재판소가 개정중이 아닐 경우 재판소장의 지시에 따라 동항에 규정된 절차를 따른다. 재판소 또는 재판소가 개정중이 아닐 경우 재판소장은 재판소서기가 서면절차의 사본을 송부한 날짜의 이후 또는 정부 간 국제기구의 장과 협의 후에 해당기관이 그 견해를 서면으로 재판소에 제출할 기한을 정한다. 이 견해는 당사자들에게 송부되어야 하며, 당사자들 및 앞서 말한 기구의 대표자는 구두절차 중에 이에 관하여 토의할 수 있다.

4. 전 각항의 공국제기구(public international organization)라 함은 국가들에 의하여 구성되는 국제기구(정부 간 국제기구)를 말한다.

제70조

1. 재판소에 의한 반대의 결정이 없는 한 변론에 있어서 재판소의 공용어중 하나로 행하여진 발언과 진술 및 증언은 타의 공용어로 통역된다. 이들이 다른 언어로 행하여진 경우에는 두 개의 재판소 공용어로 통역된다.

2. 규정 제39조 제3항에 의해 불어와 영어 이외의 언어가 사용되는 경우에 두 개의 공용어 중 하나로의 통역을 위한 조치는 관계 당사자에

의해 취해진다. 단, 재판소서기는 당사자를 위해 행하여진 증언에 대해 당사자가 제공한 통역의 검증을 위해 필요한 조치를 취한다. 재판소에 의해 소환되어 출두하는 증인 또는 감정인의 경우에 그 통역을 위한 조치는 재판소서기에 의해 취해진다.

3. 자기를 위한 발언, 진술 또는 증거가 재판소의 고용어가 아닌 언어로 행하여지지 않은 경우에 해당 당사자는 재판소서기가 필요한 조치를 취할 수 있도록 충분한 시간을 두고 이를 그에게 통보하여야 한다.

4. 당사자가 선임한 통역자는 사건의 통역에 앞서 공개된 법정에서 다음과 같이 선서를 하여야 한다:「나는 나의 통역이 충실하고 완전한 통역임을 나의 명예와 양심을 걸고 엄숙히 선서한다.」

제71조

1. 재판소서기는 변론 중 사용된 재판소의 공용어로 각 변론의 의사기록을 작성하여야 한다. 사용된 언어가 재판소의 공용어가 아닌 경우에 의사기록은 그 공용어 중 하나로 작성되어야 한다.

2. 발언 또는 진술이 재판소의 공용어 이외의 언어로 행하여지는 경우에 그 당사자는 사전에 그 발언 또는 진술의 내용을 공용어 중 하나로 작성하여 서기국에 제출하여야 하며 이는 의사기록의 해당부분을 구성한다.

3. 의사기록의 원본은 그 서두에 출석 재판관의 성명과 당사자의 대리인, 법률고문 및 변호인의 성명을 기재한다.

4. 이 원본의 사본은 사건에 참여한 재판관 및 당사자에게 배부된다. 당사자는 재판소의 감독 하에 자기를 위하여 행하여진 발언 및 진술의 원본을 정정할 수 있다. 그러나 여하한 경우에도 이러한 정정은 판단과 이로 인한 결과에 영향을 미쳐서는 아니된다. 재판관도 같은 방법으로 그가 한 발언의 원본을 정정할 수 있다.

5. 증인 및 감정인은 의사기록의 내용 중 그가 행한 증언 또는 진술에 관련된 부분을 열람할 수 있으며 또한 당사자의 같은 방법으로 그 원본을 정정할 수 있다.

6. 재판소장 및 재판소서기가 서명한 정정된 확정원본의 인증사본 1통을 규정 제47조에 있어서의 공판정의 정식 의사기록으로 한다. 공개변론의 의사기록은 재판소가 인쇄하고 공표한다.

제72조

본 규칙 제61조에 따라 행하여진 질문에 대한 일반의 당사자의 서면의 답변 또는 제62조에 따라 일방의 당사자가 제출한 증거 또는 설명이 구두절차의 종결후에 재판소가 수령한 것은 타방 당사자에게 통보되어야 하며, 타방 당사자는 이에 관하여 의견을 진술하는 기회가 부여되어야 한다. 필요할 경우에는 그 목적을 위하여 구두절차가 개시될 수 있다.

제4장 부수적 절차

제1절 가보존조치

제73조

1. 잠정조치는 그 요청에 관계된 사건의 절차중 언제라도 일방 당사자의 서면 요청에 의하여 지시될 수 있다.

2. 이 요청에는 그 이유, 요청이 기각되는 경우에 발생하는 결과 및 요청하는 조치를 명시하여야 한다. 재판소서기는 요청의 인증등본 1통을 즉시 타방 당사자에게 송부한다.

제74조

1. 잠정조치는 지시의 요청은 타의 모든 사건에 우선한다.

2. 이 요청이 있을 때에 재판소가 개정중이 아닌 경우에는 재판소는 긴급사항으로서 이 요청에 관한 결정의 절차를 밟기 위하여 즉시 소집된다.

3. 재판소 또는 재판소가 개정주이 아닐 때에 재판소장은 양당사자에게 진술의 기회를 주기 위해 변론의 기일을 정하여야 한다. 재판소는 이 구두절차의 종결 전에 제출되는 모든 의견을 수리하고 고려하여야

한다.

4. 재판소의 심리 중에 재판소장은 잠정조치의 요청에 대하여 내려진 모든 명령이 적절한 효과를 가질 수 있도록 행동할 것을 양 당사자에 대하여 요청할 수 있다.

제75조

1. 재판소는 독자적으로 언제라도 사건의 상황이 양방 또는 모든 당사자에 의해 취해지거나 이행되어야 하는 잠정조치의 지시를 필요로 하는가의 여부를 검토할 것을 결정할 수 있다.

2. 잠정조치의 요청이 있는 경우에 재판소는 요청된 잠정조치와는 전체적으로 또는 부분적으로 상이하거나 또는 잠정조치를 요청한 당사자 자신이 취하거나 이행하여야 할 조치를 지시할 수 있다.

3. 잠정조치의 지시의 요청의 기각은 그 요청을 행한 당사자가 동일한 사건에 있어서 새로운 사실에 새로운 요청을 하는 것을 방해하지 않는다.

제76조*

1. 일방 당사자의 요청으로 재판소는 사정의 변경에 의하여 잠정조치에 관한 결정을 철회 또는 수정하는 것이 정당하다고 판단하는 경우에는 사건의 최종판결 전의 여하한 시기에도 그러한 조치를 철회 또는 수정할 수 있다.

2. 이 철회 또는 수정을 제의하는 당사자의 모든 요청은 관계있다고 판단되는 사정의 변경을 명시하여야 한다.

3. 재판소는 본조 제1항에 따라 결정을 하기 전에 당사자에 대하여 이 문제에 관하여 자기의 의견을 제출할 기회를 부여하여야 한다.

제77조

본 규칙 제73조 및 제74조에 의하여 재판소가 지시하는 어떤 조치 및 본 규칙 제76조 제1항에 의하여 재판소가 내리는 어떤 결정은 규정 제

---

* 개정안은 2019년 10월 21일에 시행되었다.

41조 제1항에 따라 안전보장이사회에 통고하기 위하여 국제연합 사무 총장에게 통보되어야 한다.

제78조

재판소는 재판소가 지시한 잠정조치의 이행에 관한 모든 문제에 대하여 당사자로부터 정보를 요구할 수 있다.

제2절 선결적 항변

제79조*

1. 재판소 관할권 또는 사건의 부탁가능성에 대한 피고의 모든 항변 또는 본인의 절차에 들어가기 전에 그 결정이 요구되는 기타의 항변은 답변서의 제출기한 내에 서면으로 제출하여야 한다. 피고 이외의 당사자가 제출하는 모든 항변은 그 당사자 최초의 소송서류의 제출기한 내에 제출하여야 한다.

2. 선결적 항변은 항변의 근거로 되는 사실과 법, 취지 및 이를 뒷받침할 서류의 목록을 기재하며, 또한 해당 당사자가 제출을 희망하는 증거를 기재한다. 그리고 이를 뒷받침할 서류의 사본을 첨부한다.

3. 선결적 항변이 서기국에 수령됨과 동시에 본안 절차는 정지되며 재판소 또는 재판소가 개정중이 아닐 경우 재판소장은 타방 당사자가 그 의견 및 취지에 대하여 서면에 의한 진술을 제출할 기한을 정한다. 이 서면에는 이를 뒷받침할 서류가 첨부되어야 하며 제출하고자 하는 증거를 제시한다.

4. 재판소가 별도의 결정을 행하지 않는 한 항변에 관한 추후 절차는 구두에 의한다.

5. 본조 제2항 제3항에서 말하는 소송서류에 있어서의 사실 및 법의 진술 및 제4항이 예정하는 변론에 있어서 제출되는 진술 및 증거는 항변에 관계된 사항에 국한되어야 한다.

---

* 개정안은 2001년 2월 1일에 시행되었고 이후 개정안은 2019년 10월 21일에 시행되었다.

6. 재판소는 소송의 예비단계에서 재판소의 관할권을 결정할 수 있도록 하기 위하여 필요한 경우에는 언제라도 양당사자에 대하여 법 및 사실에 관한 모든 문제를 토론하고 또한 쟁점에 관한 모든 증거를 제시하도록 요구할 수 있다.

7. 재판소는 당사자의 의견을 청취한 후 판결의 형식으로 결정을 내린다. 재판소는 이 결정에 의하여 항변을 수용 또는 기각하거나 그 사건의 상황에 비추어 전적으로 선결적 성격을 갖지 않음으로 선언한다. 재판소가 항변을 기각하거나 그것이 전적으로 선결적 성격을 갖지 않음을 선언하는 경우에 절차의 속행을 위한 기한을 정한다.

8. 재판소는 본조 제1항에 따라 제기된 항변을 본안의 검토에서 청취하고 결정하기 위한 당사자 간의 모든 합의를 유효한 것으로 한다.

제3절 반소

제80조*

1. 반소는 타방 당사자의 신청의 주체와 직접 관련이 있으며 또 재판소의 관할권에 복종할 것을 조건으로 제출할 수 있다.

2. 반소는 그것을 제출하는 당사자의 답변서에서 행하여지며 그 당사자의 취지의 일부를 구성한다.

3. 재판소는 반소로서 제기된 문제와 타방 당사자의 신청의 주제와의 관련에 대하여 의문이 있는 경우에는 양당사자의 의견을 청취한 후 반소에 의해 제기된 문제를 원래의 소송절차에 병합시킬 것인가의 여부를 결정한다.

제4절 소송참가

제81조

1. 규정 62조에 의거한 소송참가의 허가를 요하는 신청은 본 규칙 제38

---

* 개정안은 2001년 2월 1일에 시행되었다.

조 제3항에 정한 방법으로 서명되어야 하며 가능한 한 신속하게 서면
절차의 종결이전에 제출되어야 한다. 단 특별한 사정이 있는 경우에는
그 후의 단계에 제출된 신청도 수락될 수 있다.

2. 신청에는 대리인의 성명을 기재한다. 이 신청에는 관계사실을 명시
하고 다음의 사항을 기재한다:

 (a) 소송 참가를 신청하는 국가가 그 사건의 재판에 의하여 영향을 받
 는다고 생각하는 법적 성질의 이해관계;

 (b) 소송 참가의 명확한 목적;

 (c) 소송 참가를 신청하는 국가가 자기와 사건 당사자들간에 존재한
 다고 주장하는 관할권의 모든 근거;

3. 이 신청에 첨부되는 원용된 서류의 목록이 포함되어야 한다.

제82조

1. 규정 제63조에 규정된 소송 참가의 권리를 행사하고자 하는 국가는
이를 위하여 본 규칙 제38조 제3항이 정하는 바에 따라 서명된 선언서
를 제출하여야 한다. 이러한 선언서는 가능한 한 신속하게 그리고 구
두절차의 개시일이 이전에 제출되어야 한다. 단, 특별한 사정이 있는
경우에 그 후에 제출된 선언서도 수락될 수 있다.

2. 이 선언서에는 대리인의 성명을 기재한다. 이 선언서에는 사건과 이
에 관련된 조약을 명시하고 아울러 다음의 사항을 포함하여야 한다.

 (a) 선언서를 제출하는 국가가 스스로 조약의 당사국이라고 판단하는
 상세한 근거;

 (b) 그 해석이 문제된다고 판단하는 특정 조약의 규정;

 (c) 그 조약규정이 주장하고 있는 규정의 해석에 관한 진술;

 (d) 첨부되어진 원용된 서류의 목록;

3. 이 선언서는 해석이 문제되어 있는 조약의 당사국이라고 스스로 판
단하는 국가로서 규정 제63조에 정하는 통고를 받지 않는 국가도 제출
할 수 있다.

제83조

1. 규정 제62조에 규정된 소송 참가의 허가를 위한 신청 및 규정 제63조에 규정된 소송 참가의 선언서의 인증등본은 즉시 사건의 당사자들에게 송부되어야 한다. 이들은 재판소 또는 재판소가 개정중이 아닌 경우에 재판소장이 정하는 기한 내에 자기의 의견을 서면으로 제출하도록 요청된다.

2. 재판소서기는 다음의 사본은 (a) 국제연합 사무총장, (b) 국제연합 가맹국 (c) 재판소에서 소송능력이 있는 그 밖의 국가 및 (d) 규정 제63조에 의거하여 통지를 받은 그 밖의 국가에게 송부하여야 한다.

제84조

1. 재판소는 사건의 상황을 고려하여 별도의 결정을 하지 않은 한 규정 제62조에 의거한 소송 참가의 허가 신청을 받아들일 것인가 그리고 규정 제63조에 의거한 소송 참가를 인정할 것인가를 우선적으로 결정한다.

2. 본 규칙 제83조에 따라 정해진 기간 내에 소송 참가의 허가신청 또는 소송 참가 선언서의 수락에 대하여 이의가 있는 경우에 재판소는 결정을 하기 전에 참가를 희망하는 국가 및 양 당사자의 의견을 청취하여야 한다.

제85조

1. 규정 제62조에 의한 소송 참가 허가의 요청이 받아들여진 경우에 참가하는 국가는 소송 서류 및 부속서류의 사본을 제공받으며 또한 재판소가 정하는 기한 내에 서면에 의한 진술을 제출할 수 있다. 이 진술과 관련하여 당사자가 구두절차 이전에 서면으로 의견 제출을 희망하는 경우에 재판소는 이를 위한 별도의 기한을 정한다. 재판소가 개정중이 아닐 때에는 이들의 기한은 재판소장이 정한다.

2. 전항에 따라 정하여진 기한은 가능한 한 이미 해당사건의 소송서류에 관하여 정하진 기한과 일치되어야 한다.

3. 소송에 참가하는 국가는 구두절차 중에 그 참가의 취지와 관련하여

그 의견을 제출할 수 있다.

제86조

1. 규정 제63조에 의한 소송 참가가 인정된 경우에 참가하는 국가는 소송서류 및 부속서류의 사본을 제공받으며 재판소 또는 재판소가 개정 중이 아닐 경우에 재판소장이 정하는 기한내에 소송 참가의 취지와 관련하여 의견을 서면으로 제출할 수 있다.

2. 이러한 의견은 당사지 및 소송 참가를 인정받은 모든 국가에게 통지된다. 소송에 참가하는 국가는 구두소송절차 중에 소송 참가의 물적 관할에 관하여 의견을 서면으로 제출할 수 있는 권리가 있다.

제5절 재판소에 대한 특별부탁

제87조

1. 발효 중인 조약 또는 협약에 상응하여 다른 국제적 실체에서의 소송절차 사항이었던 문제에 관하여 본 재판소에 계쟁사건이 제기된 경우에 계쟁사건을 규율하는 규정 및 규칙의 규정이 적용된다.

2. 재판신청에는 관계 국제적 실체의 결정 또는 명령을 명시하고 그 사본을 첨부한다. 이 신청에는 이전의 결정 또는 명령에 관하여 발생하여 재판소에 부탁되는 분쟁의 주제를 구성하는 문제를 명확히 기재한다.

제6절 소의 취하

제88조

1. 본안에 관한 최종판결이 내려지기 전에 당사자들이 소의 취하에 합의한 사실을 공동 또는 단독으로 서면에 의해 재판소에 통보한 경우에 재판소는 소의 취하를 인정함과 아울러 해당 사건을 사건명부에서 삭제할 것을 지시하는 명령을 내린다.

2. 당사자가 화해에 도달함으로서 소의 취하에 합의한 경우 당사자가 희망한다면 재판소는 사건명부에서 해당 사건을 삭제하는 명령에서

이 사실을 인정하고 그 명령 또는 부속서류에 화해조건을 기록한다.

3. 재판소가 개정중이 아닐 때에는 본조에 의한 명령은 재판소장이 내린다.

제89조

1. 신청에 의하여 개시된 절차 중에 원고가 절차를 계속하지 않을 것을 재판소가 서면으로 통보하고, 그 통보가 서기국에 접수된 일자까지 피고가 아직 그 절차에 있어 여하한 조치도 취하지 않은 경우에 재판소는 소의 취하를 공식으로 인정함과 아울러 해당사건을 사건명부에서 삭제할 것을 지시하는 명령을 내린다. 재판소서기는 이 명령의 사본을 피고에게 송부한다.

2. 소의 취하의 통보가 접수된 때에 피고가 이미 그 절차에 있어서 어떠한 조치를 취하였을 경우에 재판소는 피고에게 소의 취하에 이의가 있는지의 여부를 진술할 기한을 정한다. 그 기한의 종료까지 소의 취하에 관하여 이의가 없을 때에는 이것이 묵인된 것으로 간주되며 재판소는 소의 취하를 공식으로 인정함과 아울러 해당 사건을 사건명부에서 삭제할 것을 지시하는 명령을 발한다. 이의의 신청이 있을 경우에는 절차를 속행한다.

3. 재판소가 개정중이 아닐 때에는 본조에 의한 재판소의 권한은 재판소장이 행사한다.

제5장 소재판부의 절차

제90조

규정 제26조 및 제29조에 규정된 소재판부의 절차는 규정 및 본 규칙의 소재판부에 관한 규정에 따를 것을 조건으로 하여 재판소에 부탁된 계쟁사건에 적용되는 본 규칙의 제1부에서 제3부까지의 규정에 의하여 규율된다.

제91조

1. 사건을 규정 제26조 제1항 또는 제29조에 따라 설치되는 소재판부 중 하나에 부탁하고자 하는 경우에 이를 위한 요청은 재판신청서에 기재되거나 또는 이에 첨부되어야 한다. 양당사자가 합의하는 경우에 이러한 요청은 받아들여질 수 있다.

2. 재판소장은 서기국에 그 요청이 접수됨과 동시에 이를 해당 소재판부의 재판관에게 통보한다. 재판소장은 규정 제31조 제4항의 규정을 적용하기 위한 필요한 조치를 취한다.

3. 재판소장은 절차상의 요건에 양립하는 가장 빠른 일자에 소재판부를 소집한다.

제92조

1. 소재판부에 부탁된 사건에 있어서 서면절차는 양 당사자에 의한 각 한통의 서류의 제출로서 이루어진다. 신청에 의해 소가 제기되는 경우 소송 서류는 연속적인 기한 내에 제출된다. 특별합의의 통지에 의하여 소가 제기되는 경우에 소송서류는 당사자가 소송서류의 연속적인 제출에 있어서 합의하지 않는 한 동일의 기한 내에 제출된다. 본 항의 기한은 재판소 또는 재판소가 개정중이 아닐 때에는 재판소장이 소재판부가 이미 구성되어 있는 경우에는 이와 협의하여 정한다.

2. 그 이상의 소송서류가 필요하다고 당사자가 합의하거나 또는 소재판부가 독자적으로 또는 일방 당사자의 요청에 의해 이를 결정하는 경우에 소재판부는 이러한 소송 서류의 제출을 허가하거나 지시할 수 있다.

3. 당사자가 합의하지 않거나 소재판부가 동의하지 않는 한 구두절차는 진행된다. 구두절차가 생략되는 경우에도 소재판부는 당사자에 대하여 구두로서 정보를 제공하거나 설명을 하도록 요청할 수 있다.

제93조

소재판부의 판결은 해당 소재판부의 공개 법정에서 낭독된다.

제6장 판결, 해석 및 재심

제1절 판결

제94조*

1. 재판소는 심리를 완결하고 판결을 채택한 때에는 당사자에게 판결을 낭독할 일자를 통지한다.

2. 판결은 재판소의 공개법정에서 낭독되어야 하며 낭독된 일자로부터 당사자에게 구속력을 갖는다.

제95조

1. 판결은 이것이 재판소에 의하여 내려진 것인가 또는 소재판부에 의해 내려진 것인가를 명시하여야 하며 다음 사항을 포함하여야 한다:

판결을 낭독한 일자;

판결에 참여한 재판관의 성명;

당사자의 표시;

당사자의 대리인, 보조인 및 변호인의 성명;

절차의 요약;

당사자의 신청;

사실의 설명;

법률상의 이유;

판결 주문;

필요한 경우 비용에 관한 결정;

결정에 있어서 과반수를 구성하는 재판관의 수 및 성명;

판결문의 정본 표시.

2. 여하한 재판관도 다수의견의 반대 여부에 관계없이 희망한다면 자기의 개별적 의견을 판결에 첨부할 수 있다. 이유에 대한 설명 없이 동의 또는 반대를 표시하고자 하는 재판관은 선언의 형식으로 이를 행할

---

* 개정안은 2020년 6월 25일에 시행되었다.

수 있다. 이는 재판소의 명령에 대해서도 적용된다.

3. 정식으로 서명 날인된 판결의 한 통은 재판소의 문서 보관소에 보관되며 또한 각 당사자에게 한 통씩 교부된다. 재판소서기는 판결의 등본을 (a) 국제연합 사무총장, (b) 국제연합 회원국 및 (c) 재판소에서 소송 능력이 있는 기타 모든 국가에 송부한다.

제96조

당사자의 합의에 의하여 구두절차 및 서면절차가 재판소의 두 개 공용어 중 하나로 이루어지고 또한 규정 제39조 제1항에 따라 재판이 그 공용어로 내려졌을 경우에는 그 용어로 작성된 판결문을 정본으로 한다.

제97조

재판소가 규정 제64조에 의하여 일방 당사자의 소송비용의 전액 또는 일부를 타방의 당사자가 지불할 것을 결정한 경우에 재판소는 이를 위한 명령을 내릴 수 있다.

제2절 판결의 해석 또는 재심의 요청

제98조

1. 판결의 의의 또는 범위에 대하여 분쟁이 있을 경우에는 원 절차가 신청에 의하여 개시되었는지 또는 특별협정에 의하여 개시되었는지를 불문하고 어느 당사자도 판결의 해석을 요청할 수도 있다.

2. 판결의 해석은 신청에 의하여 또는 당사자간의 특별협정의 통고에 의하여 요청할 수 있다. 이 신청 또는 특별협정의 통고에는 판결의 의의 또는 범위에 관한 쟁점이 명시되어야 한다.

3. 해석의 요청이 신청에 의하여 이루어질 경우에 요청 당사자의 주장은 그 신청서에 기재되어야 하며, 타방의 당사자는 재판소 또는 재판소가 개정중이 아닐 경우 재판소장이 정하는 기간내에 서면으로 의견을 제출할 수 있다.

4. 해석의 요청이 신청에 의하여 행하여졌는가 또는 특별협정의 통고

에 의하여 행하여졌는가를 불문하고 재판소는 필요한 경우에 당사자들에게 서면 또는 구두로 추가설명을 제공할 기회를 부여할 수도 있다.

제99조

1. 판결의 재심요청은 신청에 의하여 이루어지고 이 신청서에 규정 제61조에서 정한 조건이 충족되었음을 표시하기 위하여 필요한 상세한 사항들을 포함하여야 한다. 원용서류는 신청에 첨부되어야 한다.

2. 타당 당사자는 재판소 또는 재판소가 개정중이 아닐 경우에 재판소장이 정하는 기간내에 신청의 수락가능성에 관하여 서면으로 의견을 제출할 수 있다. 이 의견은 신청을 제출한 당사자에게 통보되어야 한다.

3. 재판소는 신청의 수락가능성에 대한 판결을 내리기 전에 이에 대하여 의견을 제출할 기회를 당사자에게 재차 부여할 수 있다.

4. 재판소는 신청이 수락될 수 있음을 선언한 경우에 당사자의 의견을 조회한 후 요청의 본안에 대하여 필요하다고 인정하는 추후 절차의 기간을 정한다.

5. 재판소는 판결의 선이행을 조건으로 재심절차를 개시할 것을 결정한 경우에는 이를 위한 명령을 내린다.

제100조

1. 재심 또는 해석되어야 하는 판결을 재판소가 내린 것일 경우에 그 재심 또는 해석의 요청은 재판소가 취급한다. 문제의 판결이 소재판부가 내린 것인 경우에 그 재심 또는 해석의 요청을 해당 소재판부가 취급한다.

2. 판결의 해석 또는 재심의 요청에 관한 재판소 또는 소재판부의 결정은 판결의 형식으로 내린다.

제7장 당사자의 수정제안

제101조

사건의 당사자는 제3부의 규칙들(제93조에서 제97조까지의 규정은 제외)에 대해 특별한 수정 또는 추가를 공동으로 제의할 수 있다. 재판소 또는 소재판부는 사건의 상황에 비추어 적당하다고 인정할 경우에는 이러한 제의를 수락할 수 있다.

제4부 권고적 의견의 절차

제102조

1. 재판소는 규정 제65조에 의한 권고적 기능을 행사함에 있어서 국제 연합헌장 제96조 및 규정 제4장의 규정과 아울러 본 규칙의 본부의 규정을 적용한다.

2. 재판소는 그 적용이 가능하다고 인정하는 범위 내에서 계쟁사건에 적용하는 규정 및 본 규칙의 규정들도 고려한다. 재판소는 이를 위하여 우선 권고적 의견의 요청이 현재 둘 또는 그 이상의 국가간에 계쟁 중인 법률문제에 관계된 것인가의 여부를 검토한다.

3. 권고적 의견이 현재 둘 또는 그 이상의 국가 간에 계쟁중인 법률문제에 대해 요청하는 경우에 규정 제31조가 그 조항의 적용에 관한 본 규칙의 규정과 함께 적용한다.

제103조

국제연합헌장에 의하여 또는 이에 따라 권고적 의견을 요청할 자격이 부여된 기구가 재판소에 대하여 그 요청이 긴급한 회답을 필요로 함을 통지하거나 또는 재판소가 조속한 회답이 요망된다고 인정한 경우에 재판소는 절차에 박차를 가하기 위하여 필요한 모든 조치를 취하여야 하며, 요청에 대한 변론 및 심리에 착수하기 위해 가능한 한 신속하게 소집되어야 한다.

제104조

모든 권고적 의견의 요청은 국제연합 사무총장 또는 경우에 따라서는 이를 요청할 자격이 부여된 국제기구의 장에 의하여 재판소에 제출된다. 규정 제65조 제2항에서 언급된 서류는 요청과 동시에 또는 그 후의 가능한 한 빠른 시일 내에 서기국이 요구하는 수의 등본을 첨부하여 재판소에 제출되어야 한다.

제105조

1. 재판소에 제출된 진술서는 재판소 서기에 의하여 이와 유사한 진술서를 제출한 모든 국가 및 국제기구에 송부한다.

2. 재판소 또는 재판소가 개정중이 아닐 경우에 재판소장은 다음을 해야 한다.

　가. 규정 제66조 제4항에 의거하여 허용된 진술의 접수를 위한 형식 및 범위를 결정하고 또한 그러한 모든 서면상의 진술의 제출을 위한 기간을 정한다.

　나. 규정 제66조의 규정에 의거하여 진술 및 의견을 재판소에 제출하기 위한 구두절차를 진행할 것인가의 여부를 결정하고, 필요한 경우에 그 개시일자를 정한다.

제106조

재판소 또는 재판소가 개정중이 아닐 경우에 재판소는 진술서 및 부속서류를 구두절차의 개시시 또는 그 후에 공개할 것을 결정할 수 있다. 권고적 의견의 요청이 현재 둘 또는 그 이상의 국가간에 계쟁중인 법률문제에 관계되는 경우에 이들 국가와 우선적으로 협의하여야 한다.

제107조

1. 재판손가 심리를 완결하고 권고적 의견을 채택한 때에는 그 의견은 재판소의 공개법정에서 낭독된다.

2. 권고적 의견에는 다음의 사항이 포함된다:

　권고적 의견을 부여한 일자;

　참가한 재판관의 성명;

　절차의 요약;

　사실의 진술;

법률상의 이유;

재판소에 제출된 문제에 대한 회답;

과반수를 구성하는 재판관의 수 및 성명;

신뢰할만한 의견의 정본에 관한 진술서.

3. 여하한 재판관도 다수의견에 반대하는가의 여부에 불문하고 희망한 다면 재판소의 권고적 의견에 자기의 개별적 의견을 첨부할 수 있다. 이유에 대한 설명 없이 동의 또는 반대를 표시하고자 하는 재판관은 선언의 형식으로 이를 행할 수 있다.

제108조

재판소 서기는 국제연합 사무총장 또는 필요한 경우에 권고적 의견을 요청한 기구의 장에게 의견이 낭독될 공개법정의 일시를 통보한다. 재판소서기는 또는 국제연합 회원국 및 기타 국가, 전문기구 그리고 직접적으로 관련 있는 정부 간 국제기구의 대표들에 대하여도 이를 통보한다.

제109조

정식으로 서명 날인된 권고적 의견의 한 통은 재판소의 문서보관소에 보관되며, 다른 한 통은 국제연합 사무총장에게 그리고 필요한 경우에 세 번째의 한 통은 재판소의 의견을 요청한 국제기구의 장에게 송부한다. 재판소 서기는 등본을 국제연합 회원국 및 기타 국가, 전문기구 그리고 직접적으로 관련이 있는 정부 간 국제기구에 송부한다.

(사인) 압둘카위 아흐메드 유수프,

판사.

(사인) 필립 고티에,

재판소 서기.

RULES OF COURT

ADOPTED ON 14 APRIL 1978 AND

ENTERED INTO FORCE ON 1 JULY 1978[1)]

Preamble*

The Court,

Having regard to Chapter XIV of the Charter of the United Nations;

Having regard to the Statute of the Court annexed thereto;

Acting in pursuance of Article 30 of the Statute;

Adopts the following Rules.

Part I. THE COURT

section A. judges and assessors

Subsection 1. The Members of the Court

Article 1

1. The Members of the Court are the judges elected in accordance with Articles

---

* Amendment entered into force on 14 April 2005.

1) Any amendments to the Rules of Court, following their adoption by the Court, are now posted on the Court's web site, with an indication of the date of their entry into force and a note of any temporal reservations relating to their applicability (for example, whether the application of the amended rule is limited to cases instituted after the date of entry into force of the amendment); they are also published in the Court's *Yearbook.* Articles amended since 1 July 1978 are marked in this volume with an asterisk and appear in their amended form, with an indication of the date when the amendment entered into force.

2 to 15 of the Statute.

2. For the purposes of a particular case, the Court may also include upon the Bench one or more persons chosen under Article 31 of the Statute to sit as judges *ad hoc*.

3. In the following Rules, the term "Member of the Court" denotes any elected judge; the term "judge" denotes any Member of the Court, and any judge *ad hoc*.

Article 2

1. The term of office of Members of the Court elected at a triennial election shall begin to run from the sixth of February[2] in the year in which the vacancies to which they are elected occur.

2. The term of office of a Member of the Court elected to replace a Member whose term of office has not expired shall begin to run from the date of the election.

Article 3

1. The Members of the Court, in the exercise of their functions, are of equal status, irrespective of age, priority of election or length of service.

2. The Members of the Court shall, except as provided in paragraphs 4 and 5 of this Article, take precedence according to the date on which their terms of office respectively began, as provided for by Article 2 of these Rules.

3. Members of the Court whose terms of office began on the same date shall take precedence in relation to one another according to seniority of age.

4. A Member of the Court who is re-elected to a new term of office which is continuous with his previous term shall retain his precedence.

5. The President and the Vice-President of the Court, while holding these offices, shall take precedence before all other Members of the Court.

6. The Member of the Court who, in accordance with the foregoing paragraphs,

---

2) This is the date on which the terms of office of the Members of the Court elected at the first election began in 1946.

takes precedence next after the President and the Vice-President is in these Rules designated the "senior judge". If that Member is unable to act, the Member of the Court who is next after him in precedence and able to act is considered as senior judge.

Article 4

1. The declaration to be made by every Member of the Court in accordance with Article 20 of the Statute shall be as follows: "I solemnly declare that I will perform my duties and exercise my powers as judge honourably, faithfully, impartially and conscientiously."

2. This declaration shall be made at the first public sitting at which the Member of the Court is present. Such sitting shall be held as soon as practicable after his term of office begins and, if necessary, a special sitting shall be held for the purpose.

3. A Member of the Court who is re-elected shall make a new declaration only if his new term is not continuous with his previous one.

Article 5

1. A Member of the Court deciding to resign shall communicate his decision to the President, and the resignation shall take effect as provided in Article 13, paragraph 4, of the Statute.

2. If the Member of the Court deciding to resign from the Court is the President, he shall communicate his decision to the Court, and the resignation shall take effect as provided in Article 13, paragraph 4, of the Statute.

Article 6

In any case in which the application of Article 18 of the Statute is under consideration, the Member of the Court concerned shall be so informed by the President or, if the circumstances so require, by the Vice-President, in a written statement which shall include the grounds therefor and any relevant evidence. He shall subsequently, at a private meeting of the Court specially convened for the purpose, be afforded an opportunity of making a statement, of furnishing any information or explanations he wishes to give, and of supplying answers, orally or in writing, to any questions put to him. At a further private meeting, at which the Member of the Court concerned shall not be present, the matter shall be discussed; each Member of the Court shall state his opinion, and if requested a vote shall be taken.

Subsection 2. Judges ad hoc
Article 7

1. Judges *ad hoc*, chosen under Article 31 of the Statute for the purposes of particular cases, shall be admitted to sit on the Bench of the Court in the circumstances and according to the procedure indicated in Article 17, paragraph 2, Articles 35, 36, 37, Article 91, paragraph 2, and Article 102, paragraph 3, of these Rules.

2. They shall participate in the case in which they sit on terms of complete equality with the other judges on the Bench.

3. Judges *ad hoc* shall take precedence after the Members of the Court and in order of seniority of age.

Article 8

1. The solemn declaration to be made by every judge *ad hoc* in accordance with Articles 20 and 31, paragraph 6, of the Statute shall be as set out in Article 4, paragraph 1, of these Rules.

2. This declaration shall be made at a public sitting in the case in which the judge *ad hoc* is participating. If the case is being dealt with by a chamber of the Court, the declaration shall be made in the same manner in that chamber.

3. Judges *ad hoc* shall make the declaration in relation to any case in which they are participating, even if they have already done so in a previous case, but shall not make a new declaration for a later phase of the same case.

Subsection 3. Assessors
Article 9

1. The Court may, either *proprio motu* or upon a request made not later than the

closure of the written proceedings, decide, for the purpose of a contentious case or request for advisory opinion, to appoint assessors to sit with it without the right to vote.

2. When the Court so decides, the President shall take steps to obtain all the information relevant to the choice of the assessors.

3. The assessors shall be appointed by secret ballot and by a majority of the votes of the judges composing the Court for the case.

4. The same powers shall belong to the chambers provided for by Articles 26 and 29 of the Statute and to the presidents thereof, and may be exercised in the same manner.

5. Before entering upon their duties, assessors shall make the following declaration at a public sitting:

"I solemnly declare that I will perform my duties as an assessor honourably, impartially and conscientiously, and that I will faithfully observe all the provisions of the Statute and of the Rules of the Court."

Section B. The Presidency

Article 10

1. The term of office of the President and that of the Vice-President shall begin to run from the date on which the terms of office of the Members of the Court elected at a triennial election begin in accordance with Article 2 of these Rules.

2. The elections to the presidency and vice-presidency shall be held on that date or shortly thereafter. The former President, if still a Member of the Court, shall continue to exercise his functions until the election to the presidency has taken place.

Article 11

1. If, on the date of the election to the presidency, the former President is still a Member of the Court, he shall conduct the election. If he has ceased to be

a Member of the Court, or is unable to act, the election shall be conducted by the Member of the Court exercising the functions of the presidency by virtue of Article 13, paragraph 1, of these Rules.

2. The election shall take place by secret ballot, after the presiding Member of the Court has declared the number of affirmative votes necessary for election; there shall be no nominations. The Member of the Court obtaining the votes of a majority of the Members composing it at the time of the election shall be declared elected, and shall enter forthwith upon his functions.

3. The new President shall conduct the election of the Vice-President either at the same or at the following meeting. The provisions of paragraph 2 of this Article shall apply equally to this election.

Article 12

The President shall preside at all meetings of the Court; he shall direct the work and supervise the administration of the Court.

Article 13

1. In the event of a vacancy in the presidency or of the inability of the President to exercise the functions of the presidency, these shall be exercised by the Vice-President, or failing him, by the senior judge.

2. When the President is precluded by a provision of the Statute or of these Rules either from sitting or from presiding in a particular case, he shall continue to exercise the functions of the presidency for all purposes save in respect of that case.

3. The President shall take the measures necessary in order to ensure the continuous exercise of the functions of the presidency at the seat of the Court. In the event of his absence, he may, so far as is compatible with the Statute and these Rules, arrange for these functions to be exercised by the Vice-President, or failing him, by the senior judge.

4. If the President decides to resign the presidency, he shall communicate his decision in writing to the Court through the Vice-President, or failing him, the

senior judge. If the Vice-President decides to resign his office, he shall communicate his decision to the President.

Article 14

If a vacancy in the presidency or the vice-presidency occurs before the date when the current term is due to expire under Article 21, paragraph 1, of the Statute and Article 10, paragraph 1, of these Rules, the Court shall decide whether or not the vacancy shall be filled during the remainder of the term.

Section C. The Chambers

Article 15

1. The Chamber of Summary Procedure to be formed annually under Article 29 of the Statute shall be composed of five Members of the Court, comprising the President and Vice-President of the Court, acting ex officio, and three other members elected in accordance with Article 18, paragraph 1, of these Rules. In addition, two Members of the Court shall be elected annually to act as substitutes.

2. The election referred to in paragraph 1 of this Article shall be held as soon as possible after the sixth of February in each year. The members of the Chamber shall enter upon their functions on election and continue to serve until the next election; they may be re-elected.

3. If a member of the Chamber is unable, for whatever reason, to sit in a given case, he shall be replaced for the purposes of that case by the senior in precedence of the two substitutes.

4. If a member of the Chamber resigns or otherwise ceases to be a member, his place shall be taken by the senior in precedence of the two substitutes, who shall thereupon become a full member of the Chamber and be replaced by the election of another substitute. Should vacancies exceed the number of available substitutes, elections shall be held as soon as possible in respect of the

vacancies still existing after the substitutes have assumed full membership and in respect of the vacancies in the substitutes.

Article 16

1. When the Court decides to form one or more of the Chambers provided for in Article 26, paragraph 1, of the Statute, it shall determine the particular category of cases for which each Chamber is formed, the number of its members, the period for which they will serve, and the date at which they will enter upon their duties.

2. The members of the Chamber shall be elected in accordance with Article 18, paragraph 1, of these Rules from among the Members of the Court, having regard to any special knowledge, expertise or previous experience which any of the Members of the Court may have in relation to the category of case the Chamber is being formed to deal with.

3. The Court may decide upon the dissolution of a Chamber, but without prejudice to the duty of the Chamber concerned to finish any cases pending before it.

Article 17

1. A request for the formation of a Chamber to deal with a particular case, as provided for in Article 26, paragraph 2, of the Statute, may be filed at any time until the closure of the written proceedings. Upon receipt of a request made by one party, the President shall ascertain whether the other party assents.

2. When the parties have agreed, the President shall ascertain their views regarding the composition of the Chamber, and shall report to the Court accordingly. He shall also take such steps as may be necessary to give effect to the provisions of Article 31, paragraph 4, of the Statute.

3. When the Court has determined, with the approval of the parties, the number of its Members who are to constitute the Chamber, it shall proceed to their election, in accordance with the provisions of Article 18, paragraph 1, of these Rules. The same procedure shall be followed as regards the filling of any

vacancy that may occur on the Chamber.

4. Members of a Chamber formed under this Article who have been replaced, in accordance with Article 13 of the Statute following the expiration of their terms of office, shall continue to sit in all phases of the case, whatever the stage it has then reached.

Article 18

1. Elections to all Chambers shall take place by secret ballot. The Members of the Court obtaining the largest number of votes constituting a majority of the Members of the Court composing it at the time of the election shall be declared elected. If necessary to fill vacancies, more than one ballot shall take place, such ballot being limited to the number of vacancies that remain to be filled.

2. If a Chamber when formed includes the President or Vice-President of the Court, or both of them, the President or Vice-President, as the case may be, shall preside over that Chamber. In any other event, the Chamber shall elect its own president by secret ballot and by a majority of votes of its members. The Member of the Court who, under this paragraph, presides over the Chamber at the time of its formation shall continue to preside so long as he remains a member of that Chamber.

3. The president of a Chamber shall exercise, in relation to cases being dealt with by that Chamber, all the functions of the President of the Court in relation to cases before the Court.

4. If the president of a Chamber is prevented from sitting or from acting as president, the functions of the presidency shall be assumed by the member of the Chamber who is the senior in precedence and able to act.

Section D. Internal Functioning of the Court

Article 19

The internal judicial practice of the Court shall, subject to the provisions of the

Statute and these Rules, be governed by any resolutions on the subject adopted by the Court.[3]

Article 20

1. The quorum specified by Article 25, paragraph 3, of the Statute applies to all meetings of the Court.

2. The obligation of Members of the Court under Article 23, paragraph 3, of the Statute, to hold themselves permanently at the disposal of the Court, entails attendance at all such meetings, unless they are prevented from attending by illness or for other serious reasons duly explained to the President, who shall inform the Court.

3. Judges *ad hoc* are likewise bound to hold themselves at the disposal of the Court and to attend all meetings held in the case in which they are participating. They shall not be taken into account for the calculation of the quorum.

4. The Court shall fix the dates and duration of the judicial vacations and the periods and conditions of leave to be accorded to individual Members of the Court under Article 23, paragraph 2, of the Statute, having regard in both cases to the state of its General List and to the requirements of its current work.

5. Subject to the same considerations, the Court shall observe the public holidays customary at the place where the Court is sitting.

6. In case of urgency the President may convene the Court at any time.

Article 21

1. The deliberations of the Court shall take place in private and remain secret. The Court may however at any time decide in respect of its deliberations on other than judicial matters to publish or allow publication of any part of them.

2. Only judges, and the assessors, if any, take part in the Court's judicial deliberations. The Registrar, or his deputy, and other members of the staff of the Registry as may be required shall be present. No other person shall be

---

3) The resolution now in force was adopted on 12 April 1976.

present except by permission of the Court.

3. The minutes of the Court's judicial deliberations shall record only the title or nature of the subjects or matters discussed, and the results of any vote taken. They shall not record any details of the discussions nor the views expressed, provided however that any judge is entitled to require that a statement made by him be inserted in the minutes.

Part Ⅱ. THE REGISTRY

Article 22*

1. The Court shall elect its Registrar by secret ballot. The Registrar shall be elected for a term of seven years. The Registrar may be re-elected.

2. The Court shall give public notice of a vacancy or impending vacancy, either forthwith upon the vacancy arising, or, where the vacancy will arise on the expiration of the term of office of the Registrar, not less than six months prior thereto. The Court shall fix a date for the closure of the list of candidates so as to enable information concerning the candidates to be received in sufficient time. Interested persons shall be invited to submit their applications by the date so fixed by the Court.

3. Applications shall indicate the relevant information concerning the candidate, and in particular information as to the candidate's age, nationality, present occupation, university qualifications, knowledge of languages, and any previous experience in public international law, diplomacy, or the work of international organizations and institutional management.

4. The candidate obtaining the votes of the majority of the Members of the Court composing it at the time of the election shall be declared elected.

---

* Amendment entered into force on 21 October 2019.

Article 23*

The Court shall elect a Deputy-Registrar: the provisions of Article 22 of these Rules shall apply to the Deputy-Registrar's election and term of office.

Article 24

1. Before taking up his duties, the Registrar shall make the following declaration at a meeting of the Court:

"I solemnly declare that I will perform the duties incumbent upon me as Registrar of the International Court of Justice in all loyalty, discretion and good conscience, and that I will faithfully observe all the provisions of the Statute and of the Rules of the Court."

2. The Deputy-Registrar shall make a similar declaration at a meeting of the Court before taking up his duties.

Article 25

1. The staff-members of the Registry shall be appointed by the Court on proposals submitted by the Registrar. Appointments to such posts as the Court shall determine may however be made by the Registrar with the approval of the President.

2. Before taking up his duties, every staff-member shall make the following declaration before the President, the Registrar being present:

"I solemnly declare that I will perform the duties incumbent upon me as an official of the International Court of Justice in all loyalty, discretion and good conscience, and that I will faithfully observe all the provisions of the Statute and of the Rules of the Court."

Article 26

1. The Registrar, in the discharge of his functions, shall:

(a) be the regular channel of communications to and from the Court, and in particular shall effect all communications, notifications and transmission of documents required by the Statute or by these Rules and ensure that the date

---

* Amendment entered into force on 21 October 2019(English only).

of despatch and receipt thereof may be readily verified;

(b) keep, under the supervision of the President, and in such form as may be laid down by the Court, a General List of all cases, entered and numbered in the order in which the documents instituting proceedings or requesting an advisory opinion are received in the Registry;

(c) have the custody of the declarations accepting the jurisdiction of the Court made by States not parties to the Statute in accordance with any resolution adopted by the Security Council under Article 35, paragraph 2, of the Statute,[4] and transmit certified copies thereof to all States parties to the Statute, to such other States as shall have deposited declarations, and to the Secretary-General of the United Nations;

(d) transmit to the parties copies of all pleadings and documents annexed upon receipt thereof in the Registry;

(e) communicate to the government of the country in which the Court or a Chamber is sitting, and any other governments which may be concerned, the necessary information as to the persons from time to time entitled, under the Statute and relevant agreements, to privileges, immunities, or facilities;

(f) be present, in person or by his deputy, at meetings of the Court, and of the Chambers, and be responsible for the preparation of minutes of such meetings;

(g) make arrangements for such provision or verification of translations and interpretations into the Court's official languages as the Court may require;

(h) sign all judgments, advisory opinions and orders of the Court, and the minutes referred to in subparagraph *(f)*;

(i) be responsible for the printing and publication of the Court's judgments, advisory opinions and orders, the pleadings and statements, and minutes of public sittings in cases, and of such other documents as the Court may direct to be published;

(j) be responsible for all administrative work and in particular for the accounts and

---

4) The resolution now in force was adopted on 15 October 1946.

financial administration in accordance with the financial procedures of the United Nations;

(k) deal with enquiries concerning the Court and its work;

(l) assist in maintaining relations between the Court and other organs of the United Nations, the specialized agencies, and international bodies and conferences concerned with the codification and progressive development of international law;

(m) ensure that information concerning the Court and its activities is made accessible to governments, the highest national courts of justice, professional and learned societies, legal faculties and schools of law, and public information media;

(n) have custody of the seals and stamps of the Court, of the archives of the Court, and of such other archives as may be entrusted to the Court.[5]

2. The Court may at any time entrust additional functions to the Registrar.

3. In the discharge of his functions the Registrar shall be responsible to the Court.

Article 27

1. The Deputy-Registrar shall assist the Registrar, act as Registrar in the latter's absence and, in the event of the office becoming vacant, exercise the functions of Registrar until the office has been filled.

2. If both the Registrar and the Deputy-Registrar are unable to carry out the duties of Registrar, the President shall appoint an official of the Registry to discharge those duties for such time as may be necessary. If both offices are vacant at the same time, the President, after consulting the Members of the Court, shall appoint an official of the Registry to discharge the duties of Registrar pending an election to that office.

---

5) The Registrar also keeps the Archives of the Permanent Court of International Justice, entrusted to the present Court by decision of the Permanent Court of October 1945(*I.C.J. Yearbook 1946-1947*, p.26). and the Archives of the Trial of the Major War Criminals before the International Military Tribunal at Nuremberg (1945-1946), entrusted to the Court by decision of that Tribunal of 1 October 1946; the Court authorized the Registrar to accept the latter Archives by decision of 19 November 1949.

Article 28

1. The Registry shall comprise the Registrar, the Deputy-Registrar, and such other staff as the Registrar shall require for the efficient discharge of his functions.

2. The Court shall prescribe the organization of the Registry, and shall for this purpose request the Registrar to make proposals.

3. Instructions for the Registry shall be drawn up by the Registrar and approved by the Court.

4. The staff of the Registry shall be subject to Staff Regulations drawn up by the Registrar, so far as possible in conformity with the United Nations Staff Regulations and Staff Rules, and approved by the Court.

Article 29*

1. The Registrar may be removed from office only if, in the opinion of two-thirds of the Members of the Court composing it at the time of the decision to be taken, the incumbent has either become permanently incapacitated from exercising his or her functions, or has committed a serious breach of duty. Such decision shall be taken by secret ballot.

2. Before a decision is taken under this Article, the Registrar shall be informed by the President of the action contemplated, in a written statement which shall include the grounds therefor and any relevant evidence. The Registrar shall subsequently, at a private meeting of the Court, be afforded an opportunity of making a statement, of furnishing any information or explanations, and of supplying answers, orally or in writing, to any questions.

3. The Deputy-Registrar may be removed from office only on the same grounds and by the same procedure.

---

* Amendment entered into force on 21 October 2019.

Part Ⅲ. PROCEEDINGS IN CONTENTIOUS CASES

Section A. Communications to the Court and Consultations

Article 30

All communications to the Court under these Rules shall be addressed to the Registrar unless otherwise stated. Any request made by a party shall likewise be addressed to the Registrar unless made in open court in the course of the oral proceedings.

Article 31

In every case submitted to the Court, the President shall ascertain the views of the parties with regard to questions of procedure. For this purpose he shall summon the agents of the parties to meet him as soon as possible after their appointment, and whenever necessary thereafter.

Section B. The Composition of the Court for Particular Cases

Article 32

1. If the President of the Court is a national of one of the parties in a case he shall not exercise the functions of the presidency in respect of that case. The same rule applies to the Vice-President, or to the senior judge, when called on to act as President.

2. The Member of the Court who is presiding in a case on the date on which the Court convenes for the oral proceedings shall continue to preside in that case until completion of the current phase of the case, notwithstanding the election in the meantime of a new President or Vice-President. If he should become unable to act, the presidency for the case shall be determined in accordance with Article 13 of these Rules, and on the basis of the composition of the Court on the date on which it convened for the oral proceedings.

Article 33

Except as provided in Article 17 of these Rules, Members of the Court who have been replaced, in accordance with Article 13, paragraph 3, of the Statute following the expiration of their terms of office, shall discharge the duty imposed upon them by that paragraph by continuing to sit until the completion of any phase of a case in respect of which the Court convenes for the oral proceedings prior to the date of such replacement.

Article 34

1. In case of any doubt arising as to the application of Article 17, paragraph 2, of the Statute or in case of a disagreement as to the application of Article 24 of the Statute, the President shall inform the Members of the Court, with whom the decision lies.

2. If a party desires to bring to the attention of the Court facts which it considers to be of possible relevance to the application of the provisions of the Statute mentioned in the previous paragraph, but which it believes may not be known to the Court, that party shall communicate confidentially such facts to the President in writing.

Article 35

1. If a party proposes to exercise the power conferred by Article 31 of the Statute to choose a judge *ad hoc* in a case, it shall notify the Court of its intention as soon as possible. If the name and nationality of the judge selected are not indicated at the same time, the party shall, not later than two months before the time-limit fixed for the filing of the Counter-Memorial, inform the Court of the name and nationality of the person chosen and supply brief biographical details. The judge *ad hoc* may be of a nationality other than that of the party which chooses him.

2. If a party proposes to abstain from choosing a judge *ad hoc*, on condition of a like abstention by the other party, it shall so notify the Court which shall inform the other party. If the other party thereafter gives notice of its intention

to choose, or chooses, a judge *ad hoc*, the time-limit for the party which has previously abstained from choosing a judge may be extended by the President.

3. A copy of any notification relating to the choice of a judge *ad hoc* shall be communicated by the Registrar to the other party, which shall be requested to furnish, within a time-limit to be fixed by the President, such observations as it may wish to make. If within the said time-limit no objection is raised by the other party, and if none appears to the Court itself, the parties shall be so informed.

4. In the event of any objection or doubt, the matter shall be decided by the Court, if necessary after hearing the parties.

5. A judge *ad hoc* who has accepted appointment but who becomes unable to sit may be replaced.

6. If and when the reasons for the participation of a judge *ad hoc* are found no longer to exist, he shall cease to sit on the Bench.

Article 36

1. If the Court finds that two or more parties are in the same interest, and therefore are to be reckoned as one party only, and that there is no Member of the Court of the nationality of any one of those parties upon the Bench, the Court shall fix a time-limit within which they may jointly choose a judge *ad hoc*.

2. Should any party amongst those found by the Court to be in the same interest allege the existence of a separate interest of its own, or put forward any other objection, the matter shall be decided by the Court, if necessary after hearing the parties.

Article 37

1. If a Member of the Court having the nationality of one of the parties is or becomes unable to sit in any phase of a case, that party shall thereupon become entitled to choose a judge *ad hoc* within a time-limit to be fixed by the Court, or by the President if the Court is not sitting.

2. Parties in the same interest shall be deemed not to have a judge of one of their nationalities upon the Bench if the Member of the Court having one of their nationalities is or becomes unable to sit in any phase of the case.

3. If the Member of the Court having the nationality of a party becomes able to sit not later than the closure of the written proceedings in that phase of the case, that Member of the Court shall resume his seat on the Bench in the case.

Section C. Proceedings before the Court

Subsection 1. Institution of Proceedings
Article 38

1. When proceedings before the Court are instituted by means of an application addressed as specified in Article 40, paragraph 1, of the Statute, the application shall indicate the party making it, the State against which the claim is brought, and the subject of the dispute.

2. The application shall specify as far as possible the legal grounds upon which the jurisdiction of the Court is said to be based; it shall also specify the precise nature of the claim, together with a succinct statement of the facts and grounds on which the claim is based.

3. The original of the application shall be signed either by the agent of the party submitting it, or by the diplomatic representative of that party in the country in which the Court has its seat, or by some other duly authorized person. If the application bears the signature of someone other than such diplomatic representative, the signature must be authenticated by the latter or by the competent authority of the applicant's foreign ministry.

4. The Registrar shall forthwith transmit to the respondent a certified copy of the application.

5. When the applicant State proposes to found the jurisdiction of the Court upon a consent thereto yet to be given or manifested by the State against which such

application is made, the application shall be transmitted to that State. It shall not however be entered in the General List, nor any action be taken in the proceedings, unless and until the State against which such application is made consents to the Court's jurisdiction for the purposes of the case.

Article 39

1. When proceedings are brought before the Court by the notification of a special agreement, in conformity with Article 40, paragraph 1, of the Statute, the notification may be effected by the parties jointly or by any one or more of them. If the notification is not a joint one, a certified copy of it shall forthwith be communicated by the Registrar to the other party.

2. In each case the notification shall be accompanied by an original or certified copy of the special agreement. The notification shall also, in so far as this is not already apparent from the agreement, indicate the precise subject of the dispute and identify the parties to it.

Article 40

1. Except in the circumstances contemplated by Article 38, paragraph 5, of these Rules, all steps on behalf of the parties after proceedings have been instituted shall be taken by agents. Agents shall have an address for service at the seat of the Court to which all communications concerning the case are to be sent. Communications addressed to the agents of the parties shall be considered as having been addressed to the parties themselves.

2. When proceedings are instituted by means of an application, the name of the agent for the applicant shall be stated. The respondent, upon receipt of the certified copy of the application, or as soon as possible thereafter, shall inform the Court of the name of its agent.

3. When proceedings are brought by notification of a special agreement, the party making the notification shall state the name of its agent. Any other party to the special agreement, upon receiving from the Registrar a certified copy of such notification, or as soon as possible thereafter, shall inform the Court of the

name of its agent if it has not already done so.

Article 41

The institution of proceedings by a State which is not a party to the Statute but which, under Article 35, paragraph 2, there of, has accepted the jurisdiction of the Court by a declaration made in accordance with any resolution adopted by the Security Council under that Article,[6] shall be accompanied by a deposit of the declaration in question, unless the latter has previously been deposited with the Registrar. If any question of the validity or effect of such declaration arises, the Court shall decide.

Article 42

The Registrar shall transmit copies of any application or notification of a special agreement instituting proceedings before the Court to: *(a)* the Secretary-General of the United Nations; *(b)* the Members of the United Nations; *(c)* other States entitled to appear before the Court.

Article 43*

1. Whenever the construction of a convention to which States other than those concerned in the case are parties may be in question within the meaning of Article 63, paragraph 1, of the Statute, the Court shall consider what directions shall be given to the Registrar in the matter.

2. Whenever the construction of a convention to which a public international organization is a party may be in question in a case before the Court, the Court shall consider whether the Registrar shall so notify the public international organization concerned. Every public international organization notified by the Registrar may submit its observations on the particular provisions of the convention the construction of which is in question in the case.

3. If a public international organization sees fit to furnish its observations under paragraph 2 of this Article, the procedure to be followed shall be that provided

---

6) The resolution now in force was adopted on 15 October 1946.
* Amendment entered into force on 29 September 2005.

for in Article 69, paragraph 2, of these Rules.

Subsection 2. The Written Proceedings

Article 44

1. In the light of the information obtained by the President under Article 31 of these Rules, the Court shall make the necessary orders to determine, *inter alia*, the number and the order of filing of the pleadings and the time-limits within which they must be filed.

2. In making an order under paragraph 1 of this Article, any agreement between the parties which does not cause unjustified delay shall be taken into account.

3. The Court may, at the request of the party concerned, extend any time-limit, or decide that any step taken after the expiration of the time-limit fixed therefor shall be considered as valid, if it is satisfied that there is adequate justification for the request. In either case the other party shall be given an opportunity to state its views.

4. If the Court is not sitting, its powers under this Article shall be exercised by the President, but without prejudice to any subsequent decision of the Court. If the consultation referred to in Article 31 reveals persistent disagreement between the parties as to the application of Article 45, paragraph 2, or Article 46, paragraph 2, of these Rules, the Court shall be convened to decide the matter.

Article 45

1. The pleadings in a case begun by means of an application shall consist, in the following order, of: a Memorial by the applicant; a Counter-Memorial by the respondent.

2. The Court may authorize or direct that there shall be a Reply by the applicant and a Rejoinder by the respondent if the parties are so agreed, or if the Court decides, *proprio motu* or at the request of one of the parties, that these pleadings are necessary.

Article 46

1. In a case begun by the notification of a special agreement, the number and order of the pleadings shall be governed by the provisions of the agreement, unless the Court, after ascertaining the views of the parties, decides otherwise.

 2. If the special agreement contains no such provision, and if the parties have not subsequently agreed on the number and order of pleadings, they shall each file a Memorial and Counter-Memorial, within the same time-limits. The Court shall not authorize the presentation of Replies unless it finds them to be necessary.

Article 47

The Court may at any time direct that the proceedings in two or more cases be joined. It may also direct that the written or oral proceedings, including the calling of witnesses, be in common; or the Court may, without effecting any formal joinder, direct common action in any of these respects.

Article 48

Time-limits for the completion of steps in the proceedings may be fixed by assigning a specified period but shall always indicate definite dates. Such time-limits shall be as short as the character of the case permits.

Article 49

1. A Memorial shall contain a statement of the relevant facts, a statement of law, and the submissions.

2. A Counter-Memorial shall contain: an admission or denial of the facts stated in the Memorial; any additional facts, if necessary; observations concerning the statement of law in the Memorial; a statement of law in answer thereto; and the submissions.

3. The Reply and Rejoinder, whenever authorized by the Court, shall not merely repeat the parties' contentions, but shall be directed to bringing out the issues that still divide them.

4. Every pleading shall set out the party's submissions at the relevant stage of the case, distinctly from the arguments presented, or shall confirm the submissions

previously made.

Article 50

1. There shall be annexed to the original of every pleading certified copies of any relevant documents adduced in support of the contentions contained in the pleading.

2. If only parts of a document are relevant, only such extracts as are necessary for the purpose of the pleading in question need be annexed. A copy of the whole document shall be deposited in the Registry, unless it has been published and is readily available.

3. A list of all documents annexed to a pleading shall be furnished at the time the pleading is filed.

Article 51

1. If the parties are agreed that the written proceedings shall be conducted wholly in one of the two official languages of the Court, the pleadings shall be submitted only in that language. If the parties are not so agreed, any pleading or any part of a pleading shall be submitted in one or other of the official languages.

2. If in pursuance of Article 39, paragraph 3, of the Statute a language other than French or English is used, a translation into French or English certified as accurate by the party submitting it, shall be attached to the original of each pleading.

3. When a document annexed to a pleading is not in one of the official languages of the Court, it shall be accompanied by a translation into one of these languages certified by the party submitting it as accurate. The translation may be confined to part of an annex, or to extracts therefrom, but in this case it must be accompanied by an explanatory note indicating what passages are translated. The Court may however require a more extensive or a complete translation to be furnished.

Article 52)

1. The original of every pleading shall be signed by the agent and filed in the Registry. It shall be accompanied by a certified copy of the pleading, documents annexed, and any translations, for communication to the other party in accordance with Article 43, paragraph 4, of the Statute, and by the number of additional copies required by the Registry, but without prejudice to an increase in that number should the need arise later.

2. All pleadings shall be dated. When a pleading has to be filed by a certain date, it is the date of the receipt of the pleading in the Registry which will be regarded by the Court as the material date.

3. The correction of a slip or error in any document which has been filed may be made at any time with the consent of the other party or by leave of the President. Any correction so effected shall be notified to the other party in the same manner as the pleading to which it relates.

Article 53

1. The Court, or the President if the Court is not sitting, may at any time decide, after ascertaining the views of the parties, that copies of the pleadings and documents annexed shall be made available to a State entitled to appear before it which has asked to be furnished with such copies.

2. The Court may, after ascertaining the views of the parties, decide that copies of the pleadings and documents annexed shall be made accessible to the public on or after the opening of the oral proceedings.

Subsection 3. The Oral Proceedings

Article 54

1. Upon the closure of the written proceedings, the case is ready for hearing. The

---

* Amendment entered into force on 14 April 2005.

7) The agents of the parties are requested to ascertain from the Registry the usual format of the pleadings.

date for the opening of the oral proceedings shall be fixed by the Court, which may also decide, if occasion should arise, that the opening or the continuance of the oral proceedings be postponed.

2. When fixing the date for, or postponing, the opening of the oral proceedings the Court shall have regard to the priority required by Article 74 of these Rules and to any other special circumstances, including the urgency of a particular case.

3. When the Court is not sitting, its powers under this Article shall be exercised by the President.

Article 55

The Court may, if it considers it desirable, decide pursuant to Article 22, paragraph 1, of the Statute that all or part of the further proceedings in a case shall be held at a place other than the seat of the Court. Before so deciding, it shall ascertain the views of the parties.

Article 56

1. After the closure of the written proceedings, no further documents may be submitted to the Court by either party except with the consent of the other party or as provided in paragraph 2 of this Article. The party desiring to produce a new document shall file the original or a certified copy thereof, together with the number of copies required by the Registry, which shall be responsible for communicating it to the other party and shall inform the Court. The other party shall be held to have given its consent if it does not lodge an objection to the production of the document.

2. In the absence of consent, the Court, after hearing the parties, may, if it considers the document necessary, authorize its production.

3. If a new document is produced under paragraph 1 or paragraph 2 of this Article, the other party shall have an opportunity of commenting upon it and of submitting documents in support of its comments.

4. No reference may be made during the oral proceedings to the contents of any

document which has not been produced in accordance with Article 43 of the Statute or this Article, unless the document is part of a publication readily available.

5. The application of the provisions of this Article shall not in itself constitute a ground for delaying the opening or the course of the oral proceedings.

Article 57

Without prejudice to the provisions of the Rules concerning the production of documents, each party shall communicate to the Registrar, in sufficient time before the opening of the oral proceedings, information regarding any evidence which it intends to produce or which it intends to request the Court to obtain. This communication shall contain a list of the surnames, first names, nationalities, descriptions and places of residence of the witnesses and experts whom the party intends to call, with indications in general terms of the point or points to which their evidence will be directed. A copy of the communication shall also be furnished for transmission to the other party.

Article 58

1. The Court shall determine whether the parties should present their arguments before or after the production of the evidence; the parties shall, however, retain the right to comment on the evidence given.

2. The order in which the parties will be heard, the method of handling the evidence and of examining any witnesses and experts, and the number of counsel and advocates to be heard on behalf of each party, shall be settled by the Court after the views of the parties have been ascertained in accordance with Article 31 of these Rules.

Article 59*

1. The hearing in Court shall be public, unless the Court shall decide otherwise, or unless the parties demand that the public be not admitted. Such a decision or demand may concern either the whole or part of the hearing, and may be

---

* Amendment entered into force on 25 June 2020.

made at any time.

2. The Court may decide, for health, security or other compelling reasons, to hold a hearing entirely or in part by video link. The parties shall be consulted on the organization of such a hearing.

Article 60

1. The oral statements made on behalf of each party shall be as succinct as possible within the limits of what is requisite for the adequate presentation of that party's contentions at the hearing. Accordingly, they shall be directed to the issues that still divide the parties, and shall not go over the whole ground covered by the pleadings, or merely repeat the facts and arguments these contain.

2. At the conclusion of the last statement made by a party at the hearing, its agent, without recapitulation of the arguments, shall read that party's final submissions. A copy of the written text of these, signed by the agent, shall be communicated to the Court and transmitted to the other party.

Article 61

1. The Court may at any time prior to or during the hearing indicate any points or issues to which it would like the parties specially to address themselves, or on which it considers that there has been sufficient argument.

2. The Court may, during the hearing, put questions to the agents, counsel and advocates, and may ask them for explanations.

3. Each judge has a similar right to put questions, but before exercising it he should make his intention known to the President, who is made responsible by Article 45 of the Statute for the control of the hearing.

4. The agents, counsel and advocates may answer either immediately or within a time-limit fixed by the President.

Article 62

1. The Court may at any time call upon the parties to produce such evidence or to give such explanations as the Court may consider to be necessary for the

elucidation of any aspect of the matters in issue, or may itself seek other information for this purpose.

2. The Court may, if necessary, arrange for the attendance of a witness or expert to give evidence in the proceedings.

Article 63

1. The parties may call any witnesses or experts appearing on the list communicated to the Court pursuant to Article 57 of these Rules. If at any time during the hearing a party wishes to call a witness or expert whose name was not included in that list, it shall so inform the Court and the other party, and shall supply the information required by Article 57. The witness or expert may be called either if the other party makes no objection or if the Court is satisfied that his evidence seems likely to prove relevant.

2. The Court, or the President if the Court is not sitting, shall, at the request of one of the parties or *proprio motu*, take the necessary steps for the examination of witnesses otherwise than before the Court itself.

Article 64

Unless on account of special circumstances the Court decides on a different form of words,

(a) every witness shall make the following declaration before giving any evidence: "I solemnly declare upon my honour and conscience that I will speak the truth, the whole truth and nothing but the truth";

(b) every expert shall make the following declaration before making any statement: "I solemnly declare upon my honour and conscience that I will speak the truth, the whole truth and nothing but the truth, and that my statement will be in accordance with my sincere belief."

Article 65

Witnesses and experts shall be examined by the agents, counsel or advocates of the parties under the control of the President. Questions may be put to them by the President and by the judges. Before testifying, witnesses shall remain out of court.

Article 66

The Court may at any time decide, either *proprio motu* or at the request of a party, to exercise its functions with regard to the obtaining of evidence at a place or locality to which the case relates, subject to such conditions as the Court may decide upon after ascertaining the views of the parties. The necessary arrangements shall be made in accordance with Article 44 of the Statute.

Article 67

1. If the Court considers it necessary to arrange for an enquiry or an expert opinion, it shall, after hearing the parties, issue an order to this effect, defining the subject of the enquiry or expert opinion, stating the number and mode of appointment of the persons to hold the enquiry or of the experts, and laying down the procedure to be followed. Where appropriate, the Court shall require persons appointed to carry out an enquiry, or to give an expert opinion, to make a solemn declaration.

2. Every report or record of an enquiry and every expert opinion shall be communicated to the parties, which shall be given the opportunity of commenting upon it.

Article 68

Witnesses and experts who appear at the instance of the Court under Article 62, paragraph 2, and persons appointed under Article 67, paragraph 1, of these Rules, to carry out an enquiry or to give an expert opinion, shall, where appropriate, be paid out of the funds of the Court.

Article 69

1. The Court may, at any time prior to the closure of the oral proceedings, either *proprio motu* or at the request of one of the parties communicated as provided in Article 57 of these Rules, request a public international organization, pursuant to Article 34 of the Statute, to furnish information relevant to a case before it. The Court, after consulting the chief administrative officer of the organization

concerned, shall decide whether such information shall be presented to it orally or in writing, and the time-limits for its presentation.

2. When a public international organization sees fit to furnish, on its own initiative, information relevant to a case before the Court, it shall do so in the form of a Memorial to be filed in the Registry before the closure of the written proceedings. The Court shall retain the right to require such information to be supplemented, either orally or in writing, in the form of answers to any questions which it may see fit to formulate, and also to authorize the parties to comment, either orally or in writing, on the information thus furnished.

3. In the circumstances contemplated by Article 34, paragraph 3, of the Statute, the Registrar, on the instructions of the Court, or of the President if the Court is not sitting, shall proceed as prescribed in that paragraph. The Court, or the President if the Court is not sitting, may, as from the date on which the Registrar has communicated copies of the written proceedings and after consulting the chief administrative officer of the public international organization concerned, fix a time-limit within which the organization may submit to the Court its observations in writing. These observations shall be communicated to the parties and may be discussed by them and by the representative of the said organization during the oral proceedings.

4. In the foregoing paragraph, the term "public international organization" denotes an international organization of States.

Article 70

1. In the absence of any decision to the contrary by the Court, all speeches and statements made and evidence given at the hearing in one of the official languages of the Court shall be interpreted into the other official language. If they are made or given in any other language, they shall be interpreted into the two official languages of the Court.

2. Whenever, in accordance with Article 39, paragraph 3, of the Statute, a language other than French or English is used, the necessary arrangements for interpretation into one of the two official languages shall be made by the party

concerned; however, the Registrar shall make arrangements for the verification of the interpretation provided by a party of evidence given on the party's behalf. In the case of witnesses or experts who appear at the instance of the Court, arrangements for interpretation shall be made by the Registry.

3. A party on behalf of which speeches or statements are to be made, or evidence given, in a language which is not one of the official languages of the Court, shall so notify the Registrar in sufficient time for him to make the necessary arrangements.

4. Before first interpreting in the case, interpreters provided by a party shall make the following declaration in open court:

"I solemnly declare upon my honour and conscience that my interpretation will be faithful and complete."

Article 71

1. A verbatim record shall be made by the Registrar of every hearing, in the official language of the Court which has been used. When the language used is not one of the two official languages of the Court, the verbatim record shall be prepared in one of the Court's official languages.

2. When speeches or statements are made in a language which is not one of the official languages of the Court, the party on behalf of which they are made shall supply to the Registry in advance a text thereof in one of the official languages, and this text shall constitute the relevant part of the verbatim record.

3. The transcript of the verbatim record shall be preceded by the names of the judges present, and those of the agents, counsel and advocates of the parties.

4. Copies of the transcript shall be circulated to the judges sitting in the case, and to the parties. The latter may, under the supervision of the Court, correct the transcripts of speeches and statements made on their behalf, but in no case may such corrections affect the sense and bearing thereof. The judges may likewise make corrections in the transcript of anything they may have said.

5. Witnesses and experts shall be shown that part of the transcript which relates to the evidence given, or the statements made by them, and may correct it in

like manner as the parties.

6. One certified true copy of the eventual corrected transcript, signed by the President and the Registrar, shall constitute the authentic minutes of the sitting for the purpose of Article 47 of the Statute. The minutes of public hearings shall be printed and published by the Court.

Article 72

Any written reply by a party to a question put under Article 61, or any evidence or explanation supplied by a party under Article 62 of these Rules, received by the Court after the closure of the oral proceedings, shall be communicated to the other party, which shall be given the opportunity of commenting upon it. If necessary the oral proceedings may be reopened for that purpose.

Section D. Incidental Proceedings

Subsection 1. Interim Protection

Article 73

1. A written request for the indication of provisional measures may be made by a party at any time during the course of the proceedings in the case in connection with which the request is made.

2. The request shall specify the reasons therefor, the possible consequences if it is not granted, and the measures requested. A certified copy shall forthwith be transmitted by the Registrar to the other party.

Article 74

1. A request for the indication of provisional measures shall have priority over all other cases.

2. The Court, if it is not sitting when the request is made, shall be convened forthwith for the purpose of proceeding to a decision on the request as a matter of urgency.

3. The Court, or the President if the Court is not sitting, shall fix a date for a

hearing which will afford the parties an opportunity of being represented at it. The Court shall receive and take into account any observations that may be presented to it before the closure of the oral proceedings.

4. Pending the meeting of the Court, the President may call upon the parties to act in such a way as will enable any order the Court may make on the request for provisional measures to have its appropriate effects.

Article 75

1. The Court may at any time decide to examine *proprio motu* whether the circumstances of the case require the indication of provisional measures which ought to be taken or complied with by any or all of the parties.

2. When a request for provisional measures has been made, the Court may indicate measures that are in whole or in part other than those requested, or that ought to be taken or complied with by the party which has itself made the request.

3. The rejection of a request for the indication of provisional measures shall not prevent the party which made it from making a fresh request in the same case based on new facts.

Article 76*

1. At the request of a party or *proprio motu*, the Court may, at any time before the final judgment in the case, revoke or modify any decision concerning provisional measures if, in its opinion, some change in the situation justifies such revocation or modification.

2. Any application by a party proposing such a revocation or modification shall specify the change in the situation considered to be relevant.

3. Before taking any decision under paragraph 1 of this Article the Court shall afford the parties an opportunity of presenting their observations on the subject.

---

* Amendment entered into force on 21 October 2019.

Article 77

Any measures indicated by the Court under Articles 73 and 75 of these Rules, and any decision taken by the Court under Article 76, paragraph 1, of these Rules, shall forthwith be communicated to the Secretary-General of the United Nations for transmission to the Security Council in pursuance of Article 41, paragraph 2, of the Statute.

Article 78

The Court may request information from the parties on any matter connected with the implementation of any provisional measures it has indicated.

Subsection 2. Preliminary Objections
*Article 79**

1. Following the submission of the application and after the President has met and consulted with the parties, the Court may decide, if the circumstances so warrant, that questions concerning its jurisdiction or the admissibility of the application shall be determined separately.

2. Where the Court so decides, the parties shall submit pleadings concerning jurisdiction or admissibility within the time-limits fixed, and in the order determined, by the Court. Each pleading shall contain the party's observations and submissions, including any evidence on which it relies, and shall attach copies of supporting documents.

*Article 79bis**

1. When the Court has not taken any decision under Article 79, an objection by the respondent to the jurisdiction of the Court or to the admissibility of the application, or other objection the decision upon which is requested before any further proceedings on the merits, shall be made in writing as soon as possible,

---

* Amendment entered into force on 1 February 2001; subsequent amendment entered into force on 21 October 2019.

* Amendment entered into force on 21 October 2019.

and not later than three months after the delivery of the Memorial. Any such objection made by a party other than the respondent shall be filed within the time-limit fixed for the delivery of that party's first pleading.

2. The preliminary objection shall set out the facts and the law on which the objection is based, the submissions and a list of the documents in support; it shall include any evidence on which the party relies. Copies of the supporting documents shall be attached.

3. Upon receipt by the Registry of a preliminary objection, the proceedings on the merits shall be suspended and the Court, or the President if the Court is not sitting, shall fix the time-limit for the presentation by the other party of a written statement of its observations and submissions, which shall include any evidence on which the party relies. Copies of the supporting documents shall be attached.

4. The Court shall give effect to any agreement between the parties that an objection submitted under paragraph 1 be heard and determined within the framework of the merits.

Article 79ter*

1. Pleadings with respect to preliminary questions, or objections filed pursuant to Article 79, paragraph 2, or Article 79*bis*, paragraphs 1 and 3, shall be confined to those matters that are relevant to the preliminary questions or objections.

2. Unless otherwise decided by the Court, the further proceedings shall be oral.

3. The Court, whenever necessary, may request the parties to argue all questions of law and fact, and to adduce all evidence, which bear on the preliminary questions or objections.

4. After hearing the parties, the Court shall decide upon a preliminary question or uphold or reject a preliminary objection. The Court may however declare that, in the circumstances of the case, a question or objection does not possess an exclusively preliminary character.

5. The Court shall give its decision in the form of a judgment. If the judgment

---

* Amendment entered into force on 21 October 2019.

does not dispose of the case, the Court shall fix time-limits for the further proceedings.

Subsection 3. Counter—Claims
Article 80*

1. The Court may entertain a counter-claim only if it comes within the jurisdiction of the Court and is directly connected with the subject-matter of the claim of the other party.

2. A counter-claim shall be made in the Counter-Memorial and shall appear as part of the submissions contained therein. The right of the other party to present its views in writing on the counter-claim, in an additional pleading, shall be preserved, irrespective of any decision of the Court, in accordance with Article 45, paragraph 2, of these Rules, concerning the filing of further written pleadings.

3. Where an objection is raised concerning the application of paragraph 1 or whenever the Court deems necessary, the Court shall take its decision thereon after hearing the parties.

Subsection 4. Intervention
Article 81

1. An application for permission to intervene under the terms of Article 62 of the Statute, signed in the manner provided for in Article 38, paragraph 3, of these Rules, shall be filed as soon as possible, and not later than the closure of the written proceedings. In exceptional circumstances, an application submitted at a later stage may however be admitted.

2. The application shall state the name of an agent. It shall specify the case to which it relates, and shall set out:

(a) the interest of a legal nature which the State applying to intervene considers

---

* Amendment entered into force on 1 February 2001.

may be affected by the decision in that case;

(b) the precise object of the intervention;

(c) any basis of jurisdiction which is claimed to exist as between the State applying to intervene and the parties to the case.

3. The application shall contain a list of the documents in support, which documents shall be attached.

Article 82

1. A State which desires to avail itself of the right of intervention conferred upon it by Article 63 of the Statute shall file a declaration to that effect, signed in the manner provided for in Article 38, paragraph 3, of these Rules. Such a declaration shall be filed as soon as possible, and not later than the date fixed for the opening of the oral proceedings. In exceptional circumstances a declaration submitted at a later stage may however be admitted.

2. The declaration shall state the name of an agent. It shall specify the case and the convention to which it relates and shall contain:

(a) particulars of the basis on which the declarant State considers itself a party to the convention;

(b) identification of the particular provisions of the convention the construction of which it considers to be in question;

(c) a statement of the construction of those provisions for which it contends;

(d) a list of the documents in support, which documents shall be attached.

3. Such a declaration may be filed by a State that considers itself a party to the convention the construction of which is in question but has not received the notification referred to in Article 63 of the Statute.

Article 83

1. Certified copies of the application for permission to intervene under Article 62 of the Statute, or of the declaration of intervention under Article 63 of the Statute, shall be communicated forthwith to the parties to the case, which shall be invited to furnish their written observations within a time-limit to be fixed by

the Court or by the President if the Court is not sitting.

2. The Registrar shall also transmit copies to: *(a)* the Secretary-General of the United Nations; *(b)* the Members of the United Nations; *(c)* other States entitled to appear before the Court; *(d)* any other States which have been notified under Article 63 of the Statute.

Article 84

1. The Court shall decide whether an application for permission to intervene under Article 62 of the Statute should be granted, and whether an intervention under Article 63 of the Statute is admissible, as a matter of priority unless in view of the circumstances of the case the Court shall otherwise determine.

2. If, within the time-limit fixed under Article 83 of these Rules, an objection is filed to an application for permission to intervene, or to the admissibility of a declaration of intervention, the Court shall hear the State seeking to intervene and the parties before deciding.

Article 85

1. If an application for permission to intervene under Article 62 of the Statute is granted, the intervening State shall be supplied with copies of the pleadings and documents annexed and shall be entitled to submit a written statement within a time-limit to be fixed by the Court. A further time-limit shall be fixed within which the parties may, if they so desire, furnish their written observations on that statement prior to the oral proceedings. If the Court is not sitting, these time-limits shall be fixed by the President.

2. The time-limits fixed according to the preceding paragraph shall, so far as possible, coincide with those already fixed for the pleadings in the case.

3. The intervening State shall be entitled, in the course of the oral proceedings, to submit its observations with respect to the subject-matter of the intervention.

Article 86

1. If an intervention under Article 63 of the Statute is admitted, the intervening State shall be furnished with copies of the pleadings and documents annexed, and shall be entitled, within a time-limit to be fixed by the Court, or by the

President if the Court is not sitting, to submit its written observations on the subject-matter of the intervention.

2. These observations shall be communicated to the parties and to any other State admitted to intervene. The intervening State shall be entitled, in the course of the oral proceedings, to submit its observations with respect to the subject-matter of the intervention.

Subsection 5. Special Reference to the Court
Article 87

1. When in accordance with a treaty or convention in force a contentious case is brought before the Court concerning a matter which has been the subject of proceedings before some other international body, the provisions of the Statute and of the Rules governing contentious cases shall apply.

2. The application instituting proceedings shall identify the decision or other act of the international body concerned and a copy thereof shall be annexed; it shall contain a precise statement of the questions raised in regard to that decision or act, which constitute the subject of the dispute referred to the Court.

Subsection 6. Discontinuance
Article 88

1. If at any time before the final judgment on the merits has been delivered the parties, either jointly or separately, notify the Court in writing that they have agreed to discontinue the proceedings, the Court shall make an order recording the discontinuance and directing that the case be removed from the list.

2. If the parties have agreed to discontinue the proceedings in consequence of having reached a settlement of the dispute and if they so desire, the Court may record this fact in the order for the removal of the case from the list, or indicate in, or annex to, the order, the terms of the settlement.

3. If the Court is not sitting, any order under this Article may be made by the

President.

Article 89

1. If in the course of proceedings instituted by means of an application, the applicant informs the Court in writing that it is not going on with the proceedings, and if, at the date on which this communication is received by the Registry, the respondent has not yet taken any step in the proceedings, the Court shall make an order officially recording the discontinuance of the proceedings and directing the removal of the case from the list. A copy of this order shall be sent by the Registrar to the respondent.

2. If, at the time when the notice of discontinuance is received, the respondent has already taken some step in the proceedings, the Court shall fix a time-limit within which the respondent may state whether it opposes the discontinuance of the proceedings. If no objection is made to the discontinuance before the expiration of the time-limit, acquiescence will be presumed and the Court shall make an order officially recording the discontinuance of the proceedings and directing the removal of the case from the list. If objection is made, the proceedings shall continue.

3. If the Court is not sitting, its powers under this Article may be exercised by the President.

Section E. Proceedings before the Chambers

Article 90

Proceedings before the Chambers mentioned in Articles 26 and 29 of the Statute shall, subject to the provisions of the Statute and of these Rules relating specifically to the Chambers, be governed by the provisions of Parts I to III of these Rules applicable in contentious cases before the Court.

Article 91

1. When it is desired that a case should be dealt with by one of the Chambers which has been formed in pursuance of Article 26, paragraph 1, or Article 29 of the Statute, a request to this effect shall either be made in the document instituting the proceedings or accompany it. Effect will be given to the request if the parties are in agreement.

2. Upon receipt by the Registry of this request, the President of the Court shall communicate it to the members of the Chamber concerned. He shall take such steps as may be necessary to give effect to the provisions of Article 31, paragraph 4, of the Statute.

3. The President of the Court shall convene the Chamber at the earliest date compatible with the requirements of the procedure.

Article 92

1. Written proceedings in a case before a Chamber shall consist of a single pleading by each side. In proceedings begun by means of an application, the pleadings shall be delivered within successive time-limits. In proceedings begun by the notification of a special agreement, the pleadings shall be delivered within the same time-limits, unless the parties have agreed on successive delivery of their pleadings. The time-limits referred to in this paragraph shall be fixed by the Court, or by the President if the Court is not sitting, in consultation with the Chamber concerned if it is already constituted.

2. The Chamber may authorize or direct that further pleadings be filed if the parties are so agreed, or if the Chamber decides, *proprio motu* or at the request of one of the parties, that such pleadings are necessary.

3. Oral proceedings shall take place unless the parties agree to dispense with them, and the Chamber consents. Even when no oral proceedings take place, the Chamber may call upon the parties to supply information or furnish explanations orally.

Article 93

Judgments given by a Chamber shall be read at a public sitting of that Chamber.

Section F. Judgments, Interpretation and Revision

Subsection 1. Judgments
Article 94*

1. When the Court has completed its deliberations and adopted its judgment, the parties shall be notified of the date on which it will be read.

2. The judgment shall be read at a public sitting of the Court. The Court may decide, for health, security or other compelling reasons, that the judgment shall be read at a sitting of the Court accessible to the parties and the public by video link. The judgment shall become binding on the parties on the day of the reading.

Article 95

1. The judgment, which shall state whether it is given by the Court or by a Chamber, shall contain:

   the date on which it is read;

   the names of the judges participating in it;

   the names of the parties;

   the names of the agents, counsel and advocates of the parties;

   a summary of the proceedings;

   the submissions of the parties;

   a statement of the facts;

   the reasons in point of law;

   the operative provisions of the judgment;

   the decision, if any, in regard to costs;

   the number and names of the judges constituting the majority;

---

* Amendment entered into force on 25 June 2020.

a statement as to the text of the judgment which is authoritative.

2. Any judge may, if he so desires, attach his individual opinion to the judgment, whether he dissents from the majority or not; a judge who wishes to record his concurrence or dissent without stating his reasons may do so in the form of a declaration. The same shall also apply to orders made by the Court.

3. One copy of the judgment duly signed and sealed, shall be placed in the archives of the Court and another shall be transmitted to each of the parties. Copies shall be sent by the Registrar to: (a) the Secretary-General of the United Nations; (b) the Members of the United Nations; (c) other Sates entitled to appear before the Court.

Article 96

When by reason of an agreement reached between the parties, the written and oral proceedings have been conducted in one of the Court's two official languages, and pursuant to Article 39, paragraph 1, of the Statute the judgment is to be delivered in that language, the text of the judgment in that language shall be the authoritative text.

Article 97

If the Court, under Article 64 of the Statute, decides that all or part of a party's costs shall be paid by the other party, it may make an order for the purpose of giving effect to that decision.

Subsection 2. Requests for the Interpretation or Revision of a Judgment

Article 98

1. In the event of dispute as to the meaning or scope of a judgment any party may make a request for its interpretation, whether the original proceedings were begun by an application or by the notification of a special agreement.

2. A request for the interpretation of a judgment may be made either by an application or by the notification of a special agreement to that effect between

the parties; the precise point or points in dispute as to the meaning or scope of the judgment shall be indicated.

3. If the request for interpretation is made by an application, the requesting party's contentions shall be set out therein, and the other party shall be entitled to file written observations thereon within a time-limit fixed by the Court, or by the President if the Court is not sitting.

4. Whether the request is made by an application or by notification of a special agreement, the Court may, if necessary, afford the parties the opportunity of furnishing further written or oral explanations.

Article 99

1. A request for the revision of a judgment shall be made by an application containing the particulars necessary to show that the conditions specified in Article 61 of the Statute are fulfilled. Any documents in support of the application shall be annexed to it.

2. The other party shall be entitled to file written observations on the admissibility of the application within a time-limit fixed by the Court, or by the President if the Court is not sitting. These observations shall be communicated to the party making the application.

3. The Court, before giving its judgment on the admissibility of the application may afford the parties a further opportunity of presenting their views thereon.

4. If the Court finds that the application is admissible it shall fix time-limits for such further proceedings on the merits of the application as, after ascertaining the views of the parties, it considers necessary.

5. If the Court decides to make the admission of the proceedings in revision conditional on previous compliance with the judgment, it shall make an order accordingly.

Article 100

1. If the judgment to be revised or to be interpreted was given by the Court, the request for its revision or interpretation shall be dealt with by the Court. If the judgment was given by a Chamber, the request for its revision or interpretation

shall be dealt with by that Chamber.

2. The decision of the Court, or of the Chamber, on a request for interpretation or revision of a judgment shall itself be given in the form of a judgment.

Section G. Modifications proposed by the Parties

Article 101

The parties to a case may jointly propose particular modifications or additions to the rules contained in the present Part (with the exception of Articles 93 to 97 inclusive), which may be applied by the Court or by a Chamber if the Court or the Chamber considers them appropriate in the circumstances of the case.

Part Ⅳ. ADVISORY PROCEEDINGS

Article 102

1. In the exercise of its advisory functions under Article 65 of the Statute, the Court shall apply, in addition to the provisions of Article 96 of the Charter and Chapter IV of the Statute, the provisions of the present Part of the Rules.

2. The Court shall also be guided by the provisions of the Statute and of these Rules which apply in contentious cases to the extent to which it recognizes them to be applicable. For this purpose, it shall above all consider whether the request for the advisory opinion relates to a legal question actually pending between two or more States.

3. When an advisory opinion is requested upon a legal question actually pending between two or more States, Article 31 of the Statute shall apply, as also the provisions of these Rules concerning the application of that Article.

Article 103

When the body authorized by or in accordance with the Charter of the United

Nations to request an advisory opinion informs the Court that its request necessitates an urgent answer, or the Court finds that an early answer would be desirable, the Court shall take all necessary steps to accelerate the procedure, and it shall convene as early as possible for the purpose of proceeding to a hearing and deliberation on the request.

Article 104

All requests for advisory opinions shall be transmitted to the Court by the Secretary-General of the United Nations or, as the case may be, the chief administrative officer of the body authorized to make the request. The documents referred to in Article 65, paragraph 2, of the Statute shall be transmitted to the Court at the same time as the request or as soon as possible thereafter, in the number of copies required by the Registry.

Article 105

1. Written statements submitted to the Court shall be communicated by the Registrar to any States and organizations which have submitted such statements.

2. The Court, or the President if the Court is not sitting, shall:

(a) determine the form in which, and the extent to which, comments permitted under Article 66, paragraph 4, of the Statute shall be received, and fix the time-limit for the submission of any such comments in writing;

(b) decide whether oral proceedings shall take place at which statements and comments may be submitted to the Court under the provisions of Article 66 of the Statute, and fix the date for the opening of such oral proceedings.

Article 106

The Court, or the President if the Court is not sitting, may decide that the written statements and annexed documents shall be made accessible to the public on or after the opening of the oral proceedings. If the request for advisory opinion relates to a legal question actually pending between two or more States, the views of those States shall first be ascertained.

Article 107

1. When the Court has completed its deliberations and adopted its advisory opinion, the opinion shall be read at a public sitting of the Court.

2. The advisory opinion shall contain:

   the date on which it is delivered;

   the names of the judges participating;

   a summary of the proceedings;

   a statement of the facts;

   the reasons in point of law;

   the reply to the question put to the Court;

   the number and names of the judges constituting the majority;

   a statement as to the text of the opinion which is authoritative.

3. Any judge may, if he so desires, attach his individual opinion to the advisory opinion of the Court, whether he dissents from the majority or not; a judge who wishes to record his concurrence or dissent without stating his reasons may do so in the form of a declaration.

Article 108

The Registrar shall inform the Secretary-General of the United Nations, and, where appropriate, the chief administrative officer of the body which requested the advisory opinion, as to the date and the hour fixed for the public sitting to be held for the reading of the opinion. He shall also inform the representatives of the Members of the United Nations and other States, specialized agencies and public international organizations immediately concerned.

Article 109

One copy of the advisory opinion, duly signed and sealed, shall be placed in the archives of the Court, another shall be sent to the Secretary-General of the United Nations and, where appropriate, a third to the chief administrative officer of the body which requested the opinion of the Court. Copies shall be sent by the Registrar to the Members of the United Nations and to any other States, specialized agencies and public international organizations immediately concerned.

(Signed) Abdulqawi Ahmed Yusuf,
President.

(Signed) Philippe Gautier,
Registrar.

3. 조약법에 관한 비엔나협약

(1969.05.23.)

이 협약의 당사국은, 국제관계의 역사에 있어서 조약의 근본적 역할을 고려하고, 제국가의 헌법상 및 사회적 제도에 관계없이 국제법의 법원으로서 또한 제국가간의 평화적 협력을 발전시키는 수단으로서의 조약의 점증하는 중요성을 인정하며, 자유로운 동의와 신의성실의 원칙 및 『약속은 준수하여야 한다』는 규칙이 보편적으로 인정되고 있음에 유의하며, 다른 국제분쟁과 같이 조약에 관한 분쟁은 평화적 수단에 의하여 또한 정의와 국제법의 원칙에 의거하여 해결되어야 함을 확인하며, 정의가 유지되며 또한 조약으로부터 발생하는 의무에 대한 존중이 유지될 수 있는 조건을 확립하고자 하는 국제연합의 제국민의 결의를 상기하며, 제국민의 평등권과 자결, 모든 국가의 주권 평등과 독립, 제국가의 국내문제에 대한 불간섭, 힘의 위협 또는 사용의 금지 및 모든 자의 인권과 기본적 자유에 대한 보편적 존중과 그 준수의 제 원칙 등 국제연합 헌장에 구현된 국제법의 제 원칙에 유념하며, 이 협약 속에 성취된 조약법의 법전화와 점진적 발전은 국제연합헌장에 규정된 국제연합의 제 목적, 즉 국제평화와 안전의 유지, 국가 간의 우호관계의 발전 및 협력의 달성을 촉진할 것임을 확신하며, 관습국제법의 제 규칙은 이 협약의 제 규정에 의하여 규제되지 아니하는 제 문제를 계속 규율할 것임을 확인하여 다음과 같이 합의하였다.

제1부 총강

제1조 (협약의 범위)
이 협약은 국가 간의 조약에 적용된다.

제2조 (용어의 사용)
① 이 협약의 목적상,
 (a) "조약"이라 함은 단일의 문서에 또는 2 또는 그 이상의 관련문서에 구현
  되고 있는가에 관계없이 또한 그 특정의 명칭에 관계없이, 서면형식으로
  국가간에 체결되며 또한 국제법에 의하여 규율되는 국제적 합의를 의미
  한다.
 (b) "비준" "수락" "승인" 및 "가입"이라 함은, 국가가 국제적 측면에서 조약에
  대한 국가의 기속적 동의를 확정하는 경우에, 각 경우마다 그렇게 불리
  는 국제적 행위를 의미한다.
 (c) "전권위임장"이라 함은, 조약문을 교섭·채택 또는 정본인증하기 위한 목
  적으로 또는 조약에 대한 국가의 기속적 동의를 표시하기 위한 목적으로
  또는 조약에 관한 기타의 행위를 달성하기 위한 목적으로, 국가를 대표하
  기 위하여 국가의 권한있는 당국이 1 또는 수명을 지정하는 문서를 의미
  한다.
 (d) "유보"라 함은, 자구 또는 명칭에 관계없이, 조약의 서명·비준·수락·승
  인 또는 가입시에, 국가가 그 조약의 일부 규정을 자국에 적용함에 있어
  서 그 조약의 일부 규정의 법적효과를 배제하거나 또는 변경시키고자 의
  도하는 경우에, 그 국가가 행하는 일방적 성명을 의미한다.
 (e) "교섭국"이라 함은 조약문의 작성 및 채택에 참가한 국가를 의미한다.
 (f) "체약국"이라 함은, 조약이 효력을 발생하였는지의 여부에 관계없이, 그
  조약에 대한 기속적 동의를 부여한 국가를 의미한다.
 (g) "당사국"이라 함은 조약에 대한 기속적 동의를 부여하였으며 또한 그에
  대하여 그 조약이 발효하고 있는 국가를 의미한다.
 (h) "제3국"이라 함은 조약의 당사국이 아닌 국가를 의미한다.
 (i) "국제기구"라 함은 정부간 기구를 의미한다.

② 이 협약에 있어서 용어의 사용에 관한 상기 1항의 규정은 어느 국가의 국내법상 그러한 용어의 사용 또는 그러한 용어에 부여될 수 있는 의미를 침해하지 아니한다.

제3조 (이 협약의 범위에 속하지 아니하는 국제적 합의)
국가와 국제법의 다른 주체 간 또는 국제법의 그러한 다른 주체 간에 체결되는 국제적 합의, 또는 서면형식에 의하지 아니한 국제적 합의에 대하여, 이 협약이 적용되지 아니한다는 사실은 다음의 것에 영향을 주지 아니한다.
  (a) 그러한 합의의 법적 효력.
  (b) 이 협약과는 별도로 국제법에 따라 그러한 합의가 복종해야 하는 이 협약상의 규칙을 그러한 합의에 적용하는 것.
  (c) 다른 국제법 주체도 당사자인 국제적 합의에 따라 그러한 국가간에서 그들의 관계에 이 협약을 적용하는 것.

제4조 (협약의 불소급)
이 협약과는 별도로 국제법에 따라 조약이 복종해야 하는 이 협약상의 규칙의 적용을 침해함이 없이, 이 협약은 그 발효 후에 국가에 의하여 체결되는 조약에 대해서만 그 국가에 대하여 적용된다.

제5조 (국제기구를 성립시키는 조약 및 국제기구 내에서 채택되는 조약)
이 협약은, 국제기구의 관계규칙을 침해함이 없이, 국제기구의 성립 문서가 되는 조약과 국제기구 내에서 채택되는 조약에 적용된다.

제2부 조약의 체결 및 발효

제1절 조약의 체결

제6조 (국가의 조약체결능력)
모든 국가는 조약을 체결하는 능력을 가진다.

제7조 (전권위임장)

① 누구나, 다음의 경우에는, 조약문의 채택 또는 정본인증을 위한 목적으로 또는 조약에 대한 국가의 기속적 동의를 표시하기 위한 목적으로 국가를 대표하는 것으로 간주된다.

　(a) 적절한 전권위임장을 제시하는 경우, 또는

　(b) 관계 국가의 관행 또는 기타의 사정으로 보아, 상기의 목적을 위하여 그 자가 그 국가를 대표하는 것으로 간주되었으며 또한 전권위임장을 필요로 하지 아니하였던 것이 관계 국가의 의사에서 나타나는 경우

② 다음의 자는, 그의 직무상 또한 전권 위임장을 제시하지 않아도, 자국을 대표하는 것으로 간주된다.

　(a) 조약의 체결에 관련된 모든 행위를 수행할 목적으로서는 국가원수 · 정부수반 및 외무부장관

　(b) 파견국과 접수국간의 조약문을 채택할 목적으로서는 외교공관장

　(c) 국제회의 · 국제기구 또는 그 국제기구의 어느 한 기관 내에서 조약문을 채택할 목적으로서는, 국가에 의하여 그 국제회의 그 국제기구 또는 그 기구의 그 기관에 파견된 대표

제8조 (권한없이 행한 행위의 추인)

제7조에 따라 조약체결의 목적으로 국가를 대표하기 위하여 권한을 부여받은 것으로 간주될 수 없는 자가 행한 조약체결에 관한 행위는, 그 국가에 의하여 추후 확인되지 아니하는 한, 법적 효과를 가지지 아니한다.

제9조 (조약문의 채택)

① 조약문의 채택은, 하기 2항에 규정된 경우를 제외하고, 그 작성에 참가한 모든 국가의 동의에 의하여 이루어진다.

② 국제회의에서의 조약문의 채택은, 출석하여 투표하는 국가의 3분의 2의 찬성에 의하여 그 국가들이 다른 규칙을 적용하기로 결정하지 아니하는 한, 3분의 2의 다수결에 의하여 이루어진다.

제10조 (조약문의 정본인증)

조약문은 다음의 것에 의하여 정본으로 또한 최종적으로 확정된다.

　(a) 조약문에 규정되어 있거나 또는 조약문의 작성에 참가한 국가가 합의하는 절차, 또는

　(b) 그러한 절차가 없는 경우에는, 조약문의 작성에 참가한 국가의 대표에 의한 조약문 또는 조약문을 포함하는 회의의 최종 의정서에의 서명·『조건부서명』또는 가서명

제11조 (조약에 대한 기속적 동의의 표시방법)

조약에 대한 국가의 기속적 동의는 서명, 조약을 구성하는 문서의 교환, 비준·수락·승인 또는 가입에 의하여 또는, 기타의 방법에 관하여 합의하는 경우에, 그러한 기타의 방법으로 표시된다.

제12조 (서명에 의하여 표시되는 조약에 대한 기속적 동의)

① 조약에 대한 국가의 기속적 동의는, 다음의 경우에, 국가 대표에 의한 서명에 의하여 표시된다.

　(a) 서명의 그러한 효과를 가지는 것으로 그 조약이 규정하고 있는 경우

　(b) 서명이 그러한 효과를 가져야 하는 것으로 교섭국간에 합의되었음이 달리 확정되는 경우, 또는

　(c) 서명에 그러한 효과를 부여하고자 하는 국가의 의사가 그 대표의 전권위임장으로부터 나타나는 경우 또는 교섭중에 표시된 경우

② 상기 1항의 목적상

　(a) 조약문의 가서명이 그 조약의 서명을 구성하는 것으로 교섭국간에 합의되었음이 확정되는 경우에 그 가서명은 그 조약문의서명을 구성한다.

　(b) 대표에 의한 조약의 『조건부서명』은 대표의 본국에 의하여 확인되는 경우에 그 조약의 완전한 서명을 구성한다.

제13조 (조약을 구성하는 문서의 교환에 의하여 표시되는 조약에 대한 기속적 동의)

국가 간에 교환된 문서에 의하여 구성되는 조약에 대한 국가의 기속적 동의는,

다음의 경우에 그 교환에 의하여 표시된다.
- (a) 그 교환이 그러한 효과를 가지는 것으로 그 문서가 규정하고 있는 경우 또는
- (b) 문서의 그러한 교환이 그러한 효과를 가져야 하는 것으로 관계국 간에 합의되었음이 달리 확정되는 경우

제14조 (비준·수락 또는 승인에 의하여 표시되는 조약에 대한 기속적동의)
① 조약에 대한 국가의 기속적 동의는 다음의 경우에 비준에 의하여 표시된다.
- (a) 그러한 동의가 비준에 의하여 표시될 것을 그 조약이 규정하고 있는 경우
- (b) 비준이 필요한 것으로 교섭국간에 합의되었음이 달리 확정되는 경우
- (c) 그 국가의 대표가 비준되어야 할 것으로 하여, 그 조약에 서명한 경우, 또는
- (d) 비준되어야 할 것으로 하여 그 조약에 서명하고자 하는 그 국가의 의사가 그 대표의 전권위임장으로부터 나타나거나 또는 교섭 중에 표시된 경우
② 조약에 대한 국가의 기속적 동의는 비준에 적용되는 것과 유사한 조건으로 수락 또는 승인에 의하여 표시된다.

제15조 (가입에 의하여 표시되는 조약에 대한 기속적 동의)
조약에 대한 국가의 기속적 동의는 다음의 경우에 가입에 의하여 표시된다.
- (a) 그러한 동의가 가입의 방법으로 그 국가에 의하여 표시될 수 있음을 그 조약이 규정하고 있는 경우
- (b) 그러한 동의가 가입의 방법으로 그 국가에 의하여 표시될 수 있음을 교섭국 간에 합의하였음이 달리 확정되는 경우
- (c) 그러한 동의가 가입의 방법으로 그 국가에 의하여 표시될 수 있음을 모든 당사국이 추후 동의한 경우

제16조 (비준서·수락서·승인서 또는 가입서의 교환 또는 기탁)
조약이 달리 규정하지 아니하는, 한 비준서·수락서·승인서 또는 가입서는, 다음의 경우에, 조약에 대한 국가의 기속적 동의를 확정한다.
- (a) 체약국 간의 그 교환
- (b) 수탁자에의 그 기탁, 또는

(c) 합의되는 경우 체약국 또는 수탁자에의 그 통고

제17조 (조약의 일부에 대한 기속적 동의 및 상이한 제 규정의 선택)
① 제19조 내지 제23조를 침해함이 없이, 조약의 일부에 대한 국가의 기속적 동의는 그 조약이 이를 인정하거나 또는 다른 체약국이 이에 동의하는 경우에만 유효하다.
② 상이한 제 규정의 선택을 허용하는 조약에 대한 국가의 기속적 동의는 그 동의가 어느 규정에 관련되는 것인가에 관하여 명백해지는 경우에만 유효하다.

제18조 (조약의 발효 전에 그 조약의 대상과 목적을 저해하지 아니한 의무)
국가는 다음의 경우에, 조약의 대상과 목적을 저해하게 되는 행위를 삼가해야 하는 의무를 진다.
  (a) 비준·수락 또는 승인되어야 하는 조약에 서명하였거나 또는 그 조약을 구성하는 문서를 교환한 경우에는, 그 조약의 당사국이 되지 아니하고자 하는 의사를 명백히 표시할 때까지, 또는
  (b) 그 조약에 대한 그 국가의 기속적 동의를 표시한 경우에는, 그 조약이 발효 시까지 그리고 그 발효가 부당하게 지연되지 아니할 것을 조건으로 함.

제2절 유보

제19조 (유보의 형성)
국가는, 다음의 경우에 해당하지 아니하는 한, 조약에 서명·비준·수락승인 또는 가입할 때에 유보를 형성할 수 있다.
  (a) 그 조약에 의하여 유보가 금지된 경우
  (b) 문제의 유보를 포함하지 아니하는 특정의 유보만을 행할 수 있음을 그 조약이 규정하는 경우, 또는
  (c) 상기 세항 (a) 및 (b)에 해당되지 아니하는 경우에는 그 유보가 그 조약의 대상 및 목적과 양립하지 아니하는 경우

제20조 (유보의 수락 및 유보에 대한 이의)

① 조약에 의하여 명시적으로 인정된 유보는, 다른 체약국에 의한 추후의 수락이 필요한 것으로 그 조약이 규정하지 아니하는 한, 그러한 추후의 수락을 필요로 하지 아니한다.

② 교섭국의 한정된 수와 또한 조약의 대상과 목적으로 보아, 그 조약의 전체를 모든 당사국간에 적용하는 것이 조약에 대한 각 당사국의 기속적 동의의 필수적 조건으로 보이는 경우에, 유보는 모든 당사국에 의한 수락을 필요로 한다.

③ 조약이 국제기구의 성립문서인 경우로서 그 조약이 달리 규정하지 아니하는 한, 유보는 그 기구의 권한있는 기관에 의한 수락을 필요로 한다.

④ 상기 제 조항에 해당되지 아니하는 경우로서 조약이 달리 규정하지 아니하는 한, 다음의 규칙이 적용된다.

  (a) 다른 체약국에 의한 유보의 수락은, 그 조약이 유보국과 다른 유보 수락국에 대하여 유효한 경우에 또한 유효한 기간 동안, 유보국이 그 다른 유보 수락국과의 관계에 있어서 조약의 당사국이 되도록 한다.

  (b) 유보에 다른 체약국의 이의는 이의 제기국이 확정적으로 반대의사를 표시하지 아니하는 한, 이의제기국과 유보국 간에 있어서의 조약의 발효를 배제하지 아니한다.

  (c) 조약에 대한 국가의 기속적 동의를 표시하며 또한 유보를 포함하는 행위는 적어도 하나의 다른 체약국이 그 유보를 수락한 경우에 유효하다.

⑤ 상기 2항 및 4항의 목적상 또는 조약이 달리 규정하지 아니하는 한, 국가가 유보의 통고를 받은 후 12개월의 기간이 끝날 때까지나 또는 그 조약에 대한 그 국가의 기속적 동의를 표시한 일자까지 중 어느 것이든 나중의 시기까지 그 유보에 대하여 이의를 제기하지 아니한 경우에는, 유보가 그 국가에 의하여 수락된 것으로 간주된다.

제21조 (유보 및 유보에 대한 이의의 법적 효과)

① 제19조, 제20조 및 제23조에 따라 다른 당사국에 대하여 성립된 유보는 다음의 법적효과를 가진다.

  (a) 유보국과 그 다른 당사국과의 관계에 있어서, 유보국에 대해서는, 그 유보에 관련되는 조약규정을 그 유보의 범위 내에서 변경한다.

(b) 다른 당사국과 유보국과의 관계에 있어서, 그 다른 당사국에 대해서는, 그러한 조약규정을 동일한 범위 내에서 변경한다.

② 유보는 『일정 국가간의』 조약에 대한 다른 당사국에 대하여 그 조약규정을 수정하지 아니한다.

③ 유보에 대하여 이의를 제기하는 국가가 동 이의제기국과 유보국 간의 조약의 발효에 반대하지 아니하는 경우에, 유보에 관련되는 규정은 그 유보의 범위 내에서 양국 간에 적용되지 아니한다.

제22조 (유보 및 유보에 대한 이의의 철회)
① 조약이 달리 규정하지 아니하는 한, 유보는 언제든지 철회될 수 있으며 또한 그 철회를 위해서는 동 유보를 수락한 국가의 동의가 필요하지 아니하다.

② 조약이 달리 규정하지 아니하는 한, 유보에 대한 이의는 언제든지 철회될 수 있다.

③ 조약이 달리 규정하지 아니하는 한 또는 달리 합의되지 아니하는 한, 다음의 규칙이 적용된다.
　(a) 유보의 철회는 다른 체약국이 그 통고를 접수한 때에만 그 체약국에 관하여 시행된다.
　(b) 유보에 대한 이의의 철회는 동 유보를 형성한 국가가 그 통고를 접수한 때에만 시행된다.

제23조 (유보에 관한 절차)
① 유보, 유보의 명시적 수락 및 유보에 대한 이의는 서면으로 형성되어야 하며 또한 체약국 및 조약의 당사국이 될 수 있는 권리를 가진 국가에 통고되어야 한다.

② 유보가, 비준·수락 또는 승인에 따를 것으로 하여 조약에 서명한 때에 형성된 경우에는, 유보국이 그 조약에 대한 기속적 동의를 표시하는 때에 유보국에 의하여 정식으로 확인되어야 한다. 그러한 경우에 유보는 그 확인일자에 형성된 것으로 간주된다.

③ 유보의 확인 이전에 형성된 유보의 명시적 수락 또는 유보에 대한 이의는 그 자체 확인을 필요로 하지 아니한다.

④ 유보 또는 유보에 대한 이의의 철회는 서면으로 형성되어야 한다.

제3절 조약의 발효 및 잠정적적용

제24조 (발효)
① 조약은 그 조약이 규정하거나 또는 교섭국이 협의하는 방법으로 또한 그 일자에 발효한다.
② 그러한 규정 또는 합의가 없는 경우에는, 조약에 대한 기속적 동의가 모든 교섭국에 대하여 확정되는 대로 그 조약이 발효한다.
③ 조약에 대한 국가의 기속적 동의가 그 조약이 발효한 후의 일자에 확정되는 경우에는, 그 조약이 달리 규정하지 아니하는 한, 그 동의가 확정되는 일자에 그 조약은 그 국가에 대하여 발효한다.
④ 조약문의 정본인증, 조약에 대한 국가의 기속적 동의의 확정, 조약의 발효 방법 또는 일자, 유보, 수탁자의 기능 및 조약의 발효 전에 필연적으로 발생하는 기타의 사항을 규율하는 조약규정은 조약문의 채택 시로부터 적용된다.

제25조 (잠정적 적용)
① 다음의 경우에 조약 또는 조약의 일부는 그 발효 시까지 잠정적으로 적용된다.
  (a) 조약자체가 그렇게 규정하는 경우, 또는
  (b) 교섭국이 다른 방법으로 그렇게 합의한 경우
② 조약이 달리 규정하지 아니하거나 또는 교섭국이 달리 합의하지 아니한 경우에는, 어느 국가가 조약이 잠정적으로 적용되고 있는 다른 국가에 대하여, 그 조약의 당사국이 되지 아니하고자 하는 의사를 통고한 경우에 그 국가에 대한 그 조약 또는 그 조약의 일부의 잠정적 적용이 종료된다.

제3부 조약의 준수 · 적용 및 해석

제1절 조약의 준수

제26조 (약속은 준수하여야 한다.)
유효한 모든 조약은 그 당사국을 구속하며 또한 당사국에 의하여 성실하게 이행되어야 한다.

제27조 (국내법과 조약의 준수)
어느 당사국도 조약의 불이행에 대한 정당화의 방법으로 그 국내법규정을 원용해서는 아니된다. 이 규칙은 제46조를 침해하지 아니한다.

제2절 조약의 적용

제28조 (조약의 불소급)
별도의 의사가 조약으로부터 나타나지 아니하거나 또는 달리 확정되지 아니하는 한, 그 조약 규정은 그 발효 이전에 당사국에 관련하여 발생한 행위나 사실 또는 없어진 사태에 관하여 그 당사국을 구속하지 아니한다.

제29조 (조약의 영토적 범위)
별도의 의사가 조약으로부터 나타나지 아니하거나 또는 달리 확정되지 아니하는 한, 조약은 각 당사국의 전체 영역에 관하여 각 당사국을 구속한다.

제30조 (동일한 주제에 관한 계승적 조약의 적용)
① 국제연합헌장 제103조에 따를 것으로 하여 동일한 주제에 관한 계승적 조약의 당사국의 권리와 의무는 아래의 조항에 의거하여 결정된다.
② 조약이전조약 또는 후조약에 따를 것을 명시하고 있거나, 또는 전조약 또는 후조약과 양립하지 아니하는 것으로 간주되지 아니함을 명시하고 있는 경우에는 그 다른 조약의 규정이 우선한다.
③ 전조약의 모든 당사국이 동시에 후조약의 당사국이나, 전조약이 제59조에

따라 종료되지 아니하거나 또는 시행 정지되지 아니하는 경우에, 전조약은 그 규정이 후조약의 규정과 양립하는 범위 내에서만 적용된다.

④ 후조약의 당사국이 전조약의 모든 당사국을 포함하지 아니하는 경우에는, 다음의 규칙이 적용된다.

  (a) 양 조약의 당사국간에는 상기 3항과 같은 동일한 규칙이 적용된다.

  (b) 양 조약의 당사국과 어느 한 조약의 당사국 간에는, 그 양국이 다 같이 당사국인 조약이 그들 상호 간의 권리와 의무를 규율한다.

⑤ 상기 4항은 제41조에 대하여, 또는 제60조의 규정에 따른 조약의 종료 또는 시행정지에 관한 문제에 대하여, 또는 다른 조약에 따른 다른 국가에 대한 어느 국가의 의무와 조약규정이 양립하지 아니하는 조약의 체결 또는 적용으로부터 그 어느 국가에 대하여 야기될 수 있는 책임문제를 침해하지 아니한다.

제3절 조약의 해석

제31조 (해석의 일반규칙)

① 조약은 조약문의 문맥 및 조약의 대상과 목적으로 보아, 그 조약의 문면에 부여되는 통상적 의미에 따라 성실하게 해석되어야 한다.

② 조약의 해석 목적상 문맥은 조약문에 추가하여 조약의 전문 및 부속서와 함께 다음의 것을 포함한다.

  (a) 조약의 체결에 관련하여 모든 당사국 간에 이루어진 그 조약에 관한 합의

  (b) 조약의 체결에 관련하여, 1 또는 그 이상의 당사국이 작성하고 또한 다른 당사국이 그 조약에 관련되는 문서로서 수락한 문서

③ 문맥과 함께 다음의 것이 참작되어야 한다.

  (a) 조약의 해석 또는 그 조약규정의 적용에 관한 당사국 간의 추후의 합의

  (b) 조약의 해석에 관한 당사국의 합의를 확정하는 그 조약 적용에 있어서의 추후의 관행

  (c) 당사국 간의 관계에 적용될 수 있는 국제법의 관계규칙

④ 당사국의 특별한 의미를 특정용어에 부여하기로 의도하였음이 확정되는 경우에는 그러한 의미가 부여된다.

제32조 (해석의 보충적 수단)
제31조의 적용으로부터 나오는 의미를 확인하기 위하여, 또는 제31조에 따라
해석하면 다음과 같이 되는 경우에 그 의미를 결정하기 위하여, 조약의 교섭
기록 및 그 체결시의 사정을 포함한 해석의 보충적 수단에 의존할 수 있다.
  (a) 의미가 모호해지거나 또는 애매하게 되는 경우, 또는
  (b) 명백히 불투명하거나 또는 불합리한 결과를 초래하는 경우

제33조 (2 또는 그 이상의언어가 정본인 조약의 해석)
① 조약이 2 또는 그 이상의 언어에 의하여 정본으로 확정된 때에는, 상위가 있
을 경우에 특정의 조약문이 우선함을 그 조약이 규정하지 아니하거나 또는 당
사국이 합의하지 아니하는 한, 각 언어로 작성된 조약문은 동등히 유효하다.
② 조약의 정본으로 사용된 언어중의 어느 하나 이외의 다른 언어로 작성된 조
약의 번역문은 이를 정본으로 간주함을 조약이 규정하거나 또는 당사국이 이
에 합의하는 경우에만 정본으로 간주된다.
③ 조약의 용어는 각 정본상 동일한 의미를 가지는 것으로 추정된다.
④ 상기 1항에 의거하여 특정의 조약문이 우선하는 경우를 제외하고, 제31조
및 제32조의 적용으로 제거되지 아니하는 의미의 차이가 정본의 비교에서 노
정되는 경우에는, 조약의 대상과 목적을 고려하여 최선으로 조약문과 조화되
는 의미를 채택한다.

제4절 조약과 제3국

제34조 (제3국에 관한 일반 규칙)
조약은 제3국에 대하여 그 동의 없이는 의무 또는 권리를 창설하지 아니한다.

제35조 (제3국에 대하여 의무를 규정하는 조약)
조약의 당사국이, 조약규정을 제3국에 대하여 의무를 설정하는 수단으로 의도
하며 또한 그 제3국이 서면으로 그 의무를 명시적으로 수락하는 경우에는, 그
조약의 규정으로부터 그 제3국에 대하여 의무가 발생한다.

제36조 (제3국에 대하여 권리를 규정하는 조약)

① 조약의 당사국이 제3국 또는 제3국이 속하는 국가의 그룹 또는 모든 국가에 대하여 권리를 부여하는 조약규정을 의도하며 또한 그 제3국이 이에 동의하는 경우에는, 그 조약의 규정으로부터 그 제3국에 대하여 권리가 발생한다. 조약이 달리 규정하지 아니하는 한 제3국의 동의는 반대의 표시가 없는 동안 있은 것으로 추정된다.

② 상기 1항에 의거하여 권리를 행사하는 국가는 조약에 규정되어 있거나 또는 조약에 의거하여 확정되는 그 권리행사의 조건에 따라야 한다.

제37조 (제3국의 의무 또는 권리의 취소 또는 변경)

① 제35조에 따라 제3국에 대하여 의무가 발생한 때에는 조약의 당사국과 제3국이 달리 합의하였음이 확정되지 아니하는 한, 그 의무는 조약의 당사국과 제3국의 동의를 얻는 경우에만 취소 또는 변경될 수 있다.

② 제36조에 따라 제3국에 대하여 권리가 발생한 때에는, 그 권리가 제3국의 동의 없이 취소 또는 변경되어서는 아니되는 것으로 의도되었음이 확정되는 경우에 그 권리는 당사국에 의하여 취소 또는 변경될 수 없다.

제38조 (국제 관습을 통하여 제3국을 구속하게 되는 조약상의 규칙)

제34조 내지 제37조의 어느 규정도 조약에 규정된 규칙이 관습 국제법의 규칙으로 인정된 그러한 규칙으로서 제3국을 구속하게 되는 것을 배제하지 아니한다.

제4부 조약의 개정 및 변경

제39조 (조약의 개정에 관한 일반규칙)

조약은 당사국간의 합의에 의하여 개정될 수 있다. 제2부에 규정된 규칙은 조약이 달리 규정하는 경우를 제외하고 그러한 합의에 적용된다.

제40조 (다자조약의 개정)

① 조약이 달리 규정하지 아니하는 한, 다자조약의 개정은 아래의 조항에 의하여 규율된다.

② 모든 당사국 간에서 다자조약을 개정하기 위한 제의는 모든 체약국에 통고되어야 하며, 각 체약국은 다음의 것에 참여할 권리를 가진다.

　(a) 그러한 제의에 관하여 취하여질 조치에 관한 결정

　(b) 그 조약의 개정을 위한 합의의 교섭 및 성립

③ 조약의 당사국이 될 수 있는 권리를 가진 모든 국가는 개정되는 조약의 당사국이 될 수 있는 권리를 또한 가진다.

④ 개정하는 합의는 개정하는 합의의 당사국이 되지 아니하는 조약의 기존 당사국인 어느 국가도 구속하지 아니한다. 그러한 국가에 관해서는 제30조 4항 (b)가 적용된다.

⑤ 개정하는 합의의 발효 후에 조약의 당사국이 되는 국가는 그 국가에 의한 별도 의사의 표시가 없는 경우에 다음과 같이 간주된다.

　(a) 개정되는 조약의 당사국으로 간주된다.

　(b) 개정하는 합의에 의하여 구속되지 아니하는 조약의 당사국과의 관계에 있어서는 개정되지 아니한 조약의 당사국으로 간주된다.

제41조 (일부 당사국에서만 다자조약을 변경하는 합의)

① 다자조약의 2 또는 그 이상의 당사국은 다음의 경우에 그 당사국 간에서만 조약을 변경하는 합의를 성립시킬 수 있다.

　(a) 그러한 변경의 가능성이 그 조약에 의하여 규정된 경우 또는

　(b) 문제의 변경이 그 조약에 의하여 금지되지 아니하고 또한

　　(i) 다른 당사국이 그 조약에 따라 권리를 향유하며 또는 의무를 이행하는 것에 영향을 주지 아니하며

　　(ii) 전체로서의 그 조약의 대상과 목적의 효과적 수행과 일부 변경이 양립하지 아니하는 규정에 관련되지 아니하는 경우

② 상기 1항 (a)에 해당하는 경우에 조약이 달리 규정하지 아니하는 한 문제의 당사국은 그 합의를 성립시키고자 하는 의사와 그 합의가 규정하는 그 조약의 변경을 타방당사국에 통고하여야 한다.

제5부 조약의 부적법·종료 또는 시행정지

제1절 일반 규정

제42조 (조약의 적법성 및 효력의 계속)
① 조약의 적법성 또는 조약에 대한 국가의 기속적 동의의 적법성은 이 협약의 적용을 통해서만 부정될 수 있다.
② 조약의 종료, 그 폐기 또는 당사국의 탈퇴는 그 조약의 규정 또는 이 협약의 적용의 결과로서만 행하여질 수 있다. 동일한 규칙이 조약의 시행정지에 적용된다.

제43조 (조약과는 별도로 국제법에 의하여 부과되는 의무)
이 협약 또는 조약규정의 적용의 결과로서, 조약의 부적법·종료 또는 폐기, 조약으로부터의 당사국의 탈퇴 또는 그 시행정지는 그 조약과는 별도로 국제법에 따라 복종해야 하는 의무로서 그 조약에 구현된 것을 이행해야 하는 국가의 책무를 어떠한 방법으로도 경감시키지 아니한다.

제44조 (조약 규정의 가분성)
① 조약에 규정되어 있거나 또는 제56조에 따라 발생하는 조약의 폐기·탈퇴 또는 시행 정지시킬 수 있는 당사국의 권리는, 조약이 달리 규정하지 아니하거나 또는 당사국이 달리 합의하지 아니하는 한, 조약 전체에 관해서만 행사될 수 있다.
② 이 협약에서 인정되는 조약의 부적법화·종료·탈퇴 또는 시행정지의 사유는, 아래의 제 조항 또는 제60조에 규정되어 있는 것을 제외하고, 조약 전체에 관해서만 원용될 수 있다.
③ 그 사유가 특정의 조항에만 관련되는 경우에는, 다음의 경우에, 그러한 조항에 관해서만 원용될 수 있다.
 (a) 당해 조항이 그 적용에 관련하여 그 조약의 잔여 부분으로부터 분리될 수 있으며
 (b) 당해 조항의 수락이 전체로서의 조약에 대한 1 또는 그 이상의 다른 당사

국의 기속적 동의의 필수적 기초가 아니었던 것이 그 조약으로부터 나타
나거나 또는 달리 확정되며, 또한

(c) 그 조약의 잔여부분의 계속적 이행이 부당하지 아니한 경우

④ 제49조 및 제50조에 해당하는 경우에 기만 또는 부정을 원용하는 권리를 가
진 국가는, 조약 전체에 관하여 또는 상기 3항에 따를 것으로 하여, 특정의 조
항에 관해서만 그렇게 원용할 수 있다.

⑤ 제50조, 제52조 및 제53조에 해당하는 경우에는 조약규정의 분리가 허용되
지 아니한다.

**제45조 (조약의 부적법화·종료·탈퇴 또는 그 시행정지의 사유를 원용하는 권
리의 상실)**

국가는, 다음의 경우에, 사실을 알게 된 후에는, 제46조 내지 제50조 또는 제60
조 및 제62조에 따라 조약의 부적법화·종료·탈퇴 또는 시행정지의 사유를 원
용할 수 없다.

(a) 경우에 따라, 그 조약이 적법하다는 것 또는 계속 유효하다는 것 또는 계
속 시행된다는 것에 그 국가가 명시적으로 동의한 경우, 또는

(b) 그 국가의 행동으로 보아 조약의 적법성 또는 그 효력이나 시행의 존속
을 묵인한 것으로 간주되어야 하는 경우

제2절 조약의 부적법

제46조 (조약 체결권에 관한 국내법 규정)

① 조약체결권에 관한 국내법 규정의 위반이 명백하며 또한 근본적으로 중요
한 국내법 규칙에 관련되지 아니하는 한, 국가는 조약에 대한 그 기속적 동의
를 부적법화하기 위한 것으로 그 동의가 그 국내법 규정에 위반하여 표시되었
다는 사실을 원용할 수 없다.

② 통상의 관행에 의거하고 또한 성실하게 행동하는 어느 국가에 대해서도 위
반이 객관적으로 분명한 경우에는 그 위반은 명백한 것이 된다.

제47조 (국가의 동의 표시 권한에 대한 특정의 제한)
어느 조약에 대한 국가의 기속적 동의를 표시하는 대표의 권한이 특정의 제한에 따를 것으로 하여 부여된 경우에, 그 대표가 그 제한을 준수하지 아니한 것은, 그러한 동의를 표시하기 전에 그 제한을 다른 교섭국에 통고하지 아니한한, 그 대표가 표시한 동의를 부적법화하는 것으로 원용될 수 없다.

제48조 (착오)
① 조약상의 착오는, 그 조약이 체결된 당시에 존재한 것으로 국가가 추정한 사실 또는 사태로서, 그 조약에 대한 국가의 기속적 동의의 본질적 기초를 구성한 것에 관한 경우에, 국가는 그 조약에 대한 그 기속적 동의를 부적법화하는 것으로 그 착오를 원용할 수 있다.
② 문제의 국가가 자신의 행동에 의하여 착오를 유발하였거나 또는 그 국가가 있을 수 있는 착오를 감지할 수 있는 등의 사정하에 있는 μ 우에는 상기 1항이 적용되지 아니한다.
③ 조약문의 자구에만 관련되는 착오는 조약의 적법성에 영향을 주지 아니한다. 그 경우에는 제79조가 적용된다.

제49조 (기만)
국가가 다른 교섭국의 기만적 행위에 의하여 조약을 체결하도록 유인된 경우에 그 국가는 조약에 대한 자신의 기속적 동의를 부적법화하는 것으로 그 기만을 원용할 수 있다.

제50조 (국가 대표의 부정)
조약에 대한 국가의 기속적 동의의 표시가 직접적으로 또는 간접적으로 다른 교섭국에 의한 그 대표의 부정을 통하여 감행된 경우에, 그 국가는 조약에 대한 자신의 기속적 동의를 부적법화하는 것으로 그 부정을 원용할 수 있다.

제51조 (국가 대표의 강제)
국가 대표에게 정면으로 향한 행동 또는 위협을 통하여 그 대표에 대한 강제에 의하여 감행된 조약에 대한 국가의 기속적 동의 표시는 법적효력을 가지지 아니한다.

제52조 (힘의 위협 또는 사용에 의한 국가의 강제)
국제연합 헌장에 구현된 국제법의 제(諸) 원칙을 위반하여 힘의 위협 또는 사용에 의하여 조약의 체결이 감행된 경우에 그 조약은 무효이다.

제53조 (일반국제법의 절대규범(강행규범)과 충돌하는 조약)
조약은 그 체결당시에 일반국제법의 절대규범과 충돌하는 경우에 무효이다. 이 협약의 목적상 일반 국제법의 절대규범은, 그 이탈이 허용되지 아니하며 또한 동일한 성질을 가진 일반 국제법의 추후의 규범에 의해서만 변경될 수 있는 규범으로, 전체로서의 국제 공동사회가 수락하며 또한 인정하는 규범이다.

제3절 조약의 종료 및 시행정지

제54조 (조약규정 또는 당사국의 동의에 따른 조약의 종료 또는 조약으로부터의 탈퇴)
조약의 종료 또는 당사국의 탈퇴는 다음의 경우에 행하여 질 수 있다.
  (a) 그 조약의 규정에 의거하는 경우, 또는
  (b) 다른 체약국과 협의한 후에 언제든지 모든 당사국의 동의를 얻는 경우

제55조 (다자조약의 발효에 필요한 수 이하로의 그 당사국수의 감소)
조약이 달리 규정하지 아니하는 한, 다자조약은 그 당사국수가 그 발효에 필요한 수 이하로 감소하는 사실만을 이유로 종료하지 아니한다.

제56조 (종료·폐기 또는 탈퇴에 관한 규정을 포함하지 아니하는 조약의 폐기 또는 탈퇴)
① 종료에 관한 규정을 포함하지 아니하며 또한 폐기 또는 탈퇴를 규정하고 있지 아니하는 조약은, 다음의 경우에 해당되지 아니하는 한, 폐기 또는 탈퇴가 인정되지 아니한다.
  (a) 당사국이 폐기 또는 탈퇴의 가능성을 인정하고자 하였음이 확정되는 경

우, 또는

(b) 폐기 또는 탈퇴의 권리가 조약의 성질상 묵시되는 경우

② 당사국은 상기 1항에 따라 조약의 폐기 또는 탈퇴 의사를 적어도 12개월 전에 통고하여야 한다.

제57조 (조약 규정 또는 당사국의 동의에 의한 조약의 시행정지)

모든 당사국 또는 특정의 당사국에 대하여 조약의 시행이 다음의 경우에 정지될 수 있다.

(a) 그 조약의 규정에 의거하는 경우, 또는

(b) 다른 체약국과 협의한 후에 언제든지 모든 당사국의 동의를 얻는 경우

제58조 (일부 당사국간만의 합의에 의한 다자조약의 시행정지)

① 다자조약의 2 또는 그 이상의 당사국은, 다음의 경우에, 일시적으로 또한 그 당사국간에서만 조약 규정의 시행을 정지시키기 위한 합의를 성립시킬 수 있다.

(a) 그러한 정지의 가능성이 그 조약에 의하여 규정되어 있는 경우, 또는

(b) 문제의 정지가 조약에 의하여 금지되지 아니하고 또한,

(i) 다른 당사국에 의한 조약상의 권리 향유 또는 의무의 이행에 영향을 주지 아니하며,

(ii) 그 조약의 대상 및 목적과 양립할 수 없는 것이 아닌 경우

② 상기 1항(a)에 해당하는 경우에 조약이 달리 규정하지 아니하는 한 문제의 당사국은 합의를 성립시키고자 하는 그 의사 및 시행을 정지시키고자 하는 조약규정을 타방 당사국에 통고하여야 한다.

제59조 (후조약의 체결에 의하여 묵시되는 조약의 종료 또는 시행정지)

① 조약의 모든 당사국이 동일한 사항에 관한 후조약을 체결하고, 또한 아래의 것에 해당하는 경우에, 그 조약은 종료한 것으로 간주된다.

(a) 후조약에 의하여 그 사항이 규율되어야 함을 당사국이 의도하였음이 그 후조약으로부터 나타나거나 또는 달리 확정되는 경우, 또는

(b) 후조약의 규정이 전조약의 규정과 근본적으로 양립하지 아니하여 양 조

약이 동시에 적용될 수 없는 경우
② 전조약을 시행 정지시킨 것만이 당사국의 의사이었음이 후조약으로부터 나타나거나 또는 달리 확정되는 경우에, 전조약은 그 시행이 정지된 것만으로 간주된다.

제60조 (조약 위반의 결과로서의 조약의 종료 또는 시행정지)
① 양자조약의 일방당사국에 의한 실질적 위반은 그 조약의 종료 또는 그 시행의 전부 또는 일부의 정지를 위한 사유로서 그 위반을 원용하는 권리를 타방당사국에 부여한다.
② 다자조약의 어느 당사국에 의한 실질적 위반은 관계 당사국이 다음의 조치를 취할 수 있는 권리를 부여한다.
  (a) 다른 당사국이 전원일치의 협의에 의하여,
   (i) 그 다른 당사국과 위반국간의 관계에서, 또는
   (ii) 모든 당사국간에서, 그 조약의 전부 또는 일부를 시행정지시키거나 또는 그 조약을 종료시키는 권리
  (b) 위반에 의하여 특별히 영향을 받는 당사국이, 그 자신과 위반국 간의 관계에 있어서 그 조약의 전부 또는 일부의 시행을 정지시키기 위한 사유로서 그 위반을 원용하는 권리
  (c) 어느 당사국에 의한 조약규정의 실질적 위반으로 그 조약상의 의무의 추후의 이행에 관한 모든 당사국의 입장을 근본적으로 변경시키는 성질의 조약인 경우에, 위반국 이외의 다른 당사국에 관하여 그 조약의 전부 또는 일부의 시행정지를 위한 사유로서 그 다른 당사국에 그 위반을 원용하는 권리
③ 본 조의 목적상, 조약의 실질적 위반은 다음의 경우에 해당한다.
  (a) 이 협약에 의하여 용인되지 아니하는 조약의 이행 거부 또는
  (b) 조약의 대상과 목적의 달성에 필수적인 규정의 위반
④ 상기의 제 규정은 위반의 경우에 적용할 수 있는 조약상의 규정을 침해하지 아니한다.
⑤ 상기 1항 내지 3항은 인도적 성질의 조약에 포함된 인신의 보호에 관한 규정 특히 그러한 조약에 의하여 보호를 받는 자에 대한 여하한 형태의 복구를

금지하는 규정에 적용되지 아니한다.

제61조 (후발적 이행불능)

① 조약의 이행불능이 그 조약의 시행에 불가결한 대상의 영구적 소멸 또는 파괴로 인한 경우에, 당사국은 그 조약을 종료시키거나 또는 탈퇴하기 위한 사유로서 그 이행불능을 원용할 수 있다. 그 이행불능이 일시적인 경우에는 조약의 시행정지를 위한 사유로서만 원용될 수 있다.

② 이행불능이 이를 원용하는 당사국에 의한 조약상의 의무나 또는 그 조약의 다른 당사국에 대하여 지고 있는 기타의 국제적 의무의 위반의 결과인 경우에 그 이행 불능은 그 조약을 종료시키거나 또는 탈퇴하거나 또는 그 시행을 정지시키기 위한 사유로서 그 당사국에 의하여 원용될 수 없다.

제62조 (사정의 근본적 변경)

① 조약의 체결 당시에 존재한 사정에 관하여 발생하였으며 또한 당사국에 의하여 예견되지 아니한 사정의 근본적 변경은, 다음 경우에 해당되지 아니하는 한, 조약을 종료시키거나 또는 탈퇴하기 위한 사유로서 원용될 수 없다.

　(a) 그러한 사정의 존재가 그 조약에 대한 당사국의 기속적 동의의 본질적 기초를 구성하였으며, 또한

　(b) 그 조약에 따라 계속 이행되어야 할 의무의 범위를 그 변경의 효과가 급격하게 변환시키는 경우

② 사정의 근본적 변경은, 다음의 경우에는, 조약을 종료시키거나 또는 탈퇴하는 사유로서 원용될 수 없다.

　(a) 그 조약이 경계선을 확정하는 경우, 또는

　(b) 근본적 변경이 이를 원용하는 당사국에 의한 조약상의 의무나 또는 그 조약의 다른 당사국에 대하여 지고 있는 기타의 국제적 의무의 위반의 결과인 경우

③ 상기의 제 조항에 따라 당사국이 조약을 종료시키거나 또는 탈퇴하기 위한 사유로서 사정의 근본적 변경을 원용할 수 있는 경우에, 그 당사국은 그 조약의 시행을 정지시키기 위한 사유로서 그 변경을 또한 원용할 수 있다.

제63조 (외교 또는 영사 관계의 단절)
조약 당사국 간의 외교 또는 영사 관계의 단절은, 외교 또는 영사관계의 존재
가 그 조약의 적용에 불가결한 경우를 제외하고, 그 조약에 의하여 그 당사국
간에 확립된 법적 관계에 영향을 주지 아니한다.

제64조 (일반 국제법의 새 절대규범(강행규범)의 출현)
일반 국제법의 새 절대 규범이 출현하는 경우에, 그 규범과 충돌하는 현행 조
약은 무효로 되어 종료한다.

제4절 절차

제65조 (조약의 부적법·종료·탈퇴 또는 시행정지에 관하여 취해지는 절차)
① 이 협약의 규정에 따라, 조약에 대한 국가의 기속적 동의상의 허가를 원용
하거나 또는 조약의 적법성을 부정하거나 조약을 종료시키거나 조약으로부터
탈퇴하거나 또는 그 시행을 정지시키기 위한 사유를 원용하는 당사국은, 다른
당사국에 대하여 그 주장을 통고하여야 한다. 그 통고에는 그 조약에 관하여
취하고자 제의하는 조치 및 그 이유를 표시하여야 한다.
② 특별히 긴급한 경우를 제외하고, 그 통고의 접수 후 3개월 이상의 기간이 경
과한 후에 어느 당사국도 이의를 제기하지 아니한 경우에는, 그 통고를 행한
당사국은 제67조에 규정된 방법으로 그 당사국이 제의한 조치를 실행할 수 있
다.
③ 다만, 다른 당사국에 의하여 이의가 제기된 경우에, 당사국은 국제연합헌장
제33조에 열거되어 있는 수단을 통한 해결을 도모하여야 한다.
④ 상기 제 조항의 어느 규정도 분쟁의 해결에 관하여 당사국을 구속하는 유효
한 규정에 따른 당사국의 권리 또는 의무에 영향을 주지 아니한다.
⑤ 제45조를 침해함이 없이, 어느 국가가 상기 1항에 규정된 통고를 사전에 행
하지 아니한 사실은, 조약의 이행을 요구하거나 또는 조약의 위반을 주장하는
다른 당사국에 대한 회답으로서 그 국가가 그러한 통고를 행하는 것을 막지 아
니한다.

제66조(사법적 해결·중재 재판 및 조정을 위한 절차)
이의가 제기된 일자로부터 12개월의 기간 내에 제65조 3항에 따라 해결에 도달
하지 못한 경우에는, 다음의 절차를 진행하여야 한다.
  (a) 제53조 또는 제64조의 적용 또는 해석에 관한 분쟁의 어느 한 당사국은,
      제 당사국이 공동의 동의에 의하여 분쟁을 중재 재판에 부탁하기로 합의
      하지 아니하는 한, 분쟁을 국제사법재판소에, 결정을 위하여, 서면 신청
      으로써 부탁할 수 있다.
  (b) 이 협약 제5부의 다른 제조항의 적용 또는 해석에 관한 분쟁의 어느 한
      당사국은 협약의 부속서에 명시된 절차의 취지로 요구서를 국제연합 사
      무총장에게 제출함으로써 그러한 절차를 개시할 수 있다.

제67조 (조약의 부적법선언·종료·탈퇴 또는 시행정지를 위한 문서)
① 제65조 1항에 따라 규정된 통고는 서면으로 행하여져야 한다.
② 조약의 규정 또는 제65조 2항 또는 3항의 규정에 따른 그 조약의 부적법선
언·종료·탈퇴 또는 시행정지에 관한 행위는 다른 당사국에 전달되는 문서를
통하여 이행하여야 한다. 동 문서가 국가원수·정부수반 또는 외무부장관에 의
하여 서명되지 아니한 경우에는 이를 전달하는 국가의 대표에게 전권위임장을
제시하도록 요구할 수 있다.

제68조 (제65조 및 제67조에 규정된 통고와 문서의 철회)
제65조 또는 제67조에 규정된 통고 또는 문서는 그 효력을 발생하기 전에 언제
든지 철회될 수 있다.

제5절 조약의 부적법·종료 또는 시행정지의 효과

제69조(조약의 부적법의 효과)
① 이 협약에 의거하여 그 부적법이 확정되는 조약은 무효이다. 무효인 조약의
규정은 법적 효력을 가지지 아니한다.
② 다만, 그러한 조약에 의존하여 행위가 실행된 경우에는 다음의 규칙이 적용
된다.

(a) 각 당사국은, 그 행위가 실행되지 아니하였더라면 존재하였을 상태를, 당사국의 상호관계에 있어서, 가능한 한 확립하도록 다른 당사국에 요구할 수 있다.

(b) 부적법이 원용되기 전에 성실히 실행된 행위는 그 조약의 부적법만을 이유로 불법화되지 아니한다.

③ 제49조, 제50조, 제51조 또는 제52조에 해당하는 경우에는 기만 · 부정행위 또는 강제의 책임이 귀속되는 당사국에 관하여 상기 2항이 적용되지 아니한다.

④ 다자조약에 대한 특정 국가의 기속적 동의의 부적법의 경우에 상기의 제 규칙은 그 국가와 그 조약의 당사국 간의 관계에 있어서 적용된다.

제70조 (조약의 종료 효과)

① 조약이 달리 규정하지 아니하거나 또는 당사국이 달리 합의하지 아니하는 한, 조약의 규정에 따르거나 또는 이 협약에 의거한 그 조약의 종료는 다음의 효과를 가져온다.

(a) 당사국에 대하여 추후 그 조약을 이행할 의무를 해제한다.

(b) 조약의 종료 전에 그 조약의 시행을 통하여 생긴 당사국의 권리 · 의무 또는 법적 상태에 영향을 주지 아니한다.

② 국가가 다자조약을 폐기하거나 또는 탈퇴하는 경우에는 그 폐기 또는 탈퇴가 효력을 발생하는 일자로부터 그 국가와 그 조약의 다른 각 당사국 간의 관계에 있어서 상기 1항이 적용된다.

제71조 (일반국제법의 절대규범과 충돌하는 조약의 부적법의 효과)

① 제53조에 따라 무효인 조약의 경우에 당사국은 다음의 조치를 취한다.

(a) 일반 국제법의 절대규범과 충돌하는 규정에 의존하여 행하여진 행위의 결과를 가능한 한 제거하며, 또한

(b) 당사국의 상호관계를 일반국제법의 절대규범과 일치시키도록 한다.

② 제64조에 따라 무효로 되어 종료하는 조약의 경우에 그 조약의 종료는 다음의 효과를 가져온다.

(a) 당사국에 대하여 추후 그 조약을 이행할 의무를 해제한다.

(b) 조약의 종료 전에 그 조약의 시행을 통하여 생긴 당사국의 권리 · 의무 또

는 법적 상태에 영향을 주지 아니한다. 다만, 그러한 권리·의무 또는 상
태는 그 유지 자체가 일반 국제법의 새 절대 규범과 충돌하지 아니하는
범위 내에서만 그 이후 유지될 수 있을 것을 조건으로 한다.

제72조 (조약의 시행정지 효과)
① 조약이 달리 규정하지 아니하거나 또는 당사국이 달리 합의하지 아니하는
한, 조약의 규정에 따르거나 또는 이 협약에 의거한 그 조약의 시행정지는 다
음의 효과를 가져온다.
　(a) 조약의 시행이 정지되어 있는 당사국에 대해서는 동 정지기간 동안 그
　　　상호관계에 있어서 그 조약을 이행할 의무를 해제한다.
　(b) 그 조약에 의하여 확립된 당사국간의 법적 관계에 달리 영향을 주지 아
　　　니한다.
② 시행정지기간 동안 당사국은 그 조약의 시행 재개를 방해하게 되는 행위를
삼가하여야 한다.

제6부 잡칙

제73조 (국가의 계승·국가 책임 및 적대행위 발발의 경우)
이 협약의 규정은 국가의 계승·국가의 국제 책임 또는 국가간의 적대 행위의
발발로부터 조약에 관하여 발생될 수 있는 문제를 예단하지 아니한다.

제74조 (외교 및 영사관계와 조약의 체결)
2 또는 그 이상의 국가간의 외교 또는 영사관계의 단절 또는 부재는 그러한 국
가간의 조약체결을 막지 아니한다. 조약의 체결은 그 자체 외교 또는 영사관계
에 관련된 상태에 영향을 주지 아니한다.

제75조(침략국의 경우)
이 협약의 규정은 국제연합헌장에 의거하여 침략국의 침략에 관하여 취해진
조치의 결과로서 그 침략국에 대하여 발생될 수 있는 조약상의 의무를 침해하

지 아니한다.

제7부 수탁자 · 통고 · 정정 및 등록

제76조 (조약의 수탁자)
① 조약의 수탁자는 조약 그 자체 속에 또는 기타의 방법으로 교섭국에 의하여 지정될 수 있다. 수탁자는 1 또는 그 이상의 국가 · 국제기구 또는 국제기구의 수석 행정관이 될 수 있다.
② 조약의 수탁자의 기능은 성질상 국제적이며 또한 수탁자는 그 기능을 수행함에 있어서 공평하게 행동할 의무를 진다. 특히, 조약이 일부 당사국간에 발효하지 아니하였거나 또는 수탁자의 기능의 수행에 관하여 국가와 수탁자간에 의견의 차이가 발생한 사실은 그러한 의무에 영향을 주지 아니한다.

제77조 (수탁자의 기능)
① 달리 조약에 규정되어 있지 아니하거나 또는 체약국이 합의하지 아니하는 한, 수탁자의 기능은 특히 다음의 것을 포함한다.
  (a) 수탁자에 송달된 조약 및 전권위임장의 원본 보관
  (b) 원본의 인증등본 작성, 조약에 의하여 요구될 수 있는 추가의 언어에 의한 조약문 작성 및 조약의 당사국과 당사국이 될 수 있는 권리를 가진 국가에의 그 전달
  (c) 조약에 대한 서명의 접수 및 조약에 관련된 문서 · 통고 및 통첩의 접수와 보관
  (d) 서명 또는 조약에 관련된 문서 · 통고 또는 통첩이 정당하고 또한 적절한 형식으로 된 것인가의 검토 및 필요한 경우에 문제점에 대하여 당해 국가의 주의 환기
  (e) 조약의 당사국 및 당사국이 될 수 있는 권리를 가진 국가에 대한 그 조약에 관련된 행위의 통고 및 통첩의 통보
  (f) 조약의 발효에 필요한 수의 서명, 또는 비준서 · 수락서 · 승인서 또는 가입서가 접수되거나 또는 기탁되는 경우에 조약의 당사국이 될 수 있는 권

리를 가진 국가에의 통보
(g) 국제연합 사무국에의 조약의 등록
(h) 이 협약의 다른 규정에 명시된 기능의 수행
② 수탁자의 기능의 수행에 관하여 국가와 수탁자 간에 발생하는 의견의 차이의 경우에, 수탁자는 그 문제에 대하여 서명국과 체약국 또는, 적절한 경우에는 관계 국제기구의 권한있는 기관의 주의를 환기시킨다.

제78조 (통고 및 통첩)

조약 또는 이 협약이 달리 규정하는 경우를 제외하고, 이 협약에 따라 국가가 행하는 통고 또는 통첩은 다음과 같이 취급된다.
(a) 수탁자가 없는 경우에는 통고 또는 통첩을 받을 국가에 직접 전달되며 수탁자가 있는 경우에는 수탁자에게 전달된다.
(b) 전달 대상 국가가 통고 또는 통첩을 접수한 때에만 또는 경우에 따라 수탁자가 접수한 때에만 문제의 국가가 그 통고 또는 통첩을 행한 것으로 간주된다.
(c) 수탁자에게 전달된 경우에는, 전달 대상국가가 제77조 1항 (e)에 의거하여 수탁자로부터 통보받은 경우에만 그 국가가 접수한 것으로 간주된다.

제79조 (조약문 또는 인증등본상의 착오 정정)

① 조약문의정본인증후 그 속에 착오가 있다는 것에 서명국 및 체약국이 합의하는 경우에는, 그들이 다른 정정방법에 관하여 결정하지 아니하는 한, 그 착오는 다음과 같이 정정된다.
(a) 착오문에 적당한 정정을 가하고, 정당히 권한을 위임받은 대표가 그 정정에 가서명하는 것
(b) 합의된 정정을 기재한 1 또는 그 이상의 문서에 효력을 부여하거나 또는 이를 교환하는 것
(c) 원본의 경우와 동일한 절차에 의하여 조약 전체의 정정본을 작성하는 것
② 수탁자가 있는 조약의 경우에, 수탁자는 서명국 및 체약국에 대하여 착오와 그 정정 제안을 통보하며 또한 제안된 정정에 대하여 이의를 제기할 수 있는 적절한 기한을 명시한다. 그 기한이 만료되면 다음의 조치가 취하여 진다.

(a) 이의가 제기되지 아니한 경우에, 수탁자는 착오문에 정정을 가하고 이에 가서명하며 또한 착오문의 정정 「경위서」를 작성하여 그 사본을 조약의 당사국 및 조약의 당사국이 될 수 있는 권리를 가진 국가에 송부한다.

(b) 이의가 제기된 경우에 수탁자는 그 이의를 서명국 및 체약국에 송부한다.

③ 조약문이 2 또는 그 이상의 언어로 정본인증되고 또한 서명국 및 체약국간의 합의로써 정정되어야 할 합치의 결여가 있다고 보이는 경우에는 상기 1항 및 2항의 규칙이 또한 적용된다.

④ 정정본은 서명국 및 체약국이 달리 결정하지 아니하는 한, 『처음부터』 흠결본을 대치한다.

⑤ 등록된 조약문의 정정은 국제연합 사무국에 통고된다.

⑥ 조약의 인증등본에서 착오가 발견되는 경우에, 수탁자는 정정을 명시하는 「경위서」를 작성하며 또한 그 사본을 서명국 및 체약국에 송부한다.

제80조 (조약의 등록 및 발간)

① 조약은 그 발효 후에, 경우에 따라, 등록 또는 편철과 기록을 위하여 또한 발간을 위하여 국제연합사무국에 송부된다.

② 수탁자의 지정은 상기 전항에 명시된 행위를 수탁자가 수행할 수 있는 권한을 부여하게 된다.

제8부 최종조항

제81조 (서명)

이 협약은 국제연합 또는 전문기구 중의 어느 하나 또는 국제원자력기구의 모든 회원국 또는 국제사법재판소 규정의 당사국 및 국제연합총회에 의하여 이 협약의 당사국이 되도록 초청된 기타의 국가에 의한 서명을 위하여 다음과 같이 개방된다. 즉 1969년 11월 30일까지는 오스트리아 공화국의 연방외무부에서 개방되며 또한 그 이후 1970년 4월 30일까지는 뉴욕의 국제연합 본부에서 개방된다.

제82조 (비준)

이 협약은 비준되어야 한다. 비준서는 국제연합 사무총장에게 기탁된다.

제83조 (가입)

이 협약은 제81조에 언급된 카테고리의 어느 하나에 속하는 국가에 의한 가입을 위하여 계속 개방된다. 가입서는 국제연합 사무총장에게 기탁된다.

제84조 (발효)

① 이 협약은 35번째의 비준서 또는 가입서가 기탁된 날로부터 30일 후에 발효한다.

② 35번째의 비준서 또는 가입서가 기탁된 후 이 협약에 비준하거나 또는 가입하는 각 국가에 대하여, 이 협약은 그 국가에 의한 비준서 또는 가입서의 기탁으로부터 30일 후에 발효한다.

제85조 (정본)

중국어·영어·불어·노어 및 서반아어본이 동등히 정본인 이 협약의 원본은 국제연합 사무총장에게 기탁된다.

이상의 증거로, 하기(下記) 전권대표는 각자의 정부에 의하여 정당히 권한을 위임받아 이 협약에 서명하였다.

일천구백육십구년 오월 이십삼일 비엔나에서 작성되었다.

부속서

1. 국제연합 사무총장은 자격있는 법률가로 구성되는 조정관의 명부를 작성하여 유지한다. 이러한 목적으로 국제연합의 회원국 또는 이 협약의 당사국인 모든 국가는 2명의 조정관을 지명하도록 요청되며 또한 이렇게 지명된 자의 명단

은 상기명부에 포함된다. 불시의 공석을 보충하기 위하여 지명된 조정관의 임기를 포함하여, 조정관의 임기는 5년이며 또한 연임될 수 있다. 임기가 만료되는 조정관은 하기 2항에 따라 그가 선임된 목적상의 직무를 계속 수행하여야 한다.

2. 제66조에 따라 국제연합 사무총장에게 요청이 제기된 경우에, 사무총장은 다음과 같이 구성되는 조정위원회에 분쟁을 부탁한다.

분쟁당사국의 일방을 구성하는 1 또는 그 이상의 국가는 다음과 같이 조정관을 임명한다.

(a) 상기 1항에 언급된 명부 또는 동 명부외에서 선임될 수 있는 자로서 당해국의 또는 당해 2이상의 국가 중 어느 하나의 국가의 국적을 가진 1명의 조정관을 임명하며, 또한

(b) 상기 명부에서 선임되는 자로서 당해국 또는 당해 2이상의 국가중 어느 하나의 국가의 국적을 가지지 아니한 1명의 조정관을 임명한다.

분쟁 당사국의 타방을 구성하는 1 또는 그 이상의 국가는 동일한 방법으로 2명의 조정관을 임명한다. 분쟁당사국에 의하여 선임되는 4명의 조정관은 사무총장이 요청을 받는 날로부터 60일 이내에 임명되어야 한다. 4명의 조정관은 그들 중 최후에 임명을 받는 자의 임명일자로부터 60일 이내에, 상기명부로부터 선임되는 자로서 조정위원장이 될 제5조의 조정관을 임명한다.

위원장 또는 다른 조정관의 임명을 위하여 상기에 지정한 기간 내에 그러한 임명이 행하여 지지 아니한 경우에는 동 기간이 만료한 후 60일 이내에 사무총장이 임명을 행한다. 위원장의 임명은 명부 중에서 또는 국제법위원회의 위원 중에서 사무총장이 행할 수 있다. 임명이 행하여져야 하는 기간은 분쟁당사국의 합의에 의하여 연장될 수 있다. 공석은 처음의 임명에 관하여 지정된 방법으로 보충된다.

3. 조정위원회는 자체의 절차를 결정한다. 위원회는, 분쟁당사국의 동의를 얻어, 조약의 어느 당사국에 대하여 그 견해를 구두 또는 서면으로 동 위원회에 제출하도록 요청할 수 있다. 위원회의 결정 및 권고는 5명의 구성원의 다수결에 의한다.

4. 위원회는 우호적 해결을 촉진할 수 있는 조치에 대하여 분쟁당사국의 주의를 환기할 수 있다.

5. 위원회는 분쟁당사국의 의견을 청취하고, 청구와 이의를 심사하며 또한 분쟁의 우호적 해결에 도달할 목적으로 당사국에 대한 제안을 작성한다.

6. 위원회는 그 구성 후 12개월 이내에 보고하여야 한다. 그 보고서는 사무총장에게 기탁되며 또한 분쟁당사국에 송부된다. 사실 또는 법적문제에 관하여 위원회의 보고서에 기술된 결론을 포함한 위원회의 보고서는 분쟁당사국을 구속하지 아니하며, 또한 분쟁의 우호적 해결을 촉진하기 위하여, 분쟁당사국에 의한 고려의 목적으로 제출된 권고 이외의 다른 성질을 가지지 아니한다.

7. 사무총장은 위원회가 필요로 하는 협조와 편의를 위원회에 제공한다. 위원회의 경비는 국제연합이 부담한다.

VIENNA CONVENTION ON THE LAW OF TREATIES SIGNED AT VIENNA 23 May 1969

ENTRY INTO FORCE: 27 January 1980

The States Parties to the present Convention Considering the fundamental role of treaties in the history of international relations, Recognizing the ever-increasing importance of treaties as a source of international law and as a means of developing peaceful co-operation among nations, whatever their constitutional and social systems, Noting that the principles of free consent and of good faith and the pacta sunt servanda rule are universally recognized, Affirming that disputes concerning treaties, like other international disputes, should be settled by peaceful means and in conformity with the principles of justice and international law, Recalling the determination of the peoples of the United Nations to establish conditions under which justice and respect for the obligations arising from treaties can be maintained, Having in mind the principles of international law embodied in the Charter of the United Nations, such as the principles of the equal rights and self-determination of peoples, of the sovereign equality and independence of all States, of non-interference in the domestic affairs of States, of the prohibition of the threat or use of force and of universal respect for, and observance of, human rights and fundamental freedoms for all, Believing that the codification and progressive development of the law of treaties achieved in the present Convention will promote the purposes of the United Nations set forth in the Charter, namely, the maintenance of international peace and security, the development of friendly relations and the achievement of co-operation among nations, Affirming that the rules of customary international law will continue to govern questions not regulated by the provisions of the present Convention, Have agreed as follows:

PART I. INTRODUCTION

Article 1. Scope of the present Convention

The present Convention applies to treaties between States.

Article 2. Use of terms

1. For the purposes of the present Convention:

   (a) 'treaty' means an international agreement concluded between States in written form and governed by international law, whether embodied in a single instrument or in two or more related instruments and whatever its particular designation;

   (b) 'ratification', 'acceptance', 'approval' and 'accession' mean in each case the international act so named whereby a State establishes on the international plane its consent to be bound by a treaty;

   (c) 'full powers' means a document emanating from the competent authority of a State designating a person or persons to represent the State for negotiating, adopting or authenticating the text of a treaty, for expressing the consent of the State to be bound by a treaty, or for accomplishing any other act with respect to a treaty;

   (d) 'reservation' means a unilateral statement, however phrased or named, made by a State, when signing, ratifying, accepting, approving or acceding to a treaty, whereby it purports to exclude or to modify the legal effect of certain provisions of the treaty in their application to that State;

   (e) 'negotiating State' means a State which took part in the drawing up and adoption of the text of the treaty;

   (f) 'contracting State' means a State which has consented to be bound by the treaty, whether or not the treaty has entered into force;

   (g) 'party' means a State which has consented to be bound by the treaty and for which the treaty is in force;

   (h) 'third State' means a State not a party to the treaty;

(i) 'international organization' means an intergovernmental organization.

2. The provisions of paragraph 1 regarding the use of terms in the present Convention are without prejudice to the use of those terms or to the meanings which may be given to them in the internal law of any State.

Article 3. International agreements not within the scope of the present Convention

The fact that the present Convention does not apply to international agreements concluded between States and other subjects of international law or between such other subjects of international law, or to international agreements not in written form, shall not affect:

(a) the legal force of such agreements;

(b) the application to them of any of the rules set forth in the present Convention to which they would be subject under international law independently of the Convention;

(c) the application of the Convention to the relations of States as between themselves under international agreements to which other subjects of international law are also parties.

Article 4. Non-retroactivity of the present Convention

Without prejudice to the application of any rules set forth in the present Convention to which treaties would be subject under international law independently of the Convention, the Convention applies only to treaties which are concluded by States after the entry into force of the present Convention with regard to such States.

Article 5. Treaties constituting international organizations and treaties adopted within an international organization

The present Convention applies to any treaty which is the constituent instrument of an international organization and to any treaty adopted within an international organization without prejudice to any relevant rules of the organization.

PART II. CONCLUSION AND ENTRY INTO FORCE OF TREATIES

SECTION 1. CONCLUSION OF TREATIES

Article 6. Capacity of States to conclude treaties
Every State possesses capacity to conclude treaties.

Article 7. Full powers
1. A person is considered as representing a State for the purpose of adopting or authenticating the text of a treaty or for the purpose of expressing the consent of the State to be bound by a treaty if:
   (a) he produces appropriate full powers; or
   (b) it appears from the practice of the States concerned or from other circumstances that their intention was to consider that person as representing the State for such purposes and to dispense with full powers.
2. In virtue of their functions and without having to produce full powers, the following are considered as representing their State:
   (a) Heads of State, Heads of Government and Ministers for Foreign Affairs, for the purpose of performing all acts relating to the conclusion of a treaty;
   (b) heads of diplomatic missions, for the purpose of adopting the text of a treaty between the accrediting State and the State to which they are accredited;
   (c) representatives accredited by States to an international conference or to an international organization or one of its organs, for the purpose of adopting the text of a treaty in that conference, organization or organ.

Article 8. Subsequent confirmation of an act performed without authorization
An act relating to the conclusion of a treaty performed by a person who cannot be considered under article 7 as authorized to represent a State for that purpose is without legal effect unless afterwards confirmed by that State.

Article 9. Adoption of the text

1. The adoption of the text of a treaty takes place by the consent of all the States participating in its drawing up except as provided in paragraph 2.

2. The adoption of the text of a treaty at an international conference takes place by the vote of two-thirds of the States present and voting, unless by the same majority they shall decide to apply a different rule.

Article 10. Authentication of the text

The text of a treaty is established as authentic and definitive:

    (a) by such procedure as may be provided for in the text or agreed upon by the States participating in its drawing up; or

    (b) failing such procedure, by the signature, signature ad referendum or initialling by the representatives of those States of the text of the treaty or of the Final Act of a conference incorporating the text.

Article 11. Means of expressing consent to be bound by a treaty

The consent of a State to be bound by a treaty may be expressed by signature, exchange of instruments constituting a treaty, ratification, acceptance, approval or accession, or by any other means if so agreed.

Article 12. Consent to be bound by a treaty expressed by signature

1. The consent of a State to be bound by a treaty is expressed by the signature of its representative when:

    (a) the treaty provides that signature shall have that effect;

    (b) it is otherwise established that the negotiating States were agreed that signature should have that effect; or

    (c) the intention of the State to give that effect to the signature appears from the full powers of its representative or was expressed during the negotiation.

2. For the purposes of paragraph 1:

    (a) the initialling of a text constitutes a signature of the treaty when it is established that the negotiating States so agreed;

(b) the signature ad referendum of a treaty by a representative, if confirmed by his State, constitutes a full signature of the treaty.

Article 13. Consent to be bound by a treaty expressed by an exchange of instruments constituting a treaty

The consent of States to be bound by a treaty constituted by instruments exchanged between them is expressed by that exchange when:

(a) the instruments provide that their exchange shall have that effect; or

(b) it is otherwise established that those States were agreed that the exchange of instruments should have that effect

Article 14. Consent to be bound by a treaty expressed by ratification, acceptance or approval

1. The consent of a State to be bound by a treaty is expressed by ratification when:

(a) the treaty provides for such consent to be expressed by means of ratification;

(b) it is otherwise established that the negotiating States were agreed that ratification should be required;

(c) the representative of the State has signed the treaty subject to ratification; or

(d) the intention of the State to sign the treaty subject to ratification appears from the full powers of its representative or was expressed during the negotiation.

2. The consent of a State to be bound by a treaty is expressed by acceptance or approval under conditions similar to those which apply to ratification.

Article 15. Consent to be bound by a treaty expressed by accession

The consent of a State to be bound by a treaty is expressed by accession when:

(a) the treaty provides that such consent may be expressed by that State by means of accession;

(b) it is otherwise established that the negotiating States were agreed that such consent may be expressed by that State by means of accession; or

(c) all the parties have subsequently agreed that such consent may be expressed by that State by means of accession.

Article 16. Exchange or deposit of instruments of ratification, acceptance, approval or accession

Unless the treaty otherwise provides, instruments of ratification, acceptance, approval or accession establish the consent of a State to be bound by a treaty upon:

(a) their exchange between the contracting States;

(b) their deposit with the depositary; or

(c) their notification to the contracting States or to the depositary, if 50 agreed.

Article 17. Consent to be bound by part of a treaty and choice of differing provisions

1. Without prejudice to articles 19 to 23, the consent of a State to be bound by part of a treaty is effective only if the treaty so permits or the other contracting States so agree.

2. The consent of a State to be bound by a treaty which permits a choice between differing provisions is effective only if it is made clear to which of the provisions the consent relates.

Article 18. Obligation not to defeat the object and purpose of a treaty prior to its entry into force

A State is obliged to refrain from acts which would defeat the object and purpose of a treaty when:

(a) it has signed the treaty or has exchanged instruments constituting the treaty subject to ratification, acceptance or approval, until it shall have made its intention clear not to become a party to the treaty; or

(b) it has expressed its consent to be bound by the treaty, pending the entry into force of the treaty and provided that such entry into force is not unduly delayed.

SECTION 2. RESERVATIONS

Article 19. Formulation of reservations

A State may, when signing, ratifying, accepting, approving or acceding to a treaty, formulate a reservation unless:

- (a) the reservation is prohibited by the treaty;
- (b) the treaty provides that only specified reservations, which do not include the reservation in question, may be made; or
- (c) in cases not falling under sub-paragraphs (a) and (b), the reservation is incompatible with the object and purpose of the treaty.

Article 20. Acceptance of and objection to reservations

1. A reservation expressly authorized by a treaty does not require any subsequent acceptance by the other contracting States unless the treaty so provides.
2. When it appears from the limited number of the negotiating States and the object and purpose of a treaty that the application of the treaty in its entirety between all the parties is an essential condition of the consent of each one to be bound by the treaty, a reservation requires acceptance by all the parties.
3. When a treaty is a constituent instrument of an international organization and unless it otherwise provides, a reservation requires the acceptance of the competent organ of that organization.
4. In cases not falling under the preceding paragraphs and unless the treaty otherwise provides:
   - (a) acceptance by another contracting State of a reservation constitutes the reserving State a party to the treaty in relation to that other State if or when the treaty is in force for those States;
   - (b) an objection by another contracting State to a reservation does not preclude the entry into force of the treaty as between the objecting and reserving States unless a contrary intention is definitely expressed by the objecting State;
   - (c) an act expressing a State's consent to be bound by the treaty and containing

a reservation is effective as soon as at least one other contracting State has accepted the reservation.

5. For the purposes of paragraphs 2 and 4 and unless the treaty otherwise provides, a reservation is considered to have been accepted by a State if it shall have raised no objection to the reservation by the end of a period of twelve months after it was notified of the reservation or by the date on which it expressed its consent to be bound by the treaty, whichever is later.

Article 21. Legal effects of reservations and of objections to reservations
1. A reservation established with regard to another party in accordance with articles 19, 20 and 23:
   (a) modifies for the reserving State in its relations with that other party the provisions of the treaty to which the reservation relates to the extent of the reservation; and
   (b) modifies those provisions to the same extent for that other party in its relations with the reserving State.
2. The reservation does not modify the provisions of the treaty for the other parties to the treaty inter se.
3. When a State objecting to a reservation has not opposed the entry into force of the treaty between itself and the reserving State, the provisions to which the reservation relates do not apply as between the two States to the extent of the reservation.

Article 22. Withdrawal of reservations and of objections to reservations
1. Unless the treaty otherwise provides, a reservation may be withdrawn at any time and the consent of a State which has accepted the reservation is not required for its withdrawal.
2. Unless the treaty otherwise provides, an objection to a reservation may be withdrawn at any time.
3. Unless the treaty otherwise provides, or it is otherwise agreed:

(a) the withdrawal of a reservation becomes operative in relation to another contracting State only when notice of it has been received by that State;

(b) the withdrawal of an objection to a reservation becomes operative only when notice of it has been received by the State which formulated the reservation.

Article 23. Procedure regarding reservations

1. A reservation, an express acceptance of a reservation and an objection to a reservation must be formulated in writing and communicated to the contracting States and other States entitled to become parties to the treaty.

2. If formulated when signing the treaty subject to ratification, acceptance or approval, a reservation must be formally confirmed by the reserving State when expressing its consent to be bound by the treaty. In such a case the reservation shall be considered as having been made on the date of its confirmation.

3. An express acceptance of, or an objection to, a reservation made previously to confirmation of the reservation does not itself require confirmation.

4. The withdrawal of a reservation or of an objection to a reservation must be formulated in writing.

SECTION 3. ENTRY INTO FORCE AND PROVISIONAL APPLICATION OF TREATIES

Article 24. Entry into force

1. A treaty enters into force in such manner and upon such date as it may provide or as the negotiating States may agree.

2. Failing any such provision or agreement, a treaty enters into force as soon as consent to be bound by the treaty has been established for all the negotiating States.

3. When the consent of a State to be bound by a treaty is established on a date after the treaty has come into force, the treaty enters into force for that State on that date, unless the treaty otherwise provides.

4. The provisions of a treaty regulating the authentication of its text, the establishment

of the consent of States to be bound by the treaty, the manner or date of its entry into force, reservations, the functions of the depositary and other matters arising necessarily before the entry into force of the treaty apply from the time of the adoption of its text.

Article 25. Provisional application

1. A treaty or a part of a treaty is applied provisionally pending its entry into force if:
   (a) the treaty itself so provides; or
   (b) the negotiating States have in some other manner so agreed.
2. Unless the treaty otherwise provides or the negotiating States have otherwise agreed, the provisional application of a treaty or a part of a treaty with respect to a State shall be terminated if that State notifies the other States between which the treaty is being applied provisionally of its intention not to become a party to the treaty.

PART III. OBSERVANCE, APPLICATION AND INTERPRETATION OF TREATIES

SECTION 1. OBSERVANCE OF TREATIES

Article 26. Pacta sunt servanda

Every treaty in force is binding upon the parties to it and must be performed by them in good faith.

Article 27. Internal law and observance of treaties

A party may not invoke the provisions of its internal law as justification for its failure to perform a treaty. This rule is without prejudice to article 46.

SECTION 2. APPLICATION OF TREATIES

Article 28. Non-retroactivity of treaties
Unless a different intention appears from the treaty or is otherwise established, its provisions do not bind a party in relation to any act or fact which took place or any situation which ceased to exist before the date of the entry into force of the treaty with respect to that party.

Article 29. Territorial scope of treaties
Unless a different intention appears from the treaty or is otherwise established, a treaty is binding upon each party in respect of its entire territory.

Article 30. Application of successive treaties relating to the same subject-matter
1. Subject to Article 103 of the Charter of the United Nations, the rights and obligations of States parties to successive treaties relating to the same subject-matter shall be determined in accordance with the following paragraphs.
2. When a treaty specifies that it is subject to, or that it is not to be considered as incompatible with, an earlier or later treaty, the provisions of that other treaty prevail.
3. When all the parties to the earlier treaty are parties also to the later treaty but the earlier treaty is not terminated or suspended in operation under article 59, the earlier treaty applies only to the extent that its provisions are compatible with those of the latter treaty.
4. When the parties to the later treaty do not include all the parties to the earlier one:
   (a) as between States parties to both treaties the same rule applies as in paragraph 3;
   (b) as between a State party to both treaties and a State party to only one of the treaties, the treaty to which both States are parties governs their mutual rights and obligations.
5. Paragraph 4 is without prejudice to article 41, or to any question of the termination

or suspension of the operation of a treaty under article 60 or to any question of responsibility which may arise for a State from the conclusion or application of a treaty, the provisions of which are incompatible with its obligations towards another State under another treaty.

SECTION 3. INTERPRETATION OF TREATIES

Article 31. General rule of interpretation

1. A treaty shall be interpreted in good faith in accordance with the ordinary meaning to be given to the terms of the treaty in their context and in the light of its object and purpose.
2. The context for the purpose of the interpretation of a treaty shall comprise, in addition to the text, including its preamble and annexes:
   (a) any agreement relating to the treaty which was made between all the parties in connexion with the conclusion of the treaty;
   (b) any instrument which was made by one or more parties in connexion with the conclusion of the treaty and accepted by the other parties as an instrument related to the treaty.
3. There shall be taken into account, together with the context:
   (a) any subsequent agreement between the parties regarding the interpretation of the treaty or the application of its provisions;
   (b) any subsequent practice in the application of the treaty which establishes the agreement of the parties regarding its interpretation;
   (c) any relevant rules of international law applicable in the relations between the parties.
4. A special meaning shall be given to a term if it is established that the parties so intended.

Article 32. Supplementary means of interpretation

Recourse may be had to supplementary means of interpretation, including the preparatory work of the treaty and the circumstances of its conclusion, in order to confirm the meaning resulting from the application of article 31, or to determine the meaning when the interpretation according to article 31:

(a) leaves the meaning ambiguous or obscure; or

(b) leads to a result which is manifestly absurd or unreasonable.

Article 33. Interpretation of treaties authenticated in two or more languages

1. When a treaty has been authenticated in two or more languages, the text is equally authoritative in each language, unless the treaty provides or the parties agree that, in case of divergence, a particular text shall prevail.

2. A version of the treaty in a language other than one of those in which the text was authenticated shall be considered an authentic text only if the treaty so provides or the parties so agree.

3. The terms of the treaty are presumed to have the same meaning in each authentic text.

4. Except where a particular text prevails in accordance with paragraph 1, when a comparison of the authentic texts discloses a difference of meaning which the application of articles 31 and 32 does not remove, the meaning which best reconciles the texts, having regard to the object and purpose of the treaty, shall be adopted.

SECTION 4. TREATIES AND THIRD STATES

Article 34. General rule regarding third States

A treaty does not create either obligations or rights for a third State without its consent.

Article 35. Treaties providing for obligations for third States

An obligation arises for a third State from a provision of a treaty if the parties to the treaty intend the provision to be the means of establishing the obligation and the third State expressly accepts that obligation in writing.

Article 36. Treaties providing for rights for third States

1. A right arises for a third State from a provision of a treaty if the parties to the treaty intend the provision to accord that right either to the third State, or to a group of States to which it belongs, or to all States, and the third State assents thereto. Its assent shall be presumed so long as the contrary is not indicated, unless the treaty otherwise provides.

2. A State exercising a right in accordance with paragraph 1 shall comply with the conditions for its exercise provided for in the treaty or established in conformity with the treaty.

Article 37. Revocation or modification of obligations or rights of third States

1. When an obligation has arisen for a third State in conformity with article 35, the obligation may be revoked or modified only with the consent of the parties to the treaty and of the third State, unless it is established that they had otherwise agreed.

2. When a right has arisen for a third State in conformity with article 36, the right may not be revoked or modified by the parties if it is established that the right was intended not to be revocable or subject to modification without the consent of the third State.

Article 38. Rules in a treaty becoming binding on third States through international custom

Nothing in articles 34 to 37 precludes a rule set forth in a treaty from becoming binding upon a third State as a customary rule of international law, recognized as such.

PART IV. AMENDMENT AND MODIFICATION OF TREATIES

Article 39. General rule regarding the amendment of treaties

A treaty may be amended by agreement between the parties. The rules laid down in Part II apply to such an agreement except in so far as the treaty may otherwise provide.

Article 40. Amendment of multilateral treaties

1. Unless the treaty otherwise provides, the amendment of multilateral treaties shall be governed by the following paragraphs.
2. Any proposal to amend a multilateral treaty as between all the parties must be notified to all the contracting States, each one of which shall have the right to take part in:
   (a) the decision as to the action to be taken in regard to such proposal;
   (b) the negotiation and conclusion of any agreement for the amendment of the treaty.
3. Every State entitled to become a party to the treaty shall also be entitled to become a party to the treaty as amended.
4. The amending agreement does not bind any State already a party to the treaty which does not become a party to the amending agreement; article 30, paragraph 4(b), applies in relation to such State.
5. Any State which becomes a party to the treaty after the entry into force of the amending agreement shall, failing an expression of a different intention by that State:
   (a) be considered as a party to the treaty as amended; and
   (b) be considered as a party to the unamended treaty in relation to any party to the treaty not bound by the amending agreement.

Article 41. Agreements to modify multilateral treaties between certain of the parties only

1. Two or more of the parties to a multilateral treaty may conclude an agreement

to modify the treaty as between themselves alone if:

(a) the possibility of such a modification is provided for by the treaty; or

(b) the modification in question is not prohibited by the treaty and:

    (i) does not affect the enjoyment by the other parties of their rights under the treaty or the performance of their obligations;

    (ii) does not relate to a provision, derogation from which is incompatible with the effective execution of the object and purpose of the treaty as a whole.

2. Unless in a case falling under paragraph 1(a) the treaty otherwise provides, the parties in question shall notify the other parties of their intention to conclude the agreement and of the modification to the treaty for which it provides.

PART V. INVALIDITY, TERMINATION AND SUSPENSION OF THE OPERATION OF TREATIES

SECTION 1. GENERAL PROVISIONS

Article 42. Validity and continuance in force of treaties

1. The validity of a treaty or of the consent of a State to be bound by a treaty may be impeached only through the application of the present Convention.

2. The termination of a treaty, its denunciation or the withdrawal of a party, may take place only as a result of the application of the provisions of the treaty or of the present Convention. The same rule applies to suspension of the operation of a treaty.

Article 43. Obligations imposed by international law independently of a treaty

The invalidity, termination or denunciation of a treaty, the withdrawal of a party from it, or the suspension of its operation, as a result of the application of the present Convention or of the provisions of the treaty, shall not in any way impair the duty of any State to fulfil any obligation embodied in the treaty to which it would be subject under international law independently of the treaty.

Article 44. Separability of treaty provisions

1. A right of a party, provided for in a treaty or arising under article 56, to denounce, withdraw from or suspend the operation of the treaty may be exercised only with respect to the whole treaty unless the treaty otherwise provides or the parties otherwise agree.

2. A ground for invalidating, terminating, withdrawing from or suspending the operation of a treaty recognized in the present Convention may be invoked only with respect to the whole treaty except as provided in the following paragraphs or in article 60.

3. If the ground relates solely to particular clauses, it may be invoked only with respect to those clauses where:

    (a) the said clauses are separable from the remainder of the treaty with regard to their application;

    (b) it appears from the treaty or is otherwise established that acceptance of those clauses was not an essential basis of the consent of the other party or parties to be bound by the treaty as a whole; and

    (c) continued performance of the remainder of the treaty would not be unjust.

4. In cases falling under articles 49 and 50 the State entitled to invoke the fraud or corruption may do so with respect either to the whole treaty or, subject to paragraph 3, to the particular clauses alone.

5. In cases falling under articles 51, 52 and 53, no separation of the provisions of the treaty is permitted.

Article 45. Loss of a right to invoke a ground for invalidating, terminating, withdrawing from or suspending the operation of a treaty

A State may no longer invoke a ground for invalidating, terminating, withdrawing from or suspending the operation of a treaty under articles 46 to 50 or articles 60 and 62 if, after becoming aware of the facts:

(a) it shall have expressly agreed that the treaty is valid or remains in force or continues in operation, as the case may be; or

(b) it must by reason of its conduct be considered as having acquiesced in the validity of the treaty or in its maintenance in force or in operation, as the case may be.

SECTION 2. INVALIDITY OF TREATIES

Article 46. Provisions of internal law regarding competence to conclude treaties
1. A State may not invoke the fact that its consent to be bound by a treaty has been expressed in violation of a provision of its internal law regarding competence to conclude treaties as invalidating its consent unless that violation was manifest and concerned a rule of its internal law of fundamental importance.
2. A violation is manifest if it would be objectively evident to any State conducting itself in the matter in accordance with normal practice and in good faith.

Article 47. Specific restrictions on authority to express the consent of a State
If the authority of a representative to express the consent of a State to be bound by a particular treaty has been made subject to a specific restriction, his omission to observe that restriction may not be invoked as invalidating the consent expressed by him unless the restriction was notified to the other negotiating States prior to his expressing such consent.

Article 48. Error
1. A State may invoke an error in a treaty as invalidating its consent to be bound by the treaty if the error relates to a fact or situation which was assumed by that State to exist at the time when the treaty was concluded and formed an essential basis of its consent to be bound by the treaty.
2. Paragraph 1 shall not apply if the State in question contributed by its own conduct to the error or if the circumstances were such as to put that State on

notice of a possible error.

3. An error relating only to the wording of the text of a treaty does not affect its validity; article 79 then applies.

Article 49. Fraud

If a State has been induced to conclude a treaty by the fraudulent conduct of another negotiating State, the State may invoke the fraud as invalidating its consent to be bound by the treaty.

Article 50. Corruption of a representative of a State

If the expression of a State's consent to be bound by a treaty has been procured through the corruption of its representative directly or indirectly by another negotiating State, the State may invoke such corruption as invalidating its consent to be bound by the treaty.

Article 51. Coercion of a representative of a State

The expression of a State's consent to be bound by a treaty which has been procured by the coercion of its representative through acts or threats directed against him shall be without any legal effect.

Article 52. Coercion of a State by the threat or use of force

A treaty is void if its conclusion has been procured by the threat or use of force in violation of the principles of international law embodied in the Charter of the United Nations.

Article 53. Treaties conflicting with a peremptory norm of general international law
(jus cogens)

A treaty is void if, at the time of its conclusion, it conflicts with a peremptory norm of general international law. For the purposes of the present Convention, a peremptory norm of general international law is a norm accepted and recognized by the international community of States as a whole as a norm from which no derogation is permitted and which can be modified only by a subsequent norm of general international law having the same character.

SECTION 3. TERMINATION AND SUSPENSION OF THE OPERATION OF TREATIES

Article 54. Termination of or withdrawal from a treaty under its provisions or by consent of the parties

The termination of a treaty or the withdrawal of a party may take place:

  (a) in conformity with the provisions of the treaty; or
  (b) at any time by consent of all the parties after consultation with the other contracting States.

Article 55. Reduction of the parties to a multilateral treaty below the number necessary for its entry into force

Unless the treaty otherwise provides, a multilateral treaty does not terminate by reason only of the fact that the number of the parties falls below the number necessary for its entry into force.

Article 56. Denunciation of or withdrawal from a treaty containing no provision regarding termination, denunciation or withdrawal

1. A treaty which contains no provision regarding its termination and which does not provide for denunciation or withdrawal is not subject to denunciation or withdrawal unless:

  (a) it is established that the parties intended to admit the possibility of denunciation or withdrawal; or
  (b) a right of denunciation or withdrawal may be implied by the nature of the treaty.

2. A party shall give not less than twelve months' notice of its intention to denounce or withdraw from a treaty under paragraph 1.

Article 57. Suspension of the operation of a treaty under its provisions or by consent
of the parties

The operation of a treaty in regard to all the parties or to a particular party may
be suspended:

(a) in conformity with the provisions of the treaty; or

(b) at any time by consent of all the parties after consultation with the other
contracting States.

Article 58. Suspension of the operation of a multilateral treaty by agreement between
certain of the parties only

1. Two or more parties to a multilateral treaty may conclude an agreement to
suspend the operation of provisions of the treaty, temporarily and as between
themselves alone, if:

(a) the possibility of such a suspension is provided for by the treaty; or

(b) the suspension in question is not prohibited by the treaty and:

(i) does not affect the enjoyment by the other parties of their rights under the
treaty or the performance of their obligations;

(ii) is not incompatible with the object and purpose of the treaty.

2. Unless in a case falling under paragraph 1(a) the treaty otherwise provides, the
parties in question shall notify the other parties of their intention to conclude
the agreement and of those provisions of the treaty the operation of which they
intend to suspend.

Article 59. Termination or suspension of the operation of a treaty implied by conclusion
of a later treaty

1. A treaty shall be considered as terminated if all the parties to it conclude a later
treaty relating to the same subject-matter and:

(a) it appears from the later treaty or is otherwise established that the parties
intended that the matter should be governed by that treaty; or

(b) the provisions of the later treaty are so far incompatible with those of the earlier one that the two treaties are not capable of being applied at the same time.

2. The earlier treaty shall be considered as only suspended in operation if it appears from the later treaty or is otherwise established that such was the intention of the parties.

Article 60. Termination or suspension of the operation of a treaty as a consequence of its breach

1. A material breach of a bilateral treaty by one of the parties entitles the other to invoke the breach as a ground for terminating the treaty or suspending its operation in whole or in part.

2. A material breach of a multilateral treaty by one of the parties entitles:

 (a) the other parties by unanimous agreement to suspend the operation of the treaty in whole or in part or to terminate it either:

  (i) in the relations between themselves and the defaulting State, or

  (ii) as between all the parties;

 (b) a party specially affected by the breach to invoke it as a ground for suspending the operation of the treaty in whole or in part in the relations between itself and the defaulting State;

 (c) any party other than the defaulting State to invoke the breach as a ground for suspending the operation of the treaty in whole or in part with respect to itself if the treaty is of such a character that a material breach of its provisions by one party radically changes the position of every party with respect to the further performance of its obligations under the treaty.

3. A material breach of a treaty, for the purposes of this article, consists in:

 (a) a repudiation of the treaty not sanctioned by the present Convention; or

 (b) the violation of a provision essential to the accomplishment of the object or purpose of the treaty.

4. The foregoing paragraphs are without prejudice to any provision in the treaty applicable in the event of a breach.

5. Paragraphs 1 to 3 do not apply to provisions relating to the protection of the human person contained in treaties of a humanitarian character, in particular to provisions prohibiting any form of reprisals against persons protected by such treaties.

Article 61. Supervening impossibility of performance

1. A party may invoke the impossibility of performing a treaty as a ground for terminating or withdrawing from it if the impossibility results from the permanent disappearance or destruction of an object indispensable for the execution of the treaty. If the impossibility is temporary, it may be invoked only as a ground for suspending the operation of the treaty.

2. Impossibility of performance may not be invoked by a party as a ground for terminating, withdrawing from or suspending the operation of a treaty if the impossibility is the result of a breach by that party either of an obligation under the treaty or of any other international obligation owed to any other party to the treaty.

Article 62. Fundamental change of circumstances

1. A fundamental change of circumstances which has occurred with regard to those existing at the time of the conclusion of a treaty, and which was not foreseen by the parties, may not be invoked as a ground for terminating or withdrawing from the treaty unless:
   (a) the existence of those circumstances constituted an essential basis of the consent of the parties to be bound by the treaty; and
   (b) the effect of the change is radically to transform the extent of obligations still to be performed under the treaty.

2. A fundamental change of circumstances may not be invoked as a ground for terminating or withdrawing from a treaty:
   (a) if the treaty establishes a boundary; or
   (b) if the fundamental change is the result of a breach by the party invoking it

either of an obligation under the treaty or of any other international obligation owed to any other party to the treaty.

3. If, under the foregoing paragraphs, a party may invoke a fundamental change of circumstances as a ground for terminating or withdrawing from a treaty it may also invoke the change as a ground for suspending the operation of the treaty.

Article 63. Severance of diplomatic or consular relations

The severance of diplomatic or consular relations between parties to a treaty does not affect the legal relations established between them by the treaty except in so far as the existence of diplomatic or consular relations is indispensable for the application of the treaty.

Article 64. Emergence of a new peremptory norm of general international law(jus cogens)

If a new peremptory norm of general international law emerges, any existing treaty which is in conflict with that norm becomes void and terminates.

SECTION 4. PROCEDURE

Article 65. Procedure to be followed with respect to invalidity, termination, withdrawal from or suspension of the operation of a treaty

1. A party which, under the provisions of the present Convention, invokes either a defect in its consent to be bound by a treaty or a ground for impeaching the validity of a treaty, terminating it, withdrawing from it or suspending its operation, must notify the other parties of its claim. The notification shall indicate the measure proposed to be taken with respect to the treaty and the reasons therefor.

2. If, after the expiry of a period which, except in cases of special urgency, shall not be less than three months after the receipt of the notification, no party has raised any objection, the party making the notification may carry out in the manner provided in article 67 the measure which it has proposed.

3. If, however, objection has been raised by any other party, the parties shall seek

a solution through the means indicated in article 33 of the Charter of the United Nations.

4. Nothing in the foregoing paragraphs shall affect the rights or obligations of the parties under any provisions in force binding the parties with regard to the settlement of disputes.

5. Without prejudice to article 45, the fact that a State has not previously made the notification prescribed in paragraph 1 shall not prevent it from making such notification in answer to another party claiming performance of the treaty or alleging its violation.

Article 66. Procedures for judicial settlement, arbitration and conciliation

If, under paragraph 3 of article 65, no solution has been reached within a period of 12 months following the date on which the objection was raised, the following procedures shall be followed:

(a) any one of the parties to a dispute concerning the application or the interpretation of articles 53 or 64 may, by a written application, submit it to the International Court of Justice for a decision unless the parties by common consent agree to submit the dispute to arbitration;

(b) any one of the parties to a dispute concerning the application or the interpretation of any of the other articles in Part V of the present Convention may set in motion the procedure specified in the Annexe to the Convention by submitting a request to that effect to the Secretary-General of the United Nations.

Article 67. Instruments for declaring invalid, terminating, withdrawing from or suspending the operation of a treaty

1. The notification provided for under article 65 paragraph 1 must be made in writing.

2. Any act declaring invalid, terminating, withdrawing from or suspending the operation of a treaty pursuant to the provisions of the treaty or of paragraphs 2 or 3 of article 65 shall be carried out through an instrument communicated to the other parties.

If the instrument is not signed by the Head of State, Head of Government or Minister for Foreign Affairs, the representative of the State communicating it may be called upon to produce full powers.

Article 68. Revocation of notifications and instruments provided for in articles 65 and 67

A notification or instrument provided for in articles 65 or 67 may be revoked at any time before it takes effect.

SECTION 5. CONSEQUENCES OF THE INVALIDITY, TERMINATION OR SUSPENSION OF THE OPERATION OF A TREATY

Article 69. Consequences of the invalidity of a treaty

1. A treaty the invalidity of which is established under the present Convention is void. The provisions of a void treaty have no legal force.
2. If acts have nevertheless been performed in reliance on such a treaty:
   (a) each party may require any other party to establish as far as possible in their mutual relations the position that would have existed if the acts had not been performed;
   (b) acts performed in good faith before the invalidity was invoked are not rendered unlawful by reason only of the invalidity of the treaty.
3. In cases falling under articles 49, 50, 51 or 52, paragraph 2 does not apply with respect to the party to which the fraud, the act of corruption or the coercion is imputable.
4. In the case of the invalidity of a particular State's consent to be bound by a multilateral treaty, the foregoing rules apply in the relations between that State and the parties to the treaty.

Article 70. Consequences of the termination of a treaty

1. Unless the treaty otherwise provides or the parties otherwise agree, the termination

of a treaty under its provisions or in accordance with the present Convention:

(a) releases the parties from any obligation further to perform the treaty;

(b) does not affect any right, obligation or legal situation of the parties created through the execution of the treaty prior to its termination.

2. If a State denounces or withdraws from a multilateral treaty, paragraph 1 applies in the relations between that State and each of the other parties to the treaty from the date when such denunciation or withdrawal takes effect.

Article 71. Consequences of the invalidity of a treaty which conflicts with a peremptory norm of general international law

1. In the case of a treaty which is void under article 53 the parties shall:

(a) eliminate as far as possible the consequences of any act performed in reliance on any provision which conflicts with the peremptory norm of general international law; and

(b) bring their mutual relations into conformity with the peremptory norm of general international law.

2. In the case of a treaty which becomes void and terminates under article 64, the termination of the treaty:

(a) releases the parties from any obligation further to perform the treaty;

(b) does not affect any right, obligation or legal situation of the parties created through the execution of the treaty prior to its termination; provided that those rights, obligations or situations may thereafter be maintained only to the extent that their maintenance is not in itself in conflict with the new peremptory norm of general international law.

Article 72. Consequences of the suspension of the operation of a treaty

1. Unless the treaty otherwise provides or the parties otherwise agree, the suspension of the operation of a treaty under its provisions or in accordance with the present Convention:

(a) releases the parties between which the operation of the treaty is suspended from the obligation to perform the treaty in their mutual relations during the period of the suspension;

  (b) does not otherwise affect the legal relations between the parties established by the treaty.

2. During the period of the suspension the parties shall refrain from acts tending to obstruct the resumption of the operation of the treaty.

PART VI. MISCELLANEOUS PROVISIONS

Article 73. Cases of State succession, State responsibility and outbreak of hostilities
The provisions of the present Convention shall not prejudge any question that may arise in regard to a treaty from a succession of States or from the international responsibility of a State or from the outbreak of hostilities between States.

Article 74. Diplomatic and consular relations and the conclusion of treaties
The severance or absence of diplomatic or consular relations between two or more States does not prevent the conclusion of treaties between those States. The conclusion of a treaty does not in itself affect the situation in regard to diplomatic or consular relations.

Article 75. Case of an aggressor State
The provisions of the present Convention are without prejudice to any obligation in relation to a treaty which may arise for an aggressor State in consequence of measures taken in conformity with the Charter of the United Nations with reference to that State's aggression.

PART VII. DEPOSITARIES, NOTIFICATIONS,
CORRECTIONS AND REGISTRATION

Article 76. Depositaries of treaties

1. The designation of the depositary of a treaty may be made by the negotiating States, either in the treaty itself or in some other manner. The depositary may be one or more States, an international organization or the chief administrative officer of the organization.

2. The functions of the depositary of a treaty are international in character. and the depositary is under an obligation to act impartially in their performance. In particular, the fact that a treaty has not entered into force between certain of the parties or that a difference has appeared between a State and a depositary with regard to the performance of the latter's functions shall not affect that obligation.

Article 77. Functions of depositaries

1. The functions of a depositary, unless otherwise provided in the treaty or agreed by the contracting States, comprise in particular:

   (a) keeping custody of the original text of the treaty and of any full powers delivered to the depositary;

   (b) preparing certified copies of the original text and preparing any further text of the treaty in such additional languages as may be required by the treaty and transmitting them to the parties and to the States entitled to become parties to the treaty;

   (c) receiving any signatures to the treaty and receiving and keeping custody of any instruments, notifications and communications relating to it;

   (d) examining whether the signature or any instrument, notification or communication relating to the treaty is in due and proper form and, if need be, bringing the matter to the attention of the State in question;

   (e) informing the parties and the States entitled to become parties to the treaty of acts, notifications and communications relating to the treaty;

(f) informing the States entitled to become parties to the treaty when the number of signatures or of instruments of ratification, acceptance, approval or accession required for the entry into force of the treaty has been received or deposited;

(g) registering the treaty with the Secretariat of the United Nations;

(h) performing the functions specified in other provisions of the present Convention.

2. In the event of any difference appearing between a State and the depositary as to the performance of the latter's functions, the depositary shall bring the question to the attention of the signatory States and the contracting States or, where appropriate, of the competent organ of the international organization concerned.

Article 78. Notifications and communications

Except as the treaty or the present Convention otherwise provide, any notification or communication to be made by any State under the present Convention shall:

(a) if there is no depositary, be transmitted direct to the States for which it is intended, or if there is a depositary, to the latter;

(b) be considered as having been made by the State in question only upon its receipt by the State to which it was transmitted or, as the case may be, upon its receipt by the depositary;

(c) if transmitted to a depositary, be considered as received by the State for which it was intended only when the latter State has been informed by the depositary in accordance with article 77, paragraph 1 (e).

Article 79. Correction of errors in texts or in certified copies of treaties

1. Where, after the authentication of the text of a treaty, the signatory States and the contracting States are agreed that it contains an error, the error shall, unless they decide upon some other means of correction, be corrected:

(a) by having the appropriate correction made in the text and causing the correction to be initialled by duly authorized representatives;

(b) by executing or exchanging an instrument or instruments setting out the correction which it has been agreed to make; or

(c) by executing a corrected text of the whole treaty by the same procedure as in the case of the original text.

2. Where the treaty is one for which there is a depositary, the latter shall notify the signatory States and the contracting States of the error and of the proposal to correct it and shall specify an appropriate time-limit within which objection to the proposed correction may be raised. If, on the expiry of the time-limit:

(a) no objection has been raised, the depositary shall make and initial the correction in the text and shall execute a procŠs-verbal of the rectification of the text and communicate a copy of it to the parties and to the States entitled to become parties to the treaty;

(b) an objection has been raised, the depositary shall communicate the objection to the signatory States and to the contracting States.

3. The rules in paragraphs 1 and 2 apply also where the text has been authenticated in two or more languages and it appears that there is a lack of concordance which the signatory States and the contracting States agree should be corrected.

4. The corrected text replaces the defective text ab initio, unless the signatory States and the contracting States otherwise decide.

5. The correction of the text of a treaty that has been registered shall be notified to the Secretariat of the United Nations.

6. Where an error is discovered in a certified copy of a treaty, the depositary shall execute a procŠs-verbal specifying the rectification and communicate a copy of it to the signatory States and to the contracting Slates.

Article 80. Registration and publication of treaties

1. Treaties shall, after their entry into force, be transmitted to the Secretariat of the United Nations for registration or filing and recording, as the case may be, and for publication.

2. The designation of a depositary shall constitute authorization for it to perform the acts specified in the preceding paragraph.

PART VIII. FINAL PROVISIONS

Article 81. Signature

The present Convention shall be open for signature by all States Members of the United Nations or of any of the specialized agencies or of the International Atomic Energy Agency or parties to the Statute of the International Court of Justice, and by any other State invited by the General Assembly of the United Nations to become a party to the Convention, as follows: until 30 November 1969, at the Federal Ministry for Foreign Affairs of the Republic of Austria, and subsequently, until 30 April 1970, at United Nations Headquarters, New York.

Article 82. Ratification

The present Convention is subject to ratification. The instruments of ratification shall be deposited with the Secretary-General of the United Nations.

Article 83. Accession

The present Convention shall remain open for accession by any State belonging to any of the categories mentioned in article 81. The instruments of accession shall be deposited with the Secretary-General of the United Nations.

Article 84. Entry into force

1. The present Convention shall enter into force on the thirtieth day following the date of deposit of the thirty-fifth instrument of ratification or accession.
2. For each State ratifying or acceding to the Convention after the deposit of the thirty-fifth instrument of ratification or accession, the Convention shall enter into force on the thirtieth day after deposit by such State of its instrument of ratification or accession.

Article 85. Authentic texts

The original of the present Convention, of which the Chinese, English, French,

Russian and Spanish texts are equally authentic, shall be deposited with the Secretary-General of the United Nations.

IN WITNESS WHEREOF the undersigned Plenipotentiaries, being duly authorized thereto by their respective Governments, have signed the present Convention.

DONE at Vienna, this twenty-third day of May, one thousand nine hundred and sixty-nine.

ANNEX

1. A list of conciliators consisting of qualified jurists shall be drawn up and maintained by the Secretary-General of the United Nations. To this end, every State which is a Member of the United Nations or a party to the present Convention shall be invited to nominate two conciliators, and the names of the persons so nominated shall constitute the list. The term of a conciliator, including that of any conciliator nominated to fill a casual vacancy, shall be five years and may be renewed. A conciliator whose term expires shall continue to fulfil any function for which he shall have been chosen under the following paragraph.

2. When a request has been made to the Secretary-General under article 66, the Secretary-General shall bring the dispute before a conciliation commission constituted as follows:

   The State or States constituting one of the parties to the dispute shall appoint:

   (a) one conciliator of the nationality of that State or of one of those States, who may or may not be chosen from the list referred to in paragraph 1; and

   (b) one conciliator not of the nationality of that State or of any of those States, who shall be chosen from the list.

   The State or States constituting the other party to the dispute shall appoint two conciliators in the same way. The four conciliators chosen by the parties shall be appointed within sixty days following the date on which the Secretary-General receives the request.

The four conciliators shall, within sixty days following the date of the last of their own appointments, appoint a fifth conciliator chosen from the list, who shall be chairman.

If the appointment of the chairman or of any of the other conciliators has not been made within the period prescribed above for such appointment, it shall be made by the Secretary-General within sixty days following the expiry of that period. The appointment of the chairman may be made by the Secretary-General either from the list or from the membership of the International Law Commission. Any of the periods within which appointments must be made may be extended by agreement between the parties to the dispute.

Any vacancy shall be filled in the manner prescribed for the initial appointment.

3. The Conciliation Commission shall decide its own procedure. The Commission, with the consent of the parties to the dispute, may invite any party to the treaty to submit to it its views orally or in writing. Decisions and recommendations of the Commission shall be made by a majority vote of the five members.

4. The Commission may draw the attention of the parties to the dispute to any measures which might facilitate an amicable settlement.

5. The Commission shall hear the parties, examine the claims and objections, and make proposals to the parties with a view to reaching an amicable settlement of the dispute.

6. The Commission shall report within twelve months of its constitution. Its report shall be deposited with the Secretary-General and transmitted to the parties to the dispute. The report of the Commission, including any conclusions stated therein regarding the facts or questions of law, shall not be binding upon the parties and it shall have no other character than that of recommendations submitted for the consideration of the parties in order to facilitate an amicable settlement of the dispute.

7. The Secretary-General shall provide the Commission with such assistance and

facilities as it may require. The expenses of the Commission shall be borne by the United Nations.

4. 독도고지도 현황

□ 이상태 교수 제공 지도 목록

번호	지도명	지도크기	제작연도	저자	소장처
1	三韓世表朝鮮國八道全圖	49.4cm×34cm	1747	작자미상	영남대
2	朝鮮京都日本大阪西國航路圖	64.5cm×49cm	1748	尾陽片岡	독도박물관
3	改正日本輿地路程全圖	98.1cm×67.2cm	1775	讚岐柴邦彦	서울대
4	朝鮮八道地圖	78.8cm×52.7cm	1785	林子平	서울대
5	朝鮮古圖	51.5cm×73cm	1785	林子平	중앙도서관
6	日本接壤三國之全圖	71.2cm×49cm	1786	林子平	서울대
7	日本邊界圖		1809	高橋景保	개인소장
8	大淸一統圖	61.5cm×99cm	1818	朱錫齡	영남대
9	淸朝一統圖	64.4cm×68.5cm	1835	靑苔園	개인소장
10	本邦西北邊境水陸略圖		1850	安田雷州	개인소장
11	地球萬國方圖	127.4cm×79.8cm	1853	일본, 작자미상	서울대
12	朝鮮國細見全圖	71cm×99.7cm	1873	染崎延房	영남대
13	增補改正朝鮮國全圖	18.8cm×25.4cm	1873	田島象次郎	영남대
14	淸十八省輿地全圖	91.3cm×76cm	1874	津田靜一	서울대
15	亞細亞東部輿地圖	137.5cm×91.8cm	1874	木村信卿	영남대
16	五畿八道朝鮮國世見全圖	47.2cm×98.3cm	1874	北富茂兵衛	영남대
17	五畿八道朝鮮國世見全圖	47.2cm×98.2cm	1874	北富茂兵衛	중앙도서관
18	改訂新鑴朝鮮全圖	50cm×45cm	1875	佐田白茅	서울대
19	朝鮮全圖	94.5cm×126cm	1875	일본육군참모국	서울대
20	新撰 朝鮮全圖	46.2cm×62.8cm	1875	日本新聞社	영남대
21	朝鮮輿地全圖	34.6cm×62cm	1875	入憲政黨新聞社	영남대
22	朝鮮全圖	50.8cm×45.4cm	1875	近藤眞琴	영남대
23	朝鮮全圖	50.8cm×45.4cm	1875	小藤文次郎	영남대
24	大日本全圖幷朝鮮國全圖	93cm×51.5cm	1875	平田棨	서울대
25	掌中日本全面	49.2cm×35.5cm	1876	樫原義長	서울대
26	朝鮮八道之圖	36.8cm×51cm	1876	樫原義長	영남대

번호	지도명	지도크기	제작연도	저자	소장처
27	大日本海陸全圖	144.3cm×70.8cm	1876	森琴石	서울대
28	淸國輿地全圖	91.5cm×71.3cm	1880	高田義甫	서울대
29	大日本朝鮮支那三國全圖	104.8cm×96.5cm	1882	橋本玉蘭齋	서울대
30	校訂新鐫 朝鮮全圖	50.6cm×35.5cm	1882	山田孝之助	영남대
31	近藤鎭琴 朝鮮全圖	43.8cm×54.2cm	1882	近藤鎭琴	영남대
32	銅版 朝鮮國全圖	13cm×19cm	1882	木村文造	영남대
33	新撰 朝鮮輿地全圖	12cm×17cm	1882	若林薦三郎	영남대
34	朝鮮國細圖	36.5cm×48.0cm	1882	福城駒多郎	영남대
35	朝鮮國全圖	48.7cm×74.8cm	1882	작자미상	영남대
36	朝鮮全圖	36.4cm×50.4c i n	1882	東京地學協會	영남대
37	朝鮮全圖 제1호,2호,3호	35.8cm×43.8cm	1882	村田信兄	영남대
38	朝鮮輿地全圖	62cm×43cm	1882	若林篤三郎	일본국회 도서관
39	朝鮮輿地全圖	46.5cm ×68cm	1882	若林篤三郎	중앙도서관
40	朝鮮輿地圖	77.1cm×105cm	1884	靑水光憲	영남대
41	朝鮮輿地全圖	16.5cm×15.5cm	1885	關口備正	영남대
42	改正增補大日本海陸全圖	144.5cm×71.6cm	1892	森琴石	영남대
43	新撰 朝鮮國全圖	14cm×20cm	1894	田中紹祥	영남대
44	日本朝鮮支那三國新地圖	71cm×51.5cm	1894	渡邊直之	영남대
45	精密無類日淸韓三國兵要地圖	76cm×62cm	1894	杉山書店	영남대
46	朝鮮國全圖	34.2cm×48.6cm	1894	鈴木景作	영남대
47	朝鮮國全圖	38.9cm×53.5cm	1894	時事新聞社	영남대
48	朝鮮內亂地圖	36.5cm×67.8cm	1894	星野德一	영남대
49	朝鮮全圖	94.1cm×127.1cm	1894	작자미상	영남대
50	朝鮮全圖	13cm×19cm	1894	大村恒七	영남대
51	朝鮮全圖	51.8cm×36.8cm	1894	陸軍大學校	영남대
52	朝鮮全圖	71.5cm×107cm	1894	佐田白第	영남대
53	朝鮮全圖	43cm×61cm	1894	陸軍文庫	영남대
54	朝鮮地理圖	30.4cm×24.4cm	1894	鈴木留吉	영남대
55	朝鮮海陸全圖	91.4cm×136.8cm	1894	小橋助人	영남대
56	朝淸地圖	70.9cm×54.5cm	1894	작자미상	영남대

번호	지도명	지도크기	제작연도	저자	소장처
57	支那新地圖附朝鮮全圖	83.5cm×57.5cm	1894	靑木恒二郞	영남대
58	八道明細 朝鮮地圖	36.7cm×51.5cm	1894	箸尾寅之助	영남대
59	朝鮮全圖	54.6cm×81.4cm	1894	東京地學協會	중앙도서관
60	日英對照萬國新圖	19cm×28cm	1899	小貫慶治	영남대
61	日淸韓 三國輿地全圖	54cm×82cm	1899	木村信卿	일본국회 도서관
62	日淸韓 三國大地圖	95cm×144cm	1902	靑木恒三朗	일본국회 도서관
63	朝鮮全圖	42cm×72.8cm	1903	松田敦朝	영남대
64	滿韓明細地圖	50.2cm×66cm	1904	松本貞藏	영남대
65	滿韓戰要地圖	54.5cm×79cm	1904	伊藤政三	영남대
66	黑龍會萬韓新地圖	85cm×122cm	1904	黑龍會	영남대
67	日滿韓 三國地圖	37cm×52cm	1904	川瀨鐵藏	일본국회 도서관
68	日淸韓興地圖	43cm×63cm	1904	穗積猛	일본국회 도서관
69	分道祥密 韓國新地圖	18.5m×27cm	1905	嵩山堂	영남대
70	最新滿韓地圖	76cm×52cm	1905	西尾政典	일본국회 도서관
71	最新韓國地圖	76cm×51cm	1905	靑木恒三朗	일본국회 도서관
72	朝鮮地圖帖	16.6cm×23cm	1906	일본(22장)	서울대
73	假用海圖 朝鮮全岸	77.7cm×188.8cm	1906	日本水路部	영남대
74	韓國大地圖	106.7cm×78.8cm	1906	靑木恒三朗	영남대
75	韓國通信線路圖	77.5cm×141.8cm	1906	통감부 통신관리국	영남대
76	新撰滿韓全圖	74cm×44cm	1906	財藤勝藏	일본국회 도서관
77	日本輿地圖附韓國	100cm×150cm	1906	陸地測量部	일본국회 도서관

번호	지도명	지도크기	제작연도	저자	소장처
78	日本中部及朝鮮		1906	日本水路局	일본국회 도서관
79	韓國新地圖	77cm×52cm	1907	地理硏究會	일본국회 도서관
80	漢文萬國地圖	17cm×27cm	1908	小林眞藏	영남대
81	最新祥密 韓國全圖	54.5cm×77cm	1909	河合利喜太郎	영남대
82	大日本新領	53cm×39cm	1910	嵯峨野彦太郎	일본국회 도서관
83	滿韓及滿洲大地圖	103cm×74cm	1910	修文館編	일본국회 도서관
84	滿韓大地圖	103cm×74cm	1910	修文館編	일본국회 도서관
85	朝鮮十三道圖	27cm×39.5cm	1913	十字出版部	영남대
86	鬱陵島		1921	陸地測量部	일본국회 도서관
87	朝鮮國八道總圖		16세기	豊臣秀吉	독도박물관
88	朝鮮全圖	34cm×144cm	17세기	川上久良	가고시마현
89	萬國全圖	105cm×66.2cm	1853	栗原信晃	서울대

□ 영남대학교 박물관 소장 지도 목록

번호	지도명	지도크기	제작연도	저자/형태	소장처
1	江原道(≪輿地圖≫)	28.5cm×38.5cm	19世紀前半	작자미상	영남대
2	八道全圖(≪八道地圖≫)	98.3cm×61.5cm	18世紀前半	작자미상	영남대
3	朝鮮全圖(≪各道地圖≫)	98.3cm×61.5cm	18世紀後半	작자미상	영남대
4	大朝鮮國全圖(≪東輿圖≫)	21.0cm×30.5cm	18世紀末	작자미상/銅版本	영남대
5	海左全圖(≪海左全圖 歷代總圖 聖賢統圖≫)	98.3cm×56.0cm	19世紀中葉	작자미상/木版本	영남대
6	八道全圖(≪道里圖表≫)	135.0cm×58.0cm	19世紀後半	작자미상/木版本(加彩)	영남대
7	大韓全圖(≪大韓全圖≫)	33.5cm×23.9cm	1899(光武3)	작자미상/印刷本(加彩)	영남대
8	江原道(≪大韓全圖≫)	23.0cm×24.6cm	1899(光武3)	작자미상/印刷本(加彩)	영남대
9	八道總圖(『東藍圖』)	26.0×cm34.6cm	16世紀後半	작자미상/木版本(加彩)	영남대
10	江原道(『東藍圖』)	26.0cm×34.6cm	16世紀後半	작자미상/木版本(加彩)	영남대
11	江原道(『地圖』)	28.8cm×35.5cm	18世紀中葉	작자미상/木版本	영남대
12	八道總圖(『東藍圖』)	28.0cm×34.7cm	16世紀後半	작자미상/木版本	영남대
13	江原道(≪天下地圖≫)	29.0cm×31.5cm	18世紀後半	작자미상/木版本	영남대
14	朝鮮總圖(≪天下地圖≫)	36.5cm×30.0cm	18世紀前半	작자미상/彩色筆寫本	영남대
15	輿圖	153.7cm×95.0cm	18世紀前半	작자미상/彩色筆寫本	영남대
16	東國圖(≪天下圖≫)	111.8cm×67.1cm	18世紀後半	작자미상/彩色筆寫本	영남대
17	銅版 袖珍日用方	7.4cm×7.4cm	1871,(同治 幸未)	작자미상/銅版本	영남대
18	江原道(≪古地圖帖≫)	94.3cm×65.5cm	19世紀前半	작자미상/彩色筆寫本	영남대

번호	지도명	지도크기	제작연도	저자/형태	소장처
19	江原道(≪八道地圖≫))	71.0cm×71.0cm	18世紀前半	작자미상/彩色筆寫本	영남대
20	靑丘全圖(≪八道全圖≫)	107.3cm×62.7cm	19世紀前半	작자미상/彩色筆寫本	영남대
21	朝鮮全圖(≪古地圖帖≫)	70.0cm×44.5cm	18世紀後半	작자미상/彩色筆寫本	영남대
22	江原道(≪海左勝覽≫)	30.6cm×28.8cm	19世紀後半	작자미상/彩色筆寫本	영남대
23	江原道(≪八道全圖≫)	81.0cm×61.0cm	19世紀前半	작자미상/彩色筆寫本	영남대
24	朝鮮遊覽圖(蔚島)	102.5cm×56.5cm	20世紀前半	작자미상/木版本	영남대
25	大韓全圖(『大韓新地志附地圖』)	31.5cm×19.5cm	1907	작자미상/鐵板本, 玄聖運鐵板造刻	영남대
26	團箕以後諸古國(≪沿革圖七幅≫)	110.4cm×82.3cm	19世紀以後	작자미상/彩色筆寫本	영남대
27	新羅(≪沿革圖七幅≫)	82.5cm×53.3cm	19世紀以後	작자미상/彩色筆寫本	영남대
28	新羅 景德王 九州(≪沿革圖七幅≫)	79.0cm×53.8cm	18世紀前半	작자미상/彩色筆寫本	영남대
29	朝鮮世表 并 全圖	132.0cm×49.5cm	1806	田中宣	영남대
30	增補改正 朝鮮國全圖	49.5cm×72.5cm	1873	田嶋象次郎	영남대
31	五畿八道 朝鮮國細見全圖	98.4cm×47.2cm	1874	川口常吉・石田旭山	영남대
32	朝鮮國細圖	45.5cm×34.3cm	1882	福城駒多郎	영남대
33	新纂 朝鮮全圖	62.8cm×46.2cm	1902	日本, 新聞社	영남대
34	銅刻 朝鮮輿地全圖	62.0cm×34.6cm	1875	関口備正	영남대
35	大村 朝鮮全圖	47.2cm×33.6cm	1882	大村恒七	영남대
36	朝鮮全岸	188.8cm×77.7cm	1906	水路部	영남대
37	Korea	66.4cm×37.3cm	19世紀前半	B. Kotô.	영남대
38	黑龍會 滿韓新圖	122.0cm×85.0cm	1904	黑龍會 本部	영남대
39	嵩山堂 韓國大地圖	106.7cm×78.8cm	1906	靑木恒三郎	영남대

번호	지도명	지도크기	제작연도	저자/형태	소장처
40	亞細亞東部輿地圖	91.8cm×137.5cm	1874	木村信卿	영남대
41	樫原 朝鮮八道地圖	48.0cm×35.4cm	1876	樫原義長	영남대
42	大日本全圖	26.5cm×70.0cm	1875	平田繁	영남대
43	清水 朝鮮輿地圖	105.1cm×77.1cm	1884	清水光憲	영남대
44	參謀局 朝鮮全圖	127.1cm×94.1cm	1894	陸軍參謀局	영남대
45	東京地学協会 朝鮮全圖	74.7cm×48.3cm	1894	東京地学協会	영남대
46	朝鮮海陸全圖	136.8cm×91.8cm	1894	少橋助人	영남대
47	三韓世表朝鮮國八道全圖	49.4cm×34cm	1747	작자미상	영남대
48	增補改正朝鮮國全圖	18.8cm×25.4cm	1873	田島象次郎	영남대
49	朝鮮全圖	50.8cm×45.4cm	1875	松田敦朝	영남대
50	朝鮮輿地全圖	34.6cm×62cm	1875	關口備正	영남대
51	近藤鎭琴 朝鮮地圖	43.8cm×54.2cm	1882	近藤鎭琴	영남대
52	校訂新鐫 朝鮮全圖	50.6cm×35.5cm	1882	山田孝之助	영남대
53	朝鮮國全圖	48.7cm×74.8cm	1882	鈴木景作	영남대
54	銅版 朝鮮國全圖	13cm×19cm	1882	木村文造	영남대
55	朝鮮輿地全圖	16.5cm×15.5cm	1885	入憲政黨新聞	영남대
56	改正增補大日本海陸全圖	144.5cm×71.6cm	1892	森琴石	영남대
57	朝鮮海陸全圖	91.4cm×136.8cm	1894	小橋助人	영남대
58	朝清地圖	70.9cm×54.5cm	1894	작자 미상	영남대
59	朝鮮地理圖	30.4cm×24.4cm	1894	鈴木留吉	영남대
60	八道明細 朝鮮地圖	36.7cm×51.5cm	1894	箸尾寅之助	영남대
61	朝鮮內亂地圖	36.5cm×67.8cm	1894	星野德一	영남대
62	精密無類日清韓三國兵要地圖	76cm×62cm	1894	杉山書店	영남대
63	日本 朝鮮, 支那 三國新地圖	71cm×51.5cm	1894	渡邊直之	영남대
64	朝鮮國全圖	34.2cm×48.6cm	1894	작자미상	영남대
65	朝鮮全圖	51.8cm×36.8cm	1894	村田信兄	영남대
66	朝鮮全圖	71.5cm×107cm	1894	陸軍大學校	영남대
67	朝鮮全圖	43cm×61cm	1894	近藤眞琴	영남대
68	朝鮮國全圖	38.9cm×53.5cm	1894	時事新聞社	영남대

번호	지도명	지도크기	제작연도	저자/형태	소장처
69	支那新地圖 附 朝鮮全圖	83.5cm×57.5cm	1894	靑木恒三郎	영남대
70	日英對照萬國新圖	19cm×28cm	1899	光學會	영남대
71	朝鮮全圖	42cm×72.8cm	1903	小藤文次郎	영남대
72	滿韓明細地圖	50.2cm×66cm	1904	松本貞藏	영남대
73	滿韓戰要地圖	54.5cm×79cm	1904	伊藤政三	영남대
74	分道祥密 韓國新地圖	18.5cm×27cm	1905	嵩山堂	영남대
75	韓國大地圖	106.7cm×78.8cm	1906	淸木恒三郎	영남대
76	韓國通信線路圖	77.5cm×141.8cm	1906	통감부, 통신관리국	영남대
77	假用海圖 朝鮮全岸	77.7cm×188.8cm	1906	日本 水路部	영남대
78	漢文萬國地圖	17cm×27cm	1908	小林眞鐵	영남대
79	最新祥密 韓國全圖	54.5cm×77cm	1909	河合利喜太郎	영남대
80	朝鮮十三道圖	27cm×39.5cm	1913	十字出版部	영남대
81	大朝鮮全圖	20.3cm×30.5cm	19세기후반	작자미상	영남대
82	朝鮮總督府 朝鮮新地圖	71.5cm×138.8cm	20세기	朝鮮總督府	영남대

□ 경희대학교 혜정박물관 고지도 유물 목록

순번	유물번호	제목	설명	년도	이미지	작가
1	M148	우리나라와 중국 (DAS KAISERTHUM CHINA)	Bellin은 프랑스 해도제작의 권위자로 프랑스 수계지리청에서 50여 년간 근무했으며, 왕실의 종신 수계지리학자로 임명되기도 하였다. 이 지도는 당빌 지도를 바탕으로 중국 총도를 재편집한 것으로 제주도를 뜻하는 'Qulpart'가 나타나고 있다.	1748		Bellin, J.N.
2	M174	아시아 (CARTE D'AISE)	De L'Isle이 1723년에 제작한 지도를 Buache가 재편한 지도. 태평양이 'GRANDE MER/ MER DU SUD'로 표기되어 있음. 'Tsitcheou'와 'Fungma'를 같이 보았고, 'Quelpaert'가 따로 나와 있다.	1762		De L'Isle & Buach, P.
3	M222	동북아시아 지도 (THE EMPIR OF JAPAN DIVIDED INTO SEVEN PRINCIPAL PARTS and Subdivided into Sixty-Six KINGDOMS; with THE KINGDOM OF COREA)	지도의 형태와 발행자, 제작년도를 감안할 때, Dunn이 제작한 것으로 추정됨.	1794		Dunn, S.
4	M176	CARTE DU ROYAUME DE KAULI ou CORÉE	'Quelpaert'는 네덜란드 지도를 따라 작도하였다고 기록되어 있음. 압록강이 'Yalu Kiang ou Riv. Verte'로 명기되어 있음	1764		Bellin, J.N.
5	M216	신 아시아 지도 (BOWLES' NEW ONE-SHEET MAP OF ASIA, DIVIDED INTO ITS EMPIRES) KINGDOMS, STATES, and other SUBDIVISIONS	동판, 태평양은 'EASTERN OCEAN'으로, 북태평양은 'NORTH PACIFIC OCEAN'으로 표기되어 있음	1791		Palairet, J. & Bowles, C.
6	M204	러시아와 동북아시아 (AN Accurate MAP of the FUSSIAN EMPIRE both in EUROPE and ASIA)	동판, 러시아와 동북아시아 지도	1785		Dillly, C
7	M412	동북아시아지도 (L'EMPIRE DU JAPON)	동판, 일본 서쪽바다가 'MER DU JAPON'으로 표기되어 있음. NO.157과 동일하지만, 지도명칭란	1750		le Sr.Robert

순번	유물번호	제목	설명	년도	이미지	작가
			에 제작년도가 기입되어 있지 않음. 한반도: 토끼무양의 반도. 일본: 7개의 ndywldur으로 구분되고 66개의 왕국으로 세분			
8	M224	중국제국지도 (THE EMPIRE OF CHINA, WITH ITS PRINCIPAL DIVISIONS)	동판, 예수회 선교사들의 조사자료와 D'Anville의 지도를 참조하여 제작한 지도. No.189계열 지도, No.190계열 지도와 유사한 형태. No. 190 계열 지도와 비교해 보면 'Fon-ma' 외에 'Quelpaerts'가 추가되어 있으며 'Te-tchin'이 'Te-tching'으로, 'Shany'가 'Chany'로 변경되었다.	1794		Dunn,S.
9		삼국접양지도	이 지도는 1785년 일본의 지도제작자이자 실학자인 하야시시헤이가 간행한 "삼국통람도설"에 수록된 부속 지도 5장 중 하나이다.	1785		이상준 기증
10	M857	아시아(Asia)	뉴기니섬 북쪽에 나침도가 그려져 있음.	1773		Bowen, E. &Bachiene, W.A.
11	M195	아시아 (L'ASIE diverse en ses Principaux Empires Et Royaumes)	동판, No. 150 계열 지도와 유사하지만 북서태평양 지역이 자세하게 그려져 있음. 한국과 일본 사이의 바다를 Mare di Corea로 표기한 것에 관심을 둠.	1777		Zatta, A.
12	M1021	해좌전도	19세기 중반 경에 제작된 것으로 추정되는 대표적인 목판본 조선전도이다. 해좌는 중국에서 볼 때 '바다 동쪽에 있는 곳'이란 뜻으로 조선을 가리킨다. 지도의 윤곽과 내용은 정상가의 〈동국지도〉를 상당부분 따르고 있다. 지도의 여백에는 명산의 위치, 산수에 대한 설명, 섬, 정계비, 고을의 수 등에 대한 기록이 실려 있으며 독도를 옛 명칭인 우산도로 표기하고 있다.	1850		
13	M357	Coree	La carte adaptee a la partie geographique du Dictionnair COREEN-FRANCAIS. 제주도: Quelpart, 울릉도: Oul-neung-to(Dagelet);로, 동해: 'Mer du Japon'으로 표시하였다.	1880		Hausermann, R.

순번	유물번호	제목	설명	년도	이미지	작가
14	M247	아시아(Asia)	A New General Atlas에 삽입된 지도. 우리나라와 일본 일대를 제외한 나머지 지역은 No.322와 유사함. 지도명칭란에 'INNUMMO HADRIANI'라는 문구가 씌여있음.	1808		Faden,W.
15	M1002	오세아니아 (OCEANIE)	제주도 남쪽 바다가 'M. DE. CORÉE'로 표기되어 있으며, 태평양은 'OCÉAN PACIFIQUE OU MER DU SUD'로 표기되어 있음. 지도 둘레에는 원주민과 탐험가 등의 초상이 그려져 있으며, 지도 아래쪽으로는 요새화된 항구가 그려져 있음. 네임택: 프랑스의 지도제작자 르바쉐흐가 제작한 지도이다. 오세아니아를 말레이시아, 멜라네시아, 미크로네시아, 폴리네시아 네 지역으로 구분하였으며, 지도 왼쪽 아래에 탐험기록 등 간략한 설명이 첨가되어 있다	1850		Levasseur.V
16	M60	동북아시아지도 (ROYAUME DU JAPON)	동판, 우리나라는 동남부지방만 그려져 있으며, 일본남해에 'MER DE AL CHINE' 가 표기되어 있음. Briet(1601-1668)는 동해를 Ocean Oriental이라 하였고, 한국의 동남부만을 표시했지만 섬임을 명시하였다	ca.1650		Briet, P.
17	M221	중국 (CHINA)-Wikinson, R,1794	1794년 영국의 지도제작자인 로버트 윌킨슨이 제작한 "일반지도첩"에 실린 중국과 한국지도이다.	1794		가수 김장훈 기증
18	M150	아시아 (L'ASIA divisee en ses PRINCIPAUX ETATS) - Dunn, S 1794	프랑스 지도제작자 장비에가 그린 아시아 지도로 장라트레의 "현대의 지도첩" 초판본 24번째에 실려 있다.	1762		가수 김장훈 기증

찾아보기

일반사항

【ㅊ】

판 례

저자 ┃ 김 명 기

배재고등학교 졸업
서울대학교 법과대학 졸업
육군보병학교 졸업(갑종간부 제149기)
단국대학교 대학원 졸업(법학박사)
영국 옥스퍼드대학교 연구교수
미국 캘리포니아대학교 객원교수
중국 길림대학교 객원교수
대한국제법학회 회장
세계국제법협회 한국본부 회장
화랑교수회 회장(제5대)
행정고시 · 외무고시 · 사법시험 위원
외무부 · 국방부 · 통일원 정책자문위원
주월한국군사령부 대외정책관
명지대학교 법정대학장 · 대학원장
육군사관학교 교수(육군대령)
강원대학교 교수
천안대학교 석좌교수
대한적십자사 인도법 자문위원장
현) 독도조사연구학회 명예회장
　　명지대학교 명예교수
　　상사중재위원
　　영남대학교 독도연구소 공동연구원

○ 훈상
황조근정훈장
월남시민훈장
인도장
현민국제법학술상
동산국제법학술상
국제법학회공로상
명지학술대상

저자 ▌김 도 은

대구가톨릭대학교 문과대학 졸업
계명대학교 대학원 졸업(석사)
일본 벳부대학 대학원 졸업(문학박사)
수성대학교 겸임교수
계명대학교 외래교수
대구가톨릭대학교 강의전담교수
영남대학교 외래교수
영남대학교 인문과학연구소 연구원
영남대학교 독도연구소 연구원
현) 한국해양과학기술원 동해연구소 독도전문연구센터 연수연구원
　　한국일본문화학회 일반이사